Thomas Kröck und Heinrich Christian Rust (Hg.)
fromm + grün

Thomas Kröck und Heinrich Christian Rust (Hg.)

fromm + grün

Schöpfungsverantwortung und Nachhaltigkeit in der christlichen Gemeinde

neukirchener

Gefördert durch Mittel der Akademie für christliche Führungskräfte, Gummersbach, www.acf.de, www.developmentstudies.de

Akademie acf für christliche Führungskräfte

Unterstützt durch *Brot für die Welt*

Brot für die Welt

MIX
Papier aus verantwortungsvollen Quellen
FSC® C014138
FSC www.fsc.org

Bibliografische Information der Deutschen Nationalbibliothek:
Die Deutsche Nationalbibliothek verzeichnet diese Publikation in der Deutschen Nationalbibliografie; detaillierte bibliografische Daten sind im Internet über http://dnb.d-nb.de abrufbar.

Umschlaggestaltung: Grafikbüro Sonnhüter, www.grafikbuero-sonnhueter.de, unter Verwendung eines Bildes © Mary Long (shutterstock.com)
Lektorat: Hauke Burgarth, Pohlheim
DTP: Burkhard Lieverkus, Wuppertal
Verwendete Schrift: Chapparal, Myriad
Gesamtherstellung: Finidr, s.r.o.
Printed in Czech Republic
ISBN 978-3-7615-6876-7 Print
ISBN 978-3-7615-6877-4 E-Book

www.neukirchener-verlage.de

Inhalt

Einleitung

Klimawandel und Artensterben sind Themen, die unsere gesamte Gesellschaft, ja, die ganze Menschheit betreffen und bewegen. Spätestens seit dem Pariser Klimagipfel, den *Fridays for Future*-Demonstrationen und der Einführung von Programmen wie dem *European Green Deal*, sind sie kein Alleinstellungsmerkmal mehr von einzelnen politischen Parteien oder Aktivisten. Der Verlust biologischer Vielfalt und Klimaveränderungen sind längst nicht nur am Amazonas, auf Inseln im Pazifik oder in Bangladesch zu spüren, sondern auch bei uns in Mitteleuropa angekommen. Es besteht weite Übereinstimmung, dass sich unser Wirtschaftssystem und unsere Gewohnheiten in den kommenden Jahren und Jahrzehnten verändern müssen.

Diese Herausforderungen stellen auch Anfragen an die christlichen Kirchen und ihre Mitglieder. Sollten wir uns bei diesen Themen zurückhalten im Glauben, dass Gott selbst seine Schöpfung erhält oder die sichtbare Welt am Ende sowieso vergehen wird? Oder ist für Christinnen und Christen, die eine Begegnung mit dem Schöpfergott suchen, die Verantwortung für seine Schöpfung ein zentrales Anliegen? Was können christliche Gemeinden zu den nötigen Veränderungen beitragen? Stehen sie dabei nicht in der Gefahr, ihren eigentlichen Auftrag zu vernachlässigen? Zum Nachdenken und zur Diskussion über diese Fragen soll das vorliegende Buch anregen. Dabei bleibt es nicht auf der Ebene der Stellungnahmen von Kirchenleitungen und Gemeindeverbänden stehen, sondern fragt danach, was Christinnen und Christen an der Basis dazu denken und was sie konkret tun können.

Das Buch greift Themen aus der Praxis auf und gibt Hilfestellungen dafür. Ausgangspunkt ist eine empirische Studie, an der über 900 Personen, vor allem aus den evangelischen Landeskirchen, Freien evangelischen Gemeinden und dem Gnadauer Gemeinschaftsverband teilnahmen. Die Untersuchung mit quantitativen und qualitativen Ansätzen wurde 2020/21 von Dr. Thomas Kröck durchgeführt. Sie bietet einen Überblick über die Einstellung und das Verhalten von Christinnen und Christen zu den Themen Natur- und Klimaschutz und ihre Begründungen dafür. Außerdem beschreibt sie das Engagement von Gemeinden in diesem Bereich.

Die anschließende Diskussion und Bewertung der Ergebnisse der Studie mit Leitungspersonen aus den drei genannten kirchlichen Verbänden rundet das Ganze ab. Dabei wurde insbesondere die Wertschätzung der Schöpfung und die Hoffnung angesprochen, die Christinnen und Christen in diese Debatte einbringen können.

Da die Gründe für oder gegen das Engagement von Christinnen und Christen für Natur- und Klimaschutz oft mit theologischen Positionen zu tun haben, werden im zweiten Teil des Buchs Aspekte einer ökologischen Theologie, Ethik und Spiritualität aufgezeigt. Dr. Heinrich Christian Rust geht dabei besonders auf das Verständnis von Schöpfung, eschatologische Perspektiven und die Rolle der Gemeinde Jesu Christi ein. Außerdem bietet dieser Teil einen Überblick über kirchliche Handlungsempfehlungen, Arbeitshilfen und Netzwerke. Damit wird der Bogen zum dritten Teil geschlagen.

Der dritte Teil des Buchs wendet sich dem konkreten Handeln im Kontext christlicher Gemeinden zu. Wie können diese Themen gezielter in Gemeinden angesprochen und Gemeindeaktivitäten ökologisch nachhaltiger gestaltet werden? Fachleute aus Deutschland und der Schweiz geben Hinweise, wie die Schöpfungsverantwortung in Gottesdiensten, bei der Arbeit mit Kindern und Jugendlichen und in

Kleingruppen thematisiert werden kann. Konkret werden praktische Fragen nach Vermeidung von Müll, einer ökologisch nachhaltigen Beschaffung und der effizienten Nutzung von Energie und der Förderung biologischer Vielfalt angesprochen. Ebenfalls werden Konzepte zur Förderung von nachhaltigem Gemeindemanagement vorgestellt. Zu diesen Themen werden jeweils weiterführende Literatur und Informationsquellen im Internet genannt.

Das Buch bleibt damit nicht auf der Ebene von „man sollte eigentlich" stehen, sondern geht auf konkrete Chancen und Hindernisse für das Engagement christlicher Gemeinden für ökologische Nachhaltigkeit ein, bietet Anstöße zur theologischen Reflektion dieses Themas und Hinweise für praktisches Handeln. Es richtet sich damit insbesondere an Mitglieder und Mitarbeiterinnen und Mitarbeiter von Gemeinden und möchte Diskussionsprozesse und Aktivitäten auf örtlicher und überregionaler Ebene anstoßen.

Die Herausgeber

Teil 1:

Wo wir stehen –

Wie umweltbewusst sind christliche Gemeinden?

Eine empirische Bestandsaufnahme

(Thomas Kröck)

Warum dieses Thema?

Wie im Vorwort beschrieben, ist die ökologische Krise mit dem Klimawandel und dem Verlust der Artenvielfalt und anderer natürlicher Ressourcen *die* große, globale Herausforderung dieses Jahrhunderts, mit der sich die Gesellschaften aller Nationen und damit auch christliche Kirchen auseinandersetzen müssen.

Für Christinnen und Christen ist der verantwortliche Umgang mit Gottes Schöpfung kein fremdes Thema. Mit dem Auftrag, den Garten Eden zu bebauen und zu bewahren, der Geschichte von Noah, dem Lob Gottes durch die Natur in den Psalmen und anderen Hinweisen zur Bedeutung der Schöpfung, geht die Bibel auf diese Themen ein. Schon vor Jahrhunderten setzten sich Christen wie Franz von Assisi und Vertreter des Pietismus für die Bewahrung der Schöpfung ein. In den 1990er-Jahren initiierte der Weltkirchenrat den „konziliaren Prozess für Gerechtigkeit, Frieden und die Bewahrung der Schöpfung".

In der jüngeren Vergangenheit beschäftigten sich die Leitungen verschiedener Kirchen und christlicher Verbände mit diesen Themen. Zu nennen sind unter anderem die Denkschrift des Rates der EKD „Umkehr zum Leben" (2009)[1]; Stellungnahmen von Papst Franziskus („Laudato Si", 2015)[2] und dem orthodoxen Patriarchen Bartholomäus (ebenfalls 2015)[3]; die Konsultation der Lausanner Bewegung zu „Creation Care and the Gospel“ (2012)[4] und das Impulspapier der EKD von 2018[5]. Auch auf der Ebene von Kirchengemeinden gibt es Anstöße, sich für dieses Thema einzusetzen. Zu nennen wären hier *Der Grüne Hahn*[6] und ähnliche Programme zur Zertifizierung der Nachhaltigkeit von christlichen Gemeinden. In der Schweiz besteht dazu in der Evangelischen Allianz die „Arbeitsgemeinschaft Klima, Energie, Umwelt“[7].

Es gibt aber kaum empirische Untersuchungen darüber, ob und wie sich christliche Gemeinden und ihre Mitglieder für die Bewahrung der Schöpfung[8] einsetzen. Diese Lücke wurde durch eine wissenschaftliche Studie der Akademie für christliche Führungskräfte geschlossen, die 2020–21 durchgeführt wurde. Ihr Ziel war es, zu erkunden, welche Bedeutung Natur- und Klimaschutz für Gemeinden unterschiedlicher Prägung haben, wie das Engagement in diesem Bereich begründet wird und welche Hindernisse es dafür gibt. Befragt wurden dazu Mitglieder und Gemeinden aus den evangelischen Landeskirchen, Freien evangelischen Gemeinden und aus dem Gnadauer Gemeinschaftsverband. Als empirische Beschreibung des Ist-Zustandes bildet die Studie die Grundlage dieses Bandes, auf der dann die theologische Reflexion und Hinweise zu konkretem Handeln aufbauen.

Wie wurden die Daten erhoben?

Die vorliegende Studie stellt den Versuch dar, ein weites Wissensfeld, zu dem wenige Informationen vorliegen, zu erkunden. Sie ist keine repräsentative Untersuchung, wie wir dies von Marktforschungsinstituten und Wahlprognosen kennen. Andererseits ist sie mehr als eine Beschreibung zufällig gewonnener Einsichten in ein komplexes Thema. Um verlässliche Daten zu dem Thema zu erheben, wurden zwei Methoden genutzt, die einander ergänzen:

Zunächst wurde ab Mitte 2020 bis Anfang 2021 eine anonyme Online-Umfrage durchgeführt. Die damit erhobenen Daten dienten dazu, das persönliche Umweltbewusstsein der Befragten sowie ihre Einstellungen zu verschiedenen Themen zu untersuchen. Ein Teil der Daten konnte genutzt werden, um das Engagement von Gemeinden für Natur- und Klimaschutz zu charakterisieren. In einem zweiten Schritt wurden von April bis Juni 2021 in 13 Gemeinden Gruppeninterviews mit jeweils fünf bis zehn Personen durchgeführt und qualitativ ausgewertet.

Die Studie richtete sich ursprünglich an das ganze Spektrum christlicher Gemeinden in Deutschland, und es wurde versucht, Gemeinden aus den evangelischen Landeskirchen, der römisch-katholischen Kirche, verschiedenen evangelischen Freikirchen, des Gnadauer Verbandes sowie internationale bzw. Migrationsgemeinden für die Teilnahme zu gewinnen. Die Mehrzahl der auswertbaren Rückläufe zur Online-Umfrage kamen aus drei Gruppen von Gemeinden, aus den evangelischen Landeskirchen, dem Bund der Freien evangelischen Gemeinden und dem Gnadauer Gemeinschaftsverband. Entsprechend wurden auch nur in Gemeinden aus diesen Verbänden Gruppeninterviews durchgeführt. Sowohl bei der Online-Umfrage als auch bei den Gruppendiskussionen wurden die Teilnehmenden über das Ziel der Untersuchung und die Verwendung der Ergebnisse aufgeklärt und die Daten anonymisiert. Im Folgenden wird das Vorgehen kurz dargestellt und die Befragten werden charakterisiert.

Online-Umfrage

Für die Online-Umfrage wurden zunächst Gemeindeverbände (bzw. Landeskirchen und Bistümer) und einzelne Gemeinden angeschrieben und um Weitergabe des Umfrage-Links an ihre Gemeindeglieder gebeten. Über eine Referenz konnten die anonymen Rückläufe bestimmten Gemeinden zugeordnet werden. Später wurde der Link zur Umfrage zusätzlich über verschiedene Verteiler und in den sozialen Medien verbreitet. Diese Ergebnisse können nicht bestimmten örtlichen Gemeinden zugeordnet werden. Insgesamt ergab die Online-Umfrage 904 auswertbare Rückläufe. Davon kamen 234 aus den evangelischen Landeskirchen, 242 aus den Freien evangelischen Gemeinden und 270 aus dem Gnadauer Gemeinschaftsverband. 158 kamen vor allem aus anderen Freikirchen, der katholischen Kirche oder die Befragten machten keine Angaben zur Konfession. Die Auswertung der Daten konzentriert sich daher auf die Gemeinsamkeiten und Unterschiede zwischen den drei genannten Gruppen.

Um die Ergebnisse interpretieren zu können, ist es notwendig, wichtige Charakteristiken der Befragten zu kennen. Tabelle 1 gibt einen Überblick über einige Faktoren, die bei der Online-Umfrage erhoben wurden.

Tabelle 1: Charakteristiken der Teilnehmenden der Online-Umfrage.

Gemeindezugehörigkeit	EKD	FeG	Gnadau	sonstige	gesamt
Anzahl der auswertbaren Rückläufe	234	242	270	158	904
durchschnittliches Alter (Jahre)	52	47	46	48	48
Anteil weiblicher TN	55 %	51 %	47 %	44 %	50 %
Anteil TN mit Abitur oder Studium	75 %	79 %	80 %	82 %	79 %
Anteil TN aus Westdeutschland	94 %	89 %	80 %	84 %	87 %
Anteil sehr religiöser TN*	22 %	40 %	51 %	43 %	39 %
Anteil TN, die sich überdurchschnittlich für Naturschutz und Nachhaltigkeit interessieren**	45 %	34 %	32 %	46 %	38 %

* Selbsteinschätzung; ** Selbsteinschätzung im Vergleich zu anderen Mitgliedern der eigenen Gemeinde.

Wie die Tabelle zeigt, hatte die Mehrheit der an der Online-Umfrage Teilnehmenden höhere Bildungsabschlüsse und sie lebten überwiegend in den alten Bundesländen. Wie zu erwarten war, interessierte sich ein großer Anteil stärker für Naturschutz und Nachhaltigkeit als der Durchschnitt der Mitglieder ihrer Gemeinden. Das war zu erwarten, denn allgemein sind Menschen eher dazu bereit, an Umfragen zu Themen teilzunehmen, die sie interessieren. Dieser Aspekt wurde bei der Auswertung der Daten berücksichtigt, indem jeweils die Gruppen mit schwächerem, durchschnittlichem und stärkerem Interesse an diesen Themen verglichen wurden.

Auswertung von Angaben zu Gemeinden

Da über eine Referenz ein Teil der anonymen Rückläufe bestimmten Gemeinden zugeordnet werden konnten, wurden diese Daten genutzt, um die Aktivtäten der Gemeinden zu untersuchen. Dazu wurden Angaben aus Gemeinden genutzt, aus denen jeweils mindestens vier Rückläufe vorlagen und die zu den oben genannten Verbänden (EKD, FeG, Gnadau) gehören. Bei den Gemeinden der evangelischen Landeskirchen wurde zwischen solchen, die in dieser Hinsicht zertifiziert waren (z. B. *Grüner Hahn*, *Faire Gemeinde* u. a.) und solchen ohne Zertifizierung unterschieden. Tabelle 2 gibt einen Überblick über diese Gemeinden.

Tabelle 2: Merkmale der Stichprobe zu Gemeindeaktivitäten.

	Gemeinden					Befragte			
	Anzahl	% Mittel und Groß-stadt	Bedeutung v. Naturschutz f. Gem. schwächer/ durchsch./ stärker*			Anzahl	Alters-durch-schnitt	% weibl.	% mit Abi/ Stu-dium
EKD mit Zertifizierung	7	43 %	0 %	29 %	71 %	78	54	47 %	64 %
EKD ohne Zertifizierung	7	43 %	0 %	71 %	29 %	44	56	55 %	48 %
FeG	12	67 %	42 %	50 %	8 %	163	50	47 %	72 %
Gnadau	13	69 %	15 %	85 %	0 %	126	51	43 %	78 %

* Bedeutung von Naturschutz und Nachhaltigkeit für die Gemeinde im Vergleich zu anderen Gemeinden des jeweiligen Verbandes.

Die Stichprobe umfasste 411 Befragte aus 39 Gemeinden. Insgesamt waren die Charakteristiken der Stichprobe recht ausgeglichen. Bei den FeGs und Gnadauer Gemeinden war jedoch der Anteil von Gemeinden aus Mittel- oder Großstädten höher und ein höherer Anteil der Befragten hatte Abitur oder Studium. Bei den Gemeinden aus den evangelischen Landeskirchen wurde ein größerer Anteil als überdurchschnittlich an Naturschutz und Nachhaltigkeit interessiert eingeschätzt. Dies ist bei der Übertragung der Ergebnisse der Befragung auf die Gesamtheit der jeweiligen Verbände zu beachten.

Gruppen-Interviews

In einem zweiten Schritt wurden Diskussionen (leitfadengestützte Gruppeninterviews) in Gemeinden aus den drei Gemeinderichtungen (EKD, FeG, Gnadau) durchgeführt. Dazu wurden verschiedene Gemeinden angefragt und gebeten, einen Querschnitt ihrer Mitglieder zu den Diskussionen einzuladen. Wie Tabelle 3 zu entnehmen ist, nahmen jeweils fünf bis zehn Mitglieder der verschiedenen Gemeinden teil. Aufgrund der Kontaktbeschränkungen während der Covid19-Pandemie wurden die Diskussionen als Video- bzw. Telefonkonferenzen durchgeführt. Sie dauerten zwischen 49 Minuten und 1:35 Std. Die Diskussionen wurden aufgezeichnet und mittels qualitativer Inhaltsanalyse ausgewertet.

Tabelle 3: Charakterisierung der Gruppendiskussionen.

Code	Dauer	Bundesland	Kontext	Anzahl TN	Altersspanne
EKD 1	0:49	Hessen	Mittelstadt	7	50–ü70
EKD 2	1:08	Baden-Würt.	Dorf	5	60–ü70
EKD 3	1:31	Rhl.-Pfalz	Dorf	9	50–69
EKD 4	1:18	Hessen	Kleinstadt	6	20–59
FeG 1	1:22	NRW	Großstadt	5	20–ü70
FeG 2	1:11	NRW	Großstadt	9	40–59
FeG 3	0:56	Bayern	Kleinstadt	5	40–69
FeG 4	1:16	Hessen	Großstadt	8	20–59
Gnadau 1	1:21	Hessen	Dorf	7	14–59
Gnadau 2	1:35	Hessen	Dorf	9	30–69
Gnadau 3	1:17	Hessen	Kleinstadt	5	60–ü70
Gnadau 4	1:22	Thüringen	Großstadt	7	20–ü70
Gnadau 5	1:35	Hessen	Dorf	10	20–ü70

Auch diese Gemeinden lagen weitgehend in den alten Bundesländern. Das Alter und der Bildungsstand der Teilnehmenden waren vergleichbar mit den Befragten der Online-Umfrage.

Wie umweltbewusst sind Mitglieder christlicher Gemeinden?

Wie in der Einleitung angedeutet finden sich in der Bibel zahlreiche Hinweise, durch die sich eine Wertschätzung der Natur als Gottes Schöpfung begründen lässt. Andererseits gibt es Stimmen, die der christlichen Theologie vorwerfen, eine rücksichtslose Ausbeutung der Natur zu rechtfertigen. Wie steht es also um das Umweltbewusstsein von Christen? Unterscheiden sich die Einstellungen und das Verhalten von Mitgliedern christlicher Gemeinden in dieser Hinsicht von denen der deutschen Gesamtbevölkerung? Dies waren Fragen, die in dieser Studie untersucht wurden.

Das Umweltbewusstsein der Deutschen wird seit 1996 im Auftrag des Bundesministeriums für Umwelt (BMU) im zweijährigen Rhythmus mit repräsentativen Studien untersucht. Die 2019 veröffentlichte Studie[9] wurde daher als Vergleich für diese Untersuchung genutzt und ein Teil der Fragen direkt übernommen. Dabei ging es um die subjektive Einschätzung der Umweltqualität, die Bewertung der Bedeutung von Umwelt- und Klimaschutz und das persönliche Umweltbewusstsein.

Beurteilung der Umweltqualität und die Bedeutung von Umwelt- und Klimaschutz

Die Studie fragte nach der subjektiven Einschätzung der Umweltqualität am Wohnort, in Deutschland und weltweit (Tab. 3). Dabei zeigten sich in unserer Untersuchung unter Gemeindemitgliedern die gleichen Tendenzen wie in der repräsentativen Umfrage des BMU. Mit zunehmender Entfernung wurde die Umweltqualität als schlechter beurteilt. Beim Vergleich der Mitglieder der verschiedenen Gemeindeverbände zeigt sich, dass die Mitglieder der Freien evangelischen Gemeinden (FeGs) und des Gnadauer Verbandes die Umweltqualität insbesondere in Deutschland etwas positiver beurteilen als die Mitglieder der Landeskirchen oder der Durchschnitt der Deutschen (BMU 2019).

Tabelle 4: Subjektive Einschätzung der Umweltqualität.

		EKD	FeG	Gnadau	BMU 2019
am Wohnort	gut	82 %	77 %	87 %	78 %
	schlecht	17 %	22 %	12 %	22 %
	k. A.*	1 %	1 %	1 %	
in Deutschland	gut	55 %	71 %	76 %	61 %
	schlecht	40 %	28 %	22 %	39 %
	k. A.	5 %	1 %	2 %	
weltweit	gut	4 %	11 %	7 %	7 %
	schlecht	94 %	85 %	85 %	93 %
	k. A.	2 %	4 %	8 %	

* k. A.: keine Antwort.

Eine weitere Frage widmete sich den wichtigsten Problemen, denen sich unser Land gegenübersieht. Dazu sollten zehn Problemfelder nach ihrer Bedeutung bewertet werden. Übereinstimmend wurden der Zustand des Bildungswesens, soziale Gerechtigkeit und Umwelt- und Klimaschutz als die drei wichtigsten Bereiche genannt. Anders als bei den anderen Gruppen rangierte bei den Mitgliedern der evangelischen Landeskirchen der Umwelt- und Klimaschutz dabei auf Platz 1 vor dem Zustand des Bildungswesens und sozialer Gerechtigkeit.

Tabelle 5: Bedeutung von Problemfeldern.

	EKD	FeG	Gnadau	BMU
Rang 1	Umwelt/ Klimaschutz	Bildungswesen	Bildungswesen	Bildungswesen
Rang 2	Bildungswesen	soziale Gerechtigkeit	soziale Gerechtigkeit	soziale Gerechtigkeit
Rang 3	soziale Gerechtigkeit	Umwelt/ Klimaschutz	Umwelt/ Klimaschutz	Umwelt/ Klimaschutz

Persönliches Umweltbewusstsein

Für die Bewertung des persönlichen Umweltbewusstseins wurden für die Studie des BMU die Kategorien Umweltkognition, Umweltaffekt und Umweltverhalten entwickelt. Umweltkognition betrifft *Bewertungen* dieses Themenfeldes, Umweltaffekt die positive und negative *Betroffenheit* und Umweltverhalten beruht auf eigenen Angaben zu *Verhaltensweisen*[10]. Es liegt eine Skala von 0 (niedrig) bis 10 (hoch) zugrunde. Um den unterschiedlichen Anteil an hochengagierten Gemeindegliedern (siehe Tab. 1) zu berücksichtigen, wurde beim Vergleich zwischen Personen, die sich im Vergleich zur Mehrheit der Mitglieder ihrer Gemeinde als schwächer, durchschnittlich oder stärker an Naturschutz und Nachhaltigkeit interessiert einschätzten, unterschieden. Die Abbildungen 4 bis 6 zeigen die Ergebnisse für die Mitglieder der drei Gemeindeverbände sowie die Durchschnittswerte der Deutschen.

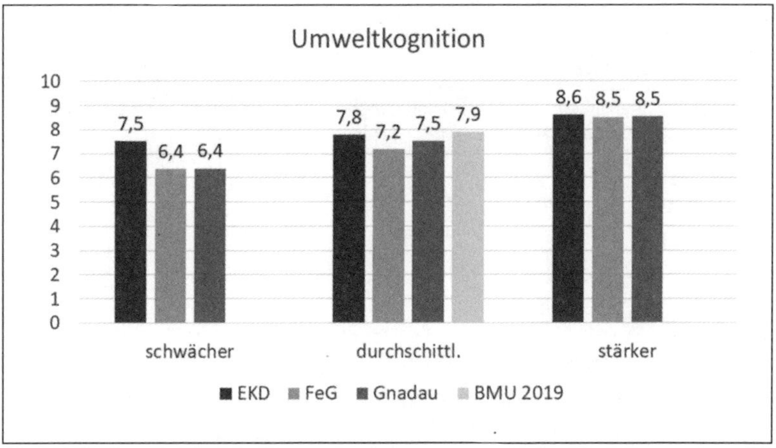

Abbildung 1: Umweltkognition in Abhängigkeit von Gemeindezugehörigkeit und Interesse an Naturschutz.

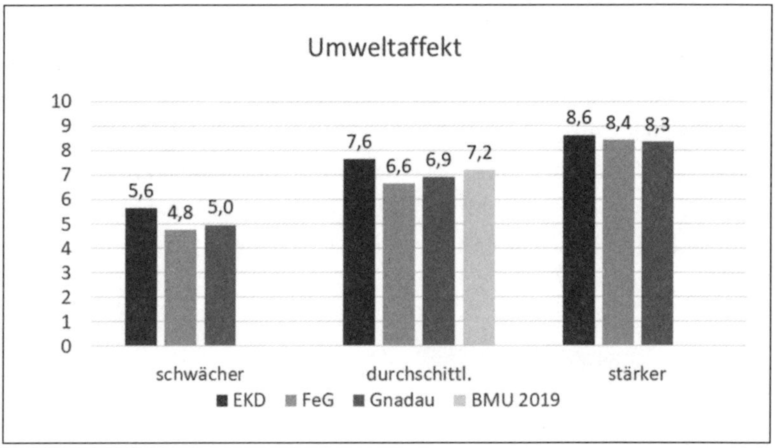

Abbildung 2: Umweltaffekt in Abhängigkeit von Gemeindezugehörigkeit und Interesse an Naturschutz.

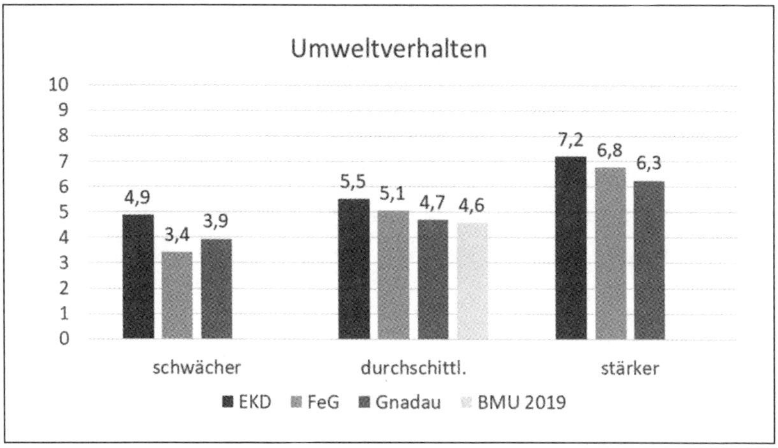

Abbildung 3: Umweltverhalten in Abhängigkeit von Gemeindezugehörigkeit und Interesse an Naturschutz.

Auch hinsichtlich der Kenngrößen des Umweltbewusstseins wurden ähnliche Ausprägungen und Tendenzen wie in der Studie des BMU beobachtet. Die Werte der Umweltkognition waren etwas höher als die des Umweltaffekts, während das Umweltverhalten deutlich zurückblieb. In allen Kategorien erreichten die Mitglieder der Landeskirchen höhere Werte als die Mitglieder der FeGs oder Gnadauer Gemeinden. Diese Unterschiede waren vor allem bei den Gemeindegliedern mit schwächerem oder durchschnittlichem Interesse an Naturschutz ausgeprägt.

Ausgewählte Fragen zum Umweltbewusstsein

Als Beispiele für Unterschiede zwischen den verschiedenen Gruppen sollen im Folgenden die Ergebnisse zu einigen Einzelfragen dargestellt werden. Um die Gemeindegruppen besser vergleichen zu können, wurden bei den folgenden Ergebnissen nur Befragte berücksichtigt, die ihr Interesse für Naturschutz als durchschnittlich bewerteten. Bei der Umweltkognition und dem Umweltaffekt wurde nach der Zustimmung (zwischen „stimme überhaupt nicht zu“ bis „stimme voll und ganz zu“) zu verschiedenen Aussagen gefragt.

Als Aspekt der *Umweltkognition* wurden Grenzen des Wirtschaftswachstums von Mitgliedern der evangelischen Landeskirchen stärker wahrgenommen als von Mitgliedern Freier evangelischer und Gnadauer Gemeinden (Abb. 4). Ähnlich waren auch die Zustimmungen zur Aussage, dass wir nicht mehr Rohstoffe nutzen sollten, als nachwachsen können, und dass wir Verantwortung dafür tragen, nachfolgenden Generationen eine lebenswerte Umwelt zu hinterlassen.

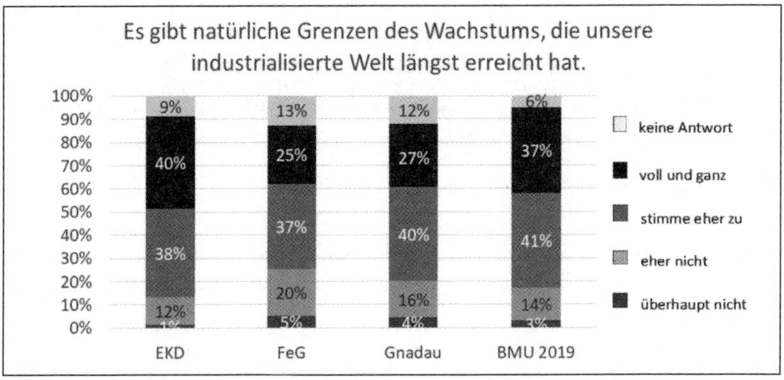

Abbildung 4: Zustimmung zu Grenzen des Wachstums (Online-Umfrage, Befragte mit durchschn. Interesse an Naturschutz)

Beim *Umweltaffekt* geht es um positive und negative Gefühle bezüglich Umweltveränderungen und Naturschutz. Der Anteil von Personen, die die Umweltproblematik für übertrieben halten, ist in den untersuchten christlichen Gemeinden eher etwas geringer als in der Gesamtbevölkerung (Abb. 5). Hinsichtlich der Umweltbedingungen für künftige Generationen zeigten sich Mitglieder von Gemeinden des Gnadauer Verbandes und von Freien evangelischen Gemeinden weniger beunruhigt als Mitglieder der evangelischen Landeskirchen oder der Durchschnitt der deutschen Bevölkerung (Abb. 6). Dieses Ergebnis kann in einem bestimmten Gottvertrauen oder Endzeiterwartungen begründet sein, auf die in Abschnitt 5 eingegangen wird. Ein Bezug zwischen dieser Frage und der Religiosität wurde aber nicht sichtbar. Ein ähnliches Bild wie bei der Beunruhigung gab es hinsichtlich der Wut über das Verfehlen von Klimaschutzzielen (Abb. 7).

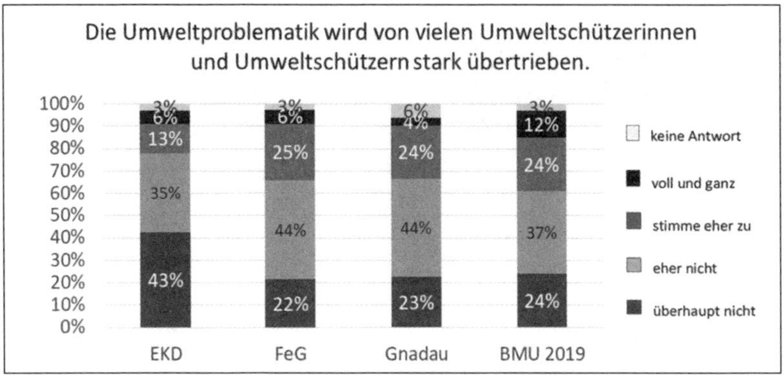

Abbildung 5: Zustimmung zur Aussage „Die Umweltproblematik wird übertrieben." (Online-Umfrage, Befragte mit durchschnittlichem Interesse an Naturschutz).

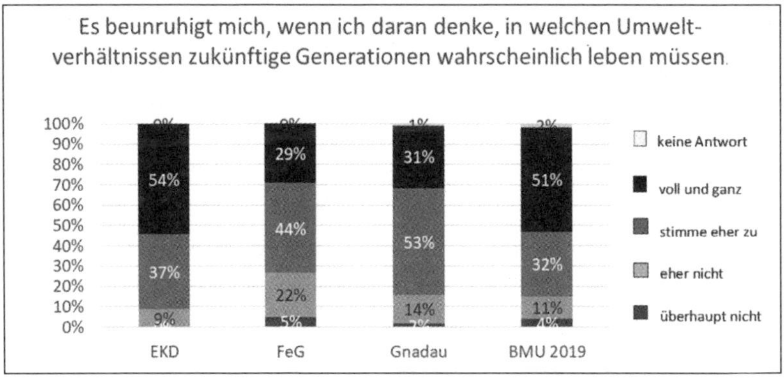

Abbildung 6: Zustimmung zur Beunruhigung über künftige Umweltbedingungen (Online-Umfrage, Befragte mit durchschnittlichem Interesse an Naturschutz).

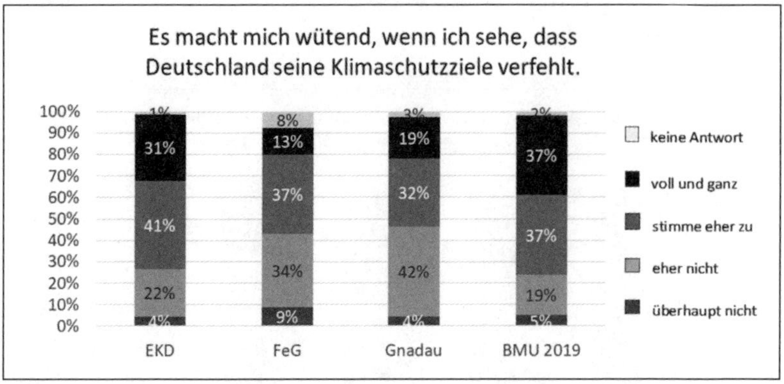

Abbildung 7: Zustimmung zur Wut über Verfehlung der Klimaschutzziele (Online-Umfrage, Befragte mit durchschnittlichem Interesse an Naturschutz).

Es stellt sich die Frage, wie die beobachteten Unterschiede mit dem Glauben oder der Zugehörigkeit zu einer Gemeinde zusammenhängen. Bei der Zustimmung zu einigen Aussagen deutete sich ein Zusammenhang mit der Häufigkeit der Teilnahme an Gemeindeveranstaltungen an. Gemeindeglieder, die mehrmals wöchentlich an Gemeindeveranstaltungen teilnehmen, waren weniger stark wegen künftiger Umweltverhältnisse beunruhigt (Abb. 8) und auch weniger wütend über die Verfehlung der Klimaschutzziele (Abb. 9) als Gemeindeglieder, die seltener an Gemeindeveranstaltungen teilnehmen. Dieser Effekt war bei allen Gruppen zu beobachten, bei den Landeskirchen aber weniger stark ausgeprägt.

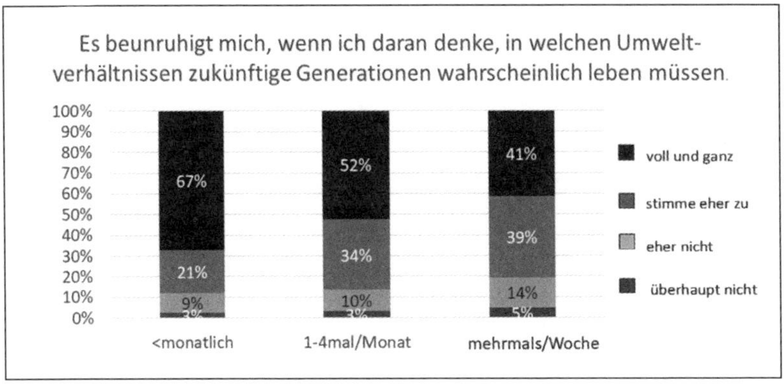

Abbildung 8: Beunruhigung über künftige Umweltbedingungen in Abhängigkeit von der Häufigkeit der Teilnahme an Gemeindeveranstaltungen (alle Gemeinden und Gemeindemitglieder).

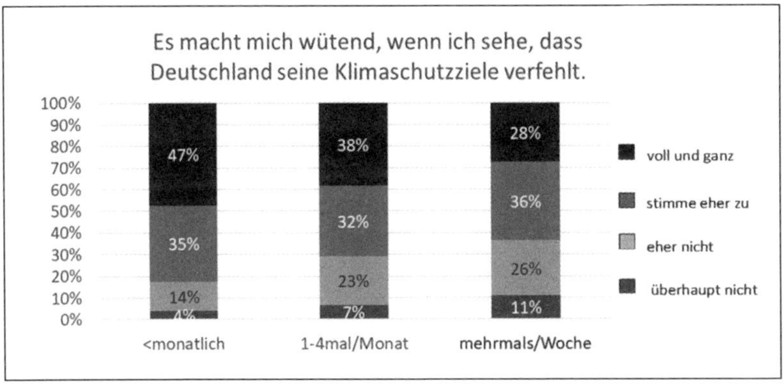

Abbildung 9: Wut über Verfehlung der Klimaschutzziele in Abhängigkeit von der Häufigkeit der Teilnahme an Gemeindeveranstaltungen (alle Gemeinden und Gemeindemitglieder).

Zur Bestimmung des *Umweltverhaltens* sollten die Befragten Angaben zu bestimmten Verhaltensweisen machen. Diese Angaben konnten nicht durch objektive Beobachtungen überprüft werden. Tabelle 5 zeigt die Ergebnisse zu drei Verhaltensweisen. Im Vergleich zur Gesamtbevölkerung scheinen die Mitglieder christlicher Gemeinden weniger häufig Fleisch zu konsumieren. Beim Bezug von Ökostrom und Geldspenden für Klima- und Umweltschutz hoben sich die Mitglieder der Landeskirchen und der Freien evangelischen Gemeinden etwas ab. Wenig Unterschiede zwischen den Vergleichsgruppen gab es bezüglich der Bevorzugung von Lebensmitteln aus kontrolliert biologischem Anbau und von Produkten mit Umweltsiegel, der Nutzung von Verkehrsmitteln und dem aktiven Engagement für Umwelt- und Klimaschutz. In einigen Diskussionsgruppen wurde von einer christlichen Kultur der Genügsamkeit gesprochen, auf die im Abschnitt „Schwächen" (S. 33) eingegangen wird. Dieser Aspekt bietet möglicherweise Potenzial für Verhaltensänderungen, kam in der Studie aber nur am Rande vor.

Tabelle 6: Angaben zum Umweltverhalten.

		EKD	**FeG**	**Gnadau**	**BMU 2019**
Zu den Hauptmahlzeiten esse ich Fleisch.	selten/nie	43 %	34 %	29 %	24 %
	manchmal	45 %	58 %	62 %	56 %
	meistens/ immer	12 %	8 %	9 %	19 %
	k. A.	0 %	0 %	0 %	1 %
Ich beziehe Ökostrom.	ja	51 %	49 %	39 %	38 %
	nein	29 %	29 %	44 %	47 %
	k. A.	19 %	22 %	18 %	15 %
Ich habe Geld für Klima- und Naturschutz gespendet.	ja	37 %	28 %	20 %	20 %
	nein	56 %	67 %	75 %	77 %
	k. A.	7 %	5 %	4 %	3 %

Wie setzen sich christliche Gemeinden für Natur- und Klimaschutz ein?

Neben der Einstellung und dem Verhalten von einzelnen Christinnen und Christen ging es in der Untersuchung auch um das konkrete Engagement von christlichen Gemeinden für Nachhaltigkeit und Naturschutz. Dazu wurden jeweils mehrere Mitglieder oder Besucher von Gemeinden befragt. Die folgenden Ergebnisse beruhen auf Angaben aus Gemeinden, aus denen jeweils mindestens vier Rückläufe vorlagen und die zu den oben genannten Verbänden (EKD, FeG, Gnadau) gehören. Bei den Gemeinden der evangelischen Landeskirchen wurde zwischen solchen, die in dieser Hinsicht zertifiziert waren (z. B. *Grüner Hahn*, *Faire Gemeinde* u. a.) und solchen ohne Zertifizierung unterschieden. Bei den Gemeinden aus den evangelischen Landeskirchen hatte sich ein größerer Anteil der Teilnehmenden als überdurchschnittlich an Naturschutz und Nachhaltigkeit interessiert bezeichnet. Dies ist bei der Übertragung der Ergebnisse der Befragung auf die Gesamtheit der jeweiligen Verbände zu beachten.

Vorhandenes Engagement

Der Abschnitt des Fragebogens zu den Aktivitäten der Gemeinde wurde durch die offene Frage eingeleitet: „Wie wird das Anliegen der Bewahrung der Schöpfung in ihrer Gemeinde konkret sichtbar?“ Es konnten mehrere Punkte genannt werden. Die Häufigkeit der am meisten genannten Kennzeichen dieses Anliegens sind in Abbildung 10 dargestellt.

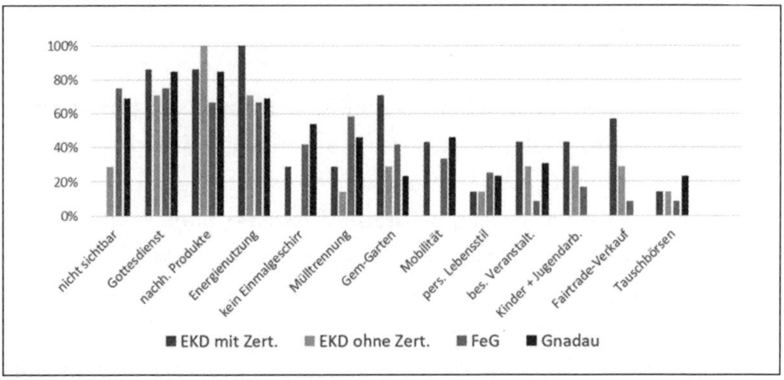

Abbildung 10: Wie werden Naturschutz und Nachhaltigkeit in der Gemeinde sichtbar? (Offene Frage, in Prozent der Gemeinden).

Außer in den Kirchengemeinden mit Zertifizierung gab es in den anderen Gemeinde-Gruppen Aussagen, dass dies nicht sichtbar sei. Bei den FeGs und dem Gnadauer Verband war dies in etwa Dreiviertel der Gemeinden der Fall, bei Kirchengemeinden ohne Zertifizierung bei einem Drittel.

Die am häufigsten genannten Merkmale waren die Thematisierung im Gottesdienst, die Nutzung von nachhaltigen Produkten (häufig Fair-Trade-Kaffee) und die Energienutzung. Die Vermeidung von Einmalgeschirr bei Gemeindeveranstaltungen und die korrekte Trennung von Abfall wurde vor allem in FeGs und Gnadauer Gemeinden genannt. Die nachhaltige Nutzung des Gemeindegartens und der Verkauf von Fair-Trade-Produkten spielen vor allem in zertifizierten Kirchengemeinden eine Rolle. Diese Ergebnisse wurden auch durch die Diskussionsgruppen in den Gemeinden bestätigt. Auch dabei wurde das Ansprechen des Themas, das Vermeiden von Einmalgeschirr, die Verwendung von nachhaltigen Produkten und der persönliche Lebensstil der Gemeindeglieder am häufigsten genannt.

Ähnliche Themen, wie die in der offenen Frage genannten, wurden auch anhand von Skalen erhoben.

Die Thematisierung von Naturschutz im Gottesdienst wurde in den meisten Gemeinden genannt. Allerdings zeigten sich deutliche Unterschiede hinsichtlich der Häufigkeit (Abb. 28). In der Mehrzahl der FeGs und Gnadauer Gemeinden wurde das Thema nur ein- bis zweimal im Jahr angesprochen, in den Gemeinden der Landeskirchen drei- bis viermal oder häufiger. Die Reduzierung des Energieverbrauchs in den Gebäuden scheint in allen Gemeinden ein Anliegen zu sein. Dies hat vermutlich damit zu tun, dass damit oft auch eine Reduzierung der Betriebskosten erreicht werden kann. Besondere Aufmerksamkeit scheint dieses Anliegen in den zertifizierten Kirchengemeinden zu bekommen (Abb. 12). Wie schon oben dargestellt, ist die Förderung biologischer Vielfalt auf den Gemeindegrundstücken vor allem in den Gemeinden der Landeskirchen im Blick (Abb. 13). Ähnliches gilt für die Förderung nachhaltiger Mobilität (Abb. 14), wobei dieses Thema in keiner der untersuchten Gemeinden besondere Bedeutung zu haben scheint. Bei dieser Frage ist auch zu beachten, dass Freie evangelische und Gnadauer Gemeinden oft ein größeres Einzugsgebiet haben als Kirchengemeinden und ihre Mitglieder daher stärker auf die Nutzung von Pkws für den Besuch von Gemeindeveranstaltungen angewiesen sind.

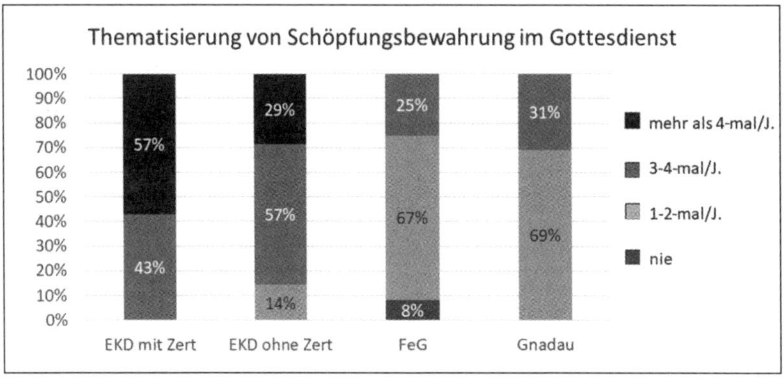

Abbildung 11: Häufigkeit der Thematisierung von Schöpfungsbewahrung im Gottesdienst (in Prozent der Gemeinden).

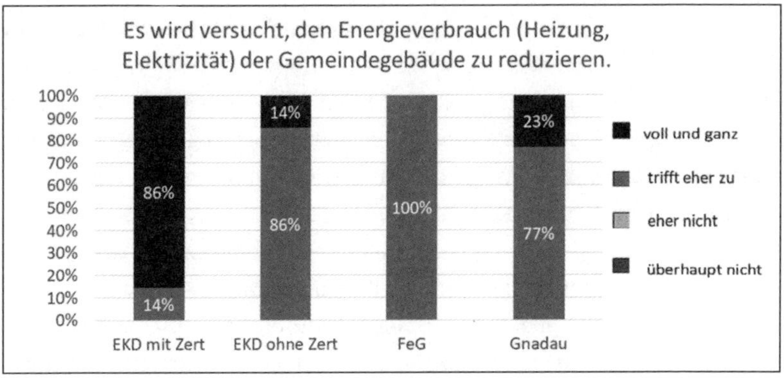

Abbildung 12: Reduzierung des Energieverbrauchs (% der Gemeinden).

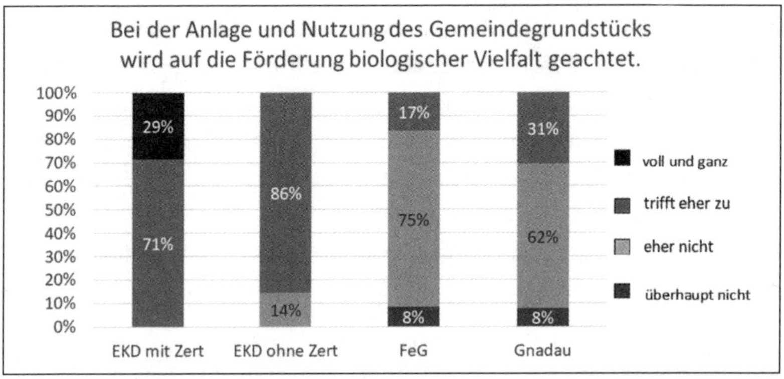

Abbildung 13: Förderung biologischer Vielfalt auf dem Gemeindegrundstück (in Prozent der Gemeinden).

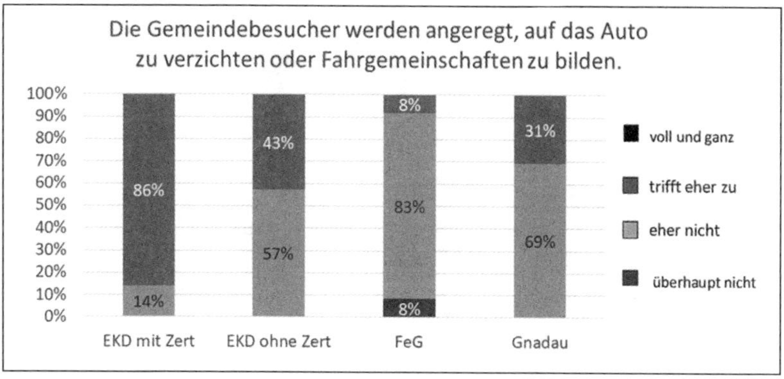

Abbildung 14: Förderung nachhaltiger Mobilität (in Prozent der Gemeinden).

Diese Ergebnisse zeigen die Bedeutung von Programmen zur Förderung nachhaltigen Gemeindemanagements wie dem *Grünen Hahn*, *Öko-Faire Gemeinde* oder *Eco Church*.

Durch Bestandsaufnahmen, Hinweise zur Verbesserung der Nachhaltigkeit und regelmäßige Überprüfung (Zertifizierung) werden konkrete Schwächen und Verbesserungsmöglichkeiten identifiziert und die Aufmerksamkeit der Gemeinde für diese Themen wachgehalten.

Schwächen

Neben dem vorhandenen Engagement wurde in den Diskussionsgruppen auch darüber gesprochen, wo die Teilnehmenden Schwächen sehen bzw. in welchen Bereichen sie sich mehr Engagement von ihren Gemeinden wünschen (Abb. 15).

In der Mehrzahl der Gemeinden wurde der Wunsch genannt, dass dieser Komplex stärker thematisiert werden sollte. In etwa einem Drittel der Gemeinden wurde die nachhaltigere Nutzung von Energie in den Gebäuden gewünscht. Bei einige Gemeinden aus dem Bund der FeGs und dem Gnadauer Verband wurde die stärkere Verwendung nachhaltiger oder fairer Produkte und die Förderung biologischer Vielfalt auf dem Gemeindegelände genannt.

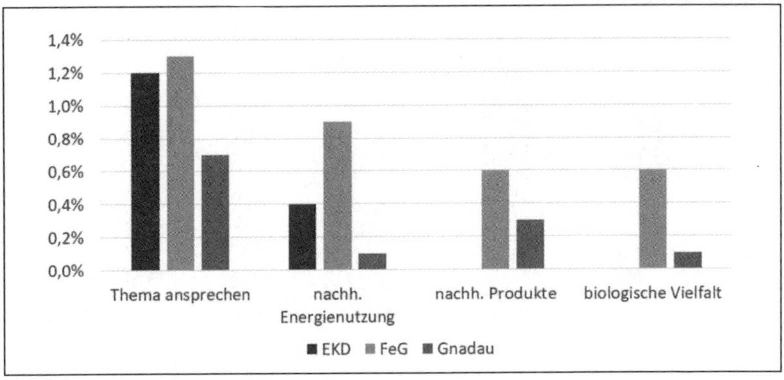

Abbildung 15: Schwächen bzw. Ziele des Engagements von Gemeinden (Diskussionsgruppen, in Prozent der codierten Textabschnitte).

Möglichkeiten zum Engagement

In den Diskussionsgruppen wurden auch Vorschläge gesammelt, in welcher Form sich Gemeinden konkret für Naturschutz und Nachhaltigkeit einsetzen können. Die Antworten wurden den in Abbildung 16 dargestellten Kategorien zugeordnet und decken ein weites Spektrum ab. Die Werte sind der Anteil an den für jede Gruppe von Gemeinden insgesamt kodierten Textabschnitten.

Die vier am häufigsten genannten Kategorien sind: die Themen in der Gemeinde anzusprechen und bewusst zu machen, die Verwendung von nachhaltigen bzw. fairen Produkten, der persönliche Lebensstil der Gemeindeglieder, effizientere Energienutzung in Gemeindegebäuden und das Vermeiden oder ordnungsgemäße Trennen von Abfall. Diese Möglichkeiten wurden in fast allen Gemeinden genannt.

Einige Möglichkeiten wurden in den Gruppen kontrovers diskutiert, so die Fragen, ob sich Gemeinden politisch positionieren und ob die Themen Naturschutz und Nachhaltigkeit in der Predigt angesprochen werden sollten. Einerseits sind das Ansprechen und Informieren zu diesen Themen Voraussetzungen für die Umsetzung weiterer Maßnahmen. Anderseits befürchteten einige Befragte, dass die Gemeinden damit von ihrem eigentlichen Auftrag abgelenkt werden könnten.

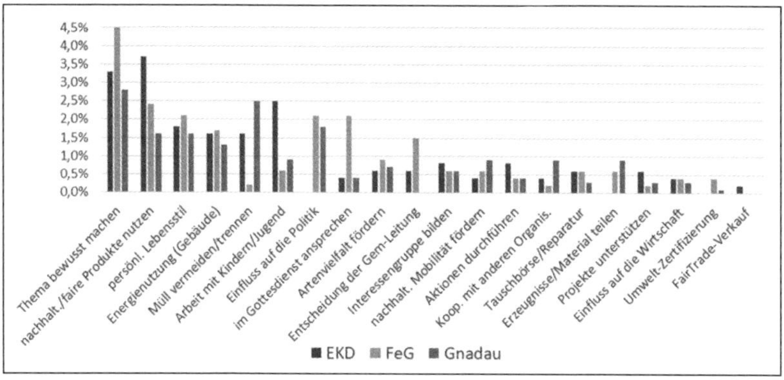

Abbildung 16: Möglichkeiten zum Engagement für Naturschutz und Nachhaltigkeit (Diskussionsgruppen, in Prozent der codierten Textabschnitte).

Zusammenfassung

Zusammenfassend lässt sich sagen, dass vor allem vier Bereiche beim Engagement christlicher Gemeinden für Naturschutz und Nachhaltigkeit eine Rolle spielen: das Ansprechen der Themen in Gemeindeveranstaltungen, die Verwendung von nachhaltigen oder fairen Produkten, die effiziente und nachhaltige Nutzung von Energie in den Gebäuden der Gemeinde und die Vermeidung bzw. ordnungsgemäße Trennung von Abfall. Daneben wurde häufig das persönliche Verhalten der Gemeindeglieder genannt. Nachhaltigkeit scheint, besonders bei FeGs und Gnadauer Gemeinden, oft im persönlichen Bereich eine größere Rolle zu spielen als im Gemeindekontext. Gründe dafür, dass diese Fragen nicht als „Gemeindethemen" anzusehen sind, werden ab Seite 46 diskutiert. Andere Ansätze wie die Förderung klimaneutraler Mobilität, Förderung der biologischen Vielfalt, politisches Engagement, die Wiederverwendung und Reparatur von Gebrauchsgütern wurden genannt, spielen in den untersuchten Gemeinden aber keine größere Rolle.

Die beim persönlichen Umweltbewusstsein erkennbaren Unterschiede zwischen den Gemeindeverbänden wurden beim Vergleich der Gemeinden noch deutlicher. In zwei Dritteln der untersuchten FeGs und Gnadauer Gemeinden gab es Stimmen, die sagten, dass in der Gemeinde kein Engagement für Naturschutz und Nachhaltigkeit zu erkennen sei. Das könnte darauf zurückgeführt werden, dass dieses Thema nicht im Blick ist oder die Befragten mit dem Engagement ihrer Gemeinden in dieser Hinsicht unzufrieden waren. Bei evangelischen Kirchengemeinden, die nicht zertifiziert waren, kam diese Aussage nur in einem Drittel der Gemeinden vor, in zertifizierten Kirchengemeinden gar nicht. Unterschiede zwischen den Gruppen von Gemeinden gab es auch hinsichtlich einzelner Maßnahmen. Während die Reduzierung des Energieverbrauchs der Gebäude in allen Gemeinden im Blick zu sein scheint, aber von den zertifizierten Gemeinden stärker verfolgt wird, wurden bei anderen Maßnahmen Unterschiede zwischen Gemeinden der Landeskirchen einerseits und Freien evangelischen Gemeinden und Gnadauer Gemeinden andererseits sichtbar. Gemeinden der Landeskirchen sprechen das Thema häufiger im Gottesdienst an und achten mehr auf die Förderung biologischer Vielfalt und klimaschonender Mobilität. Der Verkauf von Fair-Trade-Produkten wurde fast nur von evangelischen Kirchengemeinden berichtet.

Auf mögliche Ursachen für diese Unterschiede wird in den folgenden Abschnitten über die Begründung des Engagements und der Hindernisse eingegangen.

Wie wird das Engagement für Natur- und Klimaschutz begründet?

Wie wir gesehen haben, sind Mitglieder christlicher Gemeinden grundsätzlich ähnlich umweltbewusst wie die deutsche Gesamtbevölkerung. In der Online-Umfrage sprach sich eine Mehrheit von 86 Prozent dafür aus, dass sich Christen und christliche Gemeinden mehr für Naturschutz und ökologische Nachhaltigkeit einsetzen sollten (Tab. 7).

Tabelle 7: Sollten sich Christen/Christinnen und christliche Gemeinden mehr für Naturschutz und ökologische Nachhaltigkeit einsetzen?

Interesse der Befragten für Naturschutz (Selbsteinschätzung)	Anteil der Ja-Stimmen			
	EKD	FeG	Gnadau	gesamt
durchschnittlich und schwächer	85 %	75 %	79 %	79 %
stärker	100 %	96 %	96 %	98 %
gesamt	91 %	82 %	85 %	86 %

In der Online-Umfrage wurde mit offenen Fragen danach gefragt, welche Gründe dafür oder dagegen sprächen, dass sich Christen und Christinnen und christliche Gemeinden für Naturschutz und Nachhaltigkeit einsetzen. Es waren jeweils mehrere Nennungen möglich. Die Antworten wurden dann verschiedenen Kategorien zugeordnet, die sich aus den Daten ergaben. Dabei wurde zwischen Personen mit durchschnittlichem oder schwächerem Interesse an Naturschutz und Nachhaltigkeit (verglichen mit den Mitgliedern ihrer Gemeinde) und solchen mit stärkerem Interesse unterschieden. Dieselben Fragen nach Motivation und Hindernissen für ein Engagement für Naturschutz und Nachhaltigkeit wurden auch in den Diskussionsgruppen gestellt. Bei der Begründung spielten theologische Argumente und der Bezug der Gemeinde zur Gesellschaft eine Rolle.

Weltanschauung/Theologie

Die meisten Gründe, die für ein Engagement von Christen und Christinnen für Naturschutz und Nachhaltigkeit genannt wurden, waren theologischer Natur. Die Abbildungen 17 und 18 zeigen die in der Online-Umfrage und den Diskussionsgruppen am häufigsten genannten Themen.

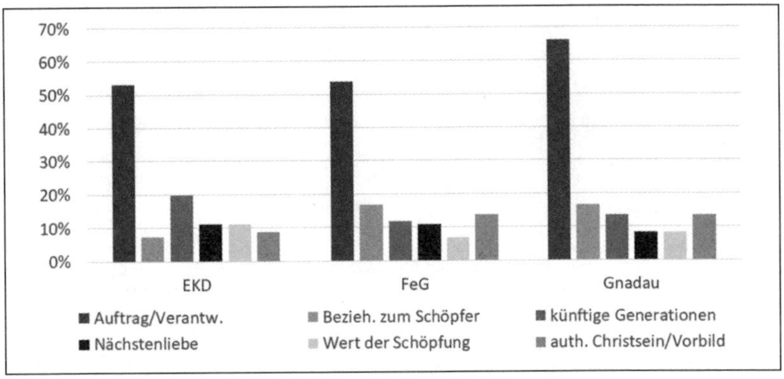

Abbildung 17: Argumente für Engagement (Online-Umfrage, Befragte mit durchschnittlichem und schwächerem Interesse für Naturschutz).

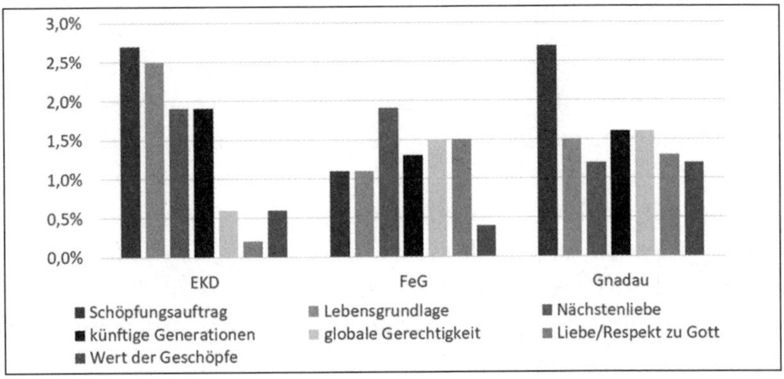

Abbildung 18: Begründung für Engagement (Diskussionsgruppen, in Prozent der codierten Textabschnitte).

Schöpfungsauftrag und Nächstenliebe

In der Umfrage nannten mehr als die Hälfte der Befragten einen Auftrag zur Bewahrung oder allgemein zur Verantwortung für die Schöpfung (Abb. 17). Zum Teil wurde dabei der biblische Auftrag aus 1. Mose 2,15 explizit erwähnt. Häufig wurde die Verantwortung für die Natur auch mit der Verantwortung gegenüber anderen Menschen und dem Gebot der Nächstenliebe verbunden. Dabei spielte vor allem die Verantwortung für künftige Generationen eine große Rolle. Die

Auswertung der Diskussionsgruppen in den Gemeinden ergab ein ähnliches Bild (Abb. 18). Der biblische Schöpfungsauftrag wurde in allen untersuchten Gemeinden angeführt und hatte, mit Ausnahme der FeGs, die häufigsten Nennungen. Auf den folgenden Plätzen lagen die Erhaltung der Lebensgrundlage als allgemeine Verantwortung der Menschheit, das Gebot der Nächstenliebe und – oft damit verbunden – die Sorge für künftige Generationen. In den Diskussionsgruppen wurde das folgendermaßen artikuliert:

> *wenn man allein die Schöpfungsgeschichte anschaut. Da ist doch der Auftrag ganz klar, dass wir das, was Gott uns anvertraut hat, bewahren und pflegen sollen. (EKD 1:33)*

> *Als Erstes der Schöpfungsauftrag spricht dafür, dass Gott den Menschen die Erde anvertraut hat. (FeG 2:33)*

> *Ganz klar der Schöpfungsauftrag im Buch Genesis. (Gnadau 5:53)*

> *Einfach auch die Nächstenliebe, die gilt natürlich zwischen Menschen und die gilt natürlich auch für die Natur und fürs Tierwohl. (EKD 2:32)*

> *Nächstenliebe, weil Erhalt der Lebensgrundlagen ist ja nix anderes als ganz allgemein Schutz des Lebens, also des Menschen, ja, einfach dieses Gebot Du sollst deinen Nächsten lieben. (FeG 3:46)*

> *und ich das auch als wichtiger Teil der Nächstenliebe sehen würde, dass eine gerechte Verteilung irgendwie da ist und der Klimawandel ja statistisch gesehen noch mehr die Armen benachteiligt. (Gnadau 2:24)*

> *Ich muss auch für die Generation nach mir […] die Erde so hinterlassen, dass sie auch darin leben können. (EKD 3:22)*

dass auch Mitmenschen, die jetzt jünger sind, dass die eben noch länger was auch von der Erde haben und auch unter noch guten Umständen leben können. (FeG4)

wenn ich daran denke, in was für einer Welt meine Enkelkinder, vielleicht mal großwerden. Da denke ich schon manchmal, hm, ganz toll ist das nicht. (Gnadau 1:24)

Globale Gerechtigkeit

Seltener als mit „künftige Generationen" wurde das Gebot der Nächstenliebe im Zusammenhang mit Menschen im globalen Süden gebracht. In der Online-Umfrage nannten nur wenige Befragte (5–8 Prozent) explizit Menschen im globalen Süden, die besonders unter Klimawandel und Naturzerstörung zu leiden haben. In den Gruppendiskussionen wurde das Argument der *globalen Gerechtigkeit* vor allem in den FeGs und Gnadauer Gemeinden angesprochen (Abb. 18).

Und Nachhaltigkeit ist ja auch ein Stück weit Gerechtigkeit, Weltgerechtigkeit gegenüber anderen Ländern. (EKD 2:30)

Also vielleicht könnte man auch mehr die Verbindung herstellen zwischen Natur [...] und dem Elend der Welt, also, dass das ja einen ganz unmittelbaren Zusammenhang hat, also die Flüchtlingswellen, die wir haben usw. (FeG 3:67)

dass Naturschutz und Klimaschutz einfach ein globales Problem ist und auch eine Frage der sozialen Gerechtigkeit. (Gnadau 2:125)

Respekt/Liebe zu Gott

Sowohl in der Umfrage (Abb. 17) als auch in den Diskussionsgruppen (Abb. 18) wurden der Respekt oder Liebe zu Gott dem Schöpfer als Motivation für die Bewahrung der Schöpfung genannt. Besonders Mitglieder der Freien evangelischen Gemeinden und Gnadauer Gemeinden, aber auch aus den Landeskirchen begründeten damit ein Engagement für Naturschutz und Nachhaltigkeit.

Wir denken, Gott hat uns die schöne Natur geschenkt, und wir müssen das alles erhalten und darauf achten, damit nichts zerstört wird. (EKD 1:27)

also dass wir die Natur auch als Schöpfung Gottes ansehen und so sagen ist das von Gott, wollen wir es ja auch bewahren. (FeG 2:34)

Ja, das eine ist natürlich, dass ich immer Gott gegenüber auch verantwortlich bin. Das ist anders bei den Christen als bei den Nichtchristen. (FeG 1:47)

Für mich ist es auch [...] eine Art Gottesdienst. Also um meine Dankbarkeit auszudrücken. Irgendwie finde ich das wichtig, nicht nur das zu konsumieren, was er uns geschenkt hat, sondern auch das irgendwie wertzuschätzen. (Gnadau 2:38)

Also ich fand diesen Aspekt noch mal ganz wichtig. Auch dass das, was Gott ehrt und wo Gott sich dann freut, da hab ich auch mit Respekt umzugehen. (Gnadau 3:27)

Wert der Natur

Auch der *Wert der Natur* wurde zum Teil an ihrer Beziehung zu Gott festgemacht. Die Natur wird als wertvoll erachtet, weil sie laut der biblischen Erzählung von Gott bewusst geschaffen und in den Bund mit Noah einbezogen wurde. Vereinzelt (am häufigsten in Gnadauer Gemeinden) wurde in den Gruppendiskussionen auch auf die Erlösungsbedürftigkeit der Schöpfung und ihre Bedeutung in Gottes Reich hingewiesen.

Im Grunde hat alles Leben eine Berechtigung zu leben. (EKD 1:50)

Weil wir glauben, dass halt nicht alles einfach aus Zufall entstanden ist, sondern dass da ein Plan dahintergesteckt hat und dass Gott sich jedes Lebewesen, jedes einzelne einfach ausgedacht hat und selbst gemacht hat. Und dass ihm das halt auch wichtig ist. Jedes einzelne Lebewesen, jede einzelne Pflanze und so weiter. (Gnadau 1:86)

Gott war es sehr wichtig, dass Noah alle Tiere mit in die Arche genommen hat, auch wieder alle mit rausgenommen hat. Und dieser Segen, [...] das ist explizit nicht nur für uns Menschen, sondern da sind die Tiere explizit mit genannt. (Gnadau 3:22)

Bezug zur Gesellschaft

Neben Motiven, die in der Weltanschauung oder Theologie begründet waren, wurden solche genannt, die eher die Beziehung der Gemeinde zu der Gesellschaft im Allgemeinen betreffen. Abbildung 19 zeigt die Häufigkeit der Nennung entsprechender Themen in den Gruppendiskussionen. Dabei geht es einerseits darum, sich als Vorbild von der Gesellschaft abzuheben, und andererseits, die in der Gesellschaft wichtigen Themen von Natur- und Klimaschutz aufzugreifen, um relevant zu sein.

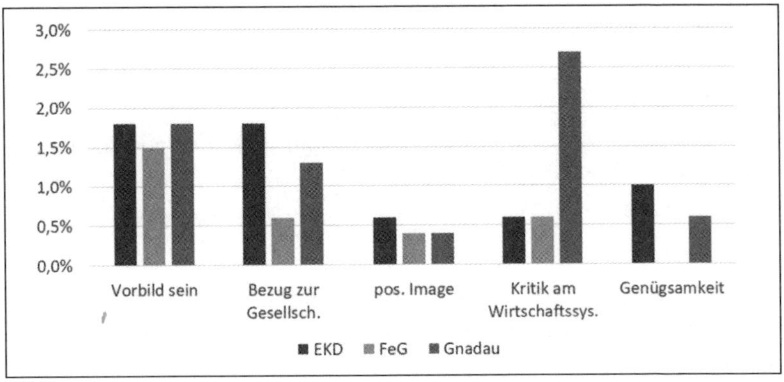

Abbildung 19: Begründung für Engagement (Diskussionsgruppen, in Prozent der codierten Textabschnitte).

Vorbild sein
In allen drei Gruppen spielte der Gedanke, dass ein verantwortungsvoller Umgang mit der Natur ein Aspekt von authentischen Christsein ist und Christinnen und Christen in dieser Hinsicht Vorbilder sein sollten, eine Rolle. In der Online-Umfrage wurde dieses Motiv häufiger von Vertretern der Freien evangelischen Gemeinden und Gnadauer Gemeinden genannt (Abb. 17). In den Gruppendiskussionen wurde es in mehr als der Hälfte der Gemeinden aus allen drei Gruppen genannt.

> *Ich finde schon, dass die Kirche und auch wir als Einzelne ja eine Vorbildfunktion haben oder einen Auftrag, die Schöpfung zu bewahren. (EKD 3:77)*

> *Ich bin der Meinung, eigentlich müssten die Christen das Thema vorantreiben und nicht die Grünen, wir sind eigentlich diejenigen, die die Hauptverantwortung zeigen müssten. (FeG 2:52)*

> *ist es auch ein Stück Glaubwürdigkeit zu sagen, dass wir ganzheitlich leben und nicht nur das geistliche Thema beleuchten, sondern das auch an unserem Leben, an unserem Lebensstil deutlich wird, dass wir zu Gott gehören. (Gnadau 3:34)*

Es gab aber auch Stimmen, die den Gedanken des Vorbilds kritisch sahen, weil dieses Anliegen alle Menschen betrifft oder sich jeder für Natur- und Klimaschutz einsetzen sollte.

> *Der Klimawandel ist ja die große Aufgabe unserer Zeit und stellt nicht nur Christen vor eine Riesenaufgabe, sondern die ganze Welt, auch die Nichtchristen, die anderen Gläubigen. (EKD 4:29)*

Andere betrachteten es als allgemeine menschliche Aufgabe und nicht als speziellen Auftrag für Christen.

Ich als Mensch setze mich für den Naturschutz ein. Das mache ich einfach, weil ich das als Verantwortung für mich als Mensch finde. Aber das ist nicht unbedingt meine christliche Sicht, also nicht unbedingt meine christliche Aufgabe. (Gnadau 1:68)

Kritik am Wirtschaftssystem und Konsum
In Bezug zur Gesellschaft wurde vereinzelt Kritik am herrschenden Wirtschaftssystem und übertriebenem Konsum geäußert.

dass wenn ein Gerät kaputt ist, dass man sagt, lieber: Ich schmeiße es weg und kauf ein neues. Somit produziere ich Abfall und vernichte Ressourcen. Also ich glaube, das ist das größte Problem unserer Wirtschaft momentan. Unsere Wirtschaft ist auf Wachstum ausgelegt, auf Wachstum und Konsum. (EKD 2:102)

Wir haben ja schon lang den Punkt überschritten, wo unser Wirtschaften eine bessere Lebensqualität der Menschen schaffen soll. Wenn ich mir die ganze Werbung und unseren ganzen Konsum angucke, dann geht's ja lange nicht mehr darum, dass es den Menschen besser geht, sondern nur noch um irgendeine, ich überspitze es jetzt mal, arg perverse Befriedigung. (Gnadau 2:52)

Einige Teilnehmende schlugen vor, dem eine Kultur der Zufriedenheit entgegenzustellen.

eine Ethik des Verzichts auch entwickeln oder eine Ethik der Zufriedenheit mit dem, was man hat. (EKD 1:144)

Mein Anliegen ist eigentlich, im persönlichen Leben und auch für die Gemeinde, ein bescheidener Lebensstil. Damit ist, glaube ich, die Bewahrung der Schöpfung sozusagen integriert. (Gnadau 4:140)

Brücke zur Gesellschaft
Weil Natur- und Klimaschutz wichtige Themen in der gesellschaft-

lichen Diskussion sind, wurden sie in einigen Diskussionsgruppen als Brücke zur Gesellschaft gesehen, die dazu beitragen können, mit Menschen, die keinen Bezug zur Gemeinde haben, ins Gespräch zu kommen.

Und wenn wir unserem Missionsauftrag gerecht werden wollen, dann müssen wir ja verstehen, worüber die Leute reden und was denen wichtig ist und müssen da anknüpfen. (EKD 3:174)

Also für mich ist es generell ein gesellschaftliches Thema. Und das hätte verbindenden Charakter, wenn man da eine entsprechende Position beziehen würde. Also wenn wir immer versuchen, also mit der Gesellschaft Kontakt aufzunehmen oder ins Gespräch zu kommen, würde es helfen, da eine Position zu beziehen und ja, mit anderen gesellschaftlichen Gruppen zu diskutieren. (FeG 2:43)

Ja, also weil wir ja auch inhaltlich aus dem Thema auf Gott hinweisen können. Also das Thema kann eine absolut inhaltliche Brücke sein. (Gnadau 1:92)

Dies könnte auch zu einem positiven Image der Gemeinde beitragen.

damit wir auch positiv wahrgenommen würden. In der Diskussion. Also positiver, als wenn wir jetzt sagen würden, ist mir egal, oder ich verbrauche jetzt Ressourcen, ohne mir Gedanken zu machen. (FeG 2:46)

Also wenn sich speziell Christen für Naturschutz und Nachhaltigkeit einsetzen, erzeugt das in der Gesellschaft schon einen sehr positiven Effekt. (Gnadau 5:57)

Andererseits gab es in den Gruppendiskussionen auch Stimmen, die davor warnten, sich mit diesen Themen nur aus Gründen der Wirkung auf die Öffentlichkeit zu beschäftigen.

Ja, aber nur, wenn es authentisch ist. Also wenn man denkt, man tut es besser in einer Aktion und ist damit attraktiv für Leute, die nachhaltig denken. Das wäre, glaube ich, ein Trugschluss. Da muss man aber auch wirklich nachhaltig sein. (FeG 4:80)

wenn das eine Gemeinde oder irgendwer oder Christen deswegen machen, weil es halt zur Zeit dran ist, auf der Agenda steht, dann finde ich es nicht sinnvoll. (FeG 2:52)

Was spricht gegen ein Engagement für Natur-und Klimaschutz?

Wie oben dargestellt (Tab. 6), stimmten in der Online-Umfrage die Mehrheit der Befragten (85 Prozent) zu, dass sich Christen und Christinnen und Gemeinden mehr für Naturschutz und ökologische Nachhaltigkeit einsetzen sollten. Auf die Frage, was gegen ein Engagement für Naturschutz und Nachhaltigkeit spricht, antworteten in der Umfrage 42 Prozent der Befragten mit durchschnittlichem und schwächerem Interesse an dem Thema und 63 Prozent derer mit stärkerem Interesse, dass nichts oder eigentlich nichts dagegenspricht. Manchmal wurden dann aber noch Einschränkungen gemacht. Bei den dabei genannten Hindernissen kann zwischen weltanschaulichen bzw. theologischen Vorbehalten und Schwierigkeiten bei der praktischen Umsetzung unterschieden werden.[11] Auf beide Aspekte soll im Folgenden eingegangen werden.

Weltanschauliche bzw. theologische Vorbehalte

Vorbehalte, die sich dieser Kategorie zuordnen lassen, wurden sowohl in der Online-Umfrage als auch in den Gruppendiskussionen angesprochen. Die Nennungen der häufigsten Argumente in der Umfrage sind in Abbildung 20 dargestellt. Ähnliche Argumente wurden auch in den Diskussionsgruppen angesprochen (Abb. 21).

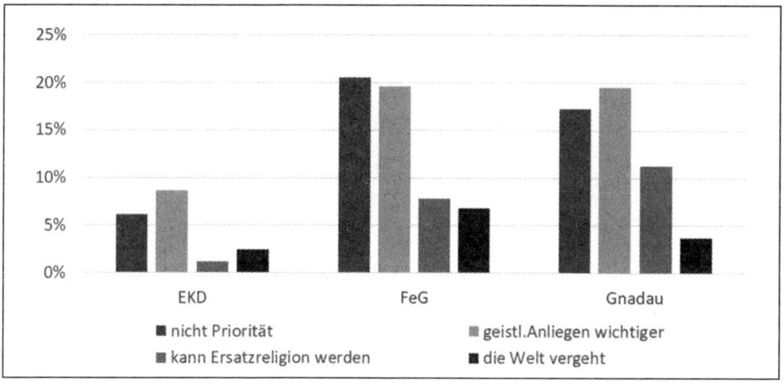

Abbildung 20: Theologische Argumente gegen Engagement (Online-Umfrage, offene Frage, Befragte mit durchschnittlichem und schwächerem Interesse für Naturschutz).

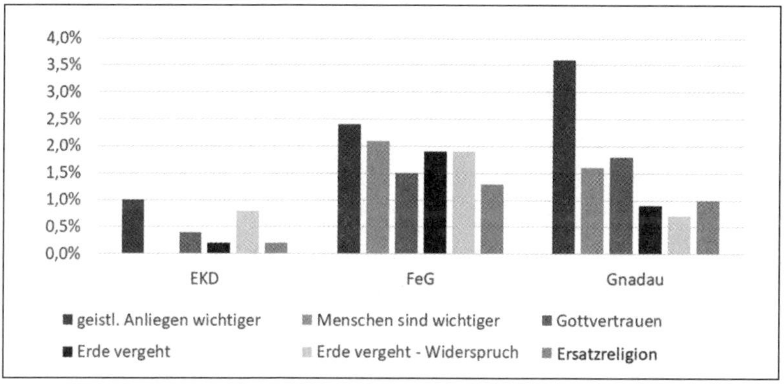

Abbildung 21: Weltanschauliche Hindernisse für Engagement (Diskussionsgruppen, in Prozent der codierten Textabschnitte).

Auftrag der Gemeinde

Ein wichtiger Punkt war dabei das Verständnis vom *Auftrag der Gemeinde*. Viele der Befragten wandten ein, dass Naturschutz nicht die wesentliche Aufgabe von christlichen Gemeinden sei. Besonders von Mitgliedern aus Gemeinden des Gnadauer Verbandes und der Freien evangelischen Gemeinden wurde darauf hingewiesen, dass geistliche Aufgaben wie Mission und Evangelisation wichtiger seien als Naturschutz.

Erst mal sind wir als Kirche, ja, ich sag mal von unserem wesentlichen Auftrag her für anderes zuständig, nicht so sehr für die Umwelt. (EKD 1:94)

Ja, dass es um Gott geht, den Glauben an Jesus, das Reich Gottes, das denke ich, ist der zentrale Auftrag der Kirche und Gemeinde. (FeG 2:80)

Denn ich glaube, wir finden jedenfalls zum größten Teil Umwelt und Natur wichtig. Nur dies soll nicht alles andere überlagern. [...] Und ich fände es viel wichtiger, in den Gottesdienst zu gehen oder andere Menschen zu Jesus einzuladen. (Gnadau 5:22)

Dass die *Sorge für Menschen* Priorität gegenüber der Sorge für die Natur haben sollte, wurde in der Umfrage nur selten (von 2–3 Prozent der Befragten) angeführt. In den Diskussionen kam es bei den FeGs und Gnadauer Gemeinden jedoch relativ häufig vor (Abb. 21). Es gab in diesen Gemeinden aber auch Stimmen, die diese Polarität infrage stellten. Auf die Frage der Bedeutung von Natur-und Klimaschutz im Vergleich zu anderen Aufgaben der Gemeinde wird im Abschnitt über Hindernisse für die praktische Umsetzung eingegangen.

wenn wir ja quasi Jesus als Vorbild haben im Glauben, dann ist es ja so, dass es an unzähligen Stellen ja Aufforderungen gibt, sozusagen von Jesus, anderen Menschen direkt zu helfen sozusagen und vielleicht auch gipfelnd in dem Gebot der Nächstenliebe. Und ich glaube, dann kommt das runter auf diese Sache, dass einfach Umweltschutz weniger direkt hilft. (FeG 1:25)

Liebe Gott von ganzem Herzen, liebe deinen Nächsten wie dich selbst. Bewahrung der Schöpfung kommt daher in diesem Schritt noch nicht rein, sondern quasi erst im nächsten Schritt. (FeG 4:41)

In dem Moment, wo man seine Kräfte und Mittel einteilen muss, kann es schon mal vorkommen, dass mir ein Hungernder oder ein Ausgebeuteter wichtiger [...] erscheint als Fair-Trade-Kaffee. Und genau das ist halt eine Frage der Mittel und Ressourcen und Prioritäten, also Menschen tatsächlich eher erst mal zu sehen als jetzt so eine globale Geschichte. (Gnadau 4:61)

Also das fällt mir manchmal auf, zum Beispiel beim Tierschutz, wo ich dann denke, Tierwohl geht über Menschenwohl. Wo ich so dachte, da verkehrt sich was für mich. (Gnadau 2:39)

Verständnis von Mensch und Natur

Dieses Argument ist vor dem Hintergrund des Verständnisses von Mensch und Natur zu sehen. Werden Menschen, Tiere, Pflanzen und die unbelebte Natur als Mitgeschöpfe verstanden, die mehr verbindet als sie trennt, oder haben Menschen grundsätzlich eine andere Stellung innerhalb der Schöpfung? In der Online-Umfrage wurde nach der Zustimmung zu diesen Thesen gefragt. Die Mehrheit der durchschnittlich an Naturschutz Interessierten sieht die Natur als Mitgeschöpfe (Abb. 22), gleichzeitig vertrat aber etwa die Hälfte, dass Gott die Menschen über den Rest der Schöpfung gestellt hat (Abb. 23). Dabei tendierten die Mitglieder der FeGs und Gnadauer Gemeinden eher zur Sonderstellung der Menschen und EKD-Mitglieder eher dazu, den Rest der Schöpfung als Mitgeschöpfe zu sehen.

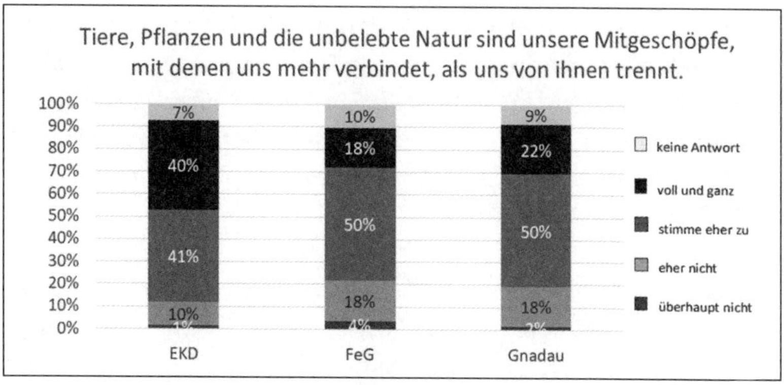

Abbildung 22: Verständnis von Natur als Mitgeschöpfe (Online-Umfrage, Befragte mit durchschnittlichem Interesse für Naturschutz).

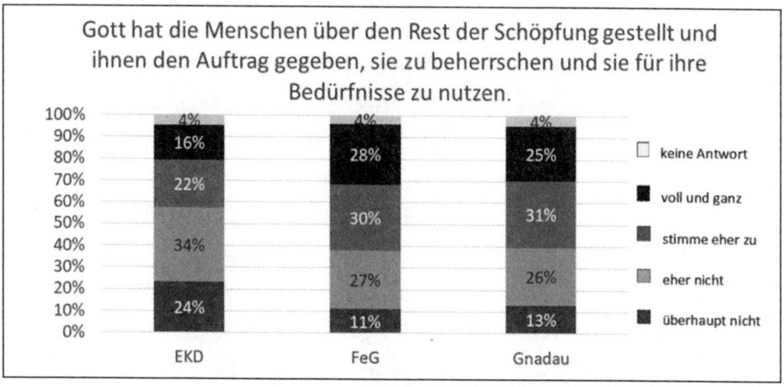

Abbildung 23: Vorrang der Menschen (Online-Umfrage, Befragte mit durchschnittlichem Interesse für Naturschutz).

Angst vor der Vergötterung der Natur

Im Zusammenhang mit der Priorisierung geistlicher Anliegen und dem Verständnis der Natur steht auch die Befürchtung, dass stärkeres Engagement für Naturschutz zu einer *Vergötterung der Natur* als Ersatzreligion führen könne (Abb. 29–31, 34). Diese Befürchtung wurde vor allem von Mitgliedern der FeGs und der Gnadauer Gemeinden geteilt.

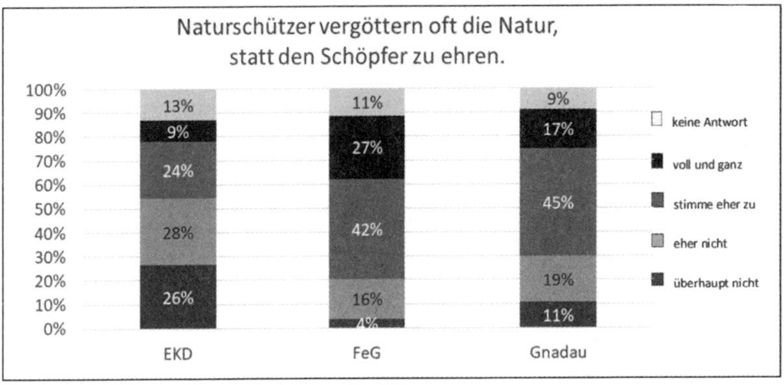

Abbildung 24: Zustimmung zur Aussage „Naturschützer vergöttern oft die Natur" (Online-Umfrage, Befragte mit durchschnittlichem Interesse für Naturschutz).

Dies wurde auch in den Diskussionsgruppen angesprochen.

> *Aber wir können das Evangelium mit der Bewahrung der Schöpfung ersetzen. Also wir sind keine Schöpfungsreligiosität, sondern wir folgen Jesus Christus. (FeG 1:90)*

> *dann wäre die Schöpfung ja inzwischen unser Götze. Wenn wir nur noch über die Bewahrung der Schöpfung und die Schöpfung sprechen. (FeG 3)*

> *Eine Grenze sehe ich da, [...] wo es zur Ersatzreligion wird, wo es fast schon militant wird und wo es das dominierende Thema wird. (Gnadau 3:34)*

> *Wenn man sich darin total verliert, dann kann es tatsächlich auch zu einem Götzendienst werden. (Gnadau 1:52)*

Gottvertrauen

Ein Argument, das in der Online-Umfrage nur am Rande vorkam, aber in den Gruppen diskutiert wurde (Abb. 31), ist das Vertrauen, dass Gott selbst auf seine Schöpfung achtet. Der Aussage „Weil Gott allmächtig ist, lässt er seine Schöpfung nicht von Menschen zerstören" stimmten in der Umfrage etwa zwei Drittel der Befragten aus FeGs und Gnadauer Gemeinden zu. Bei den Mitgliedern der Landeskirchen war es nur ein Drittel (Abb. 25).

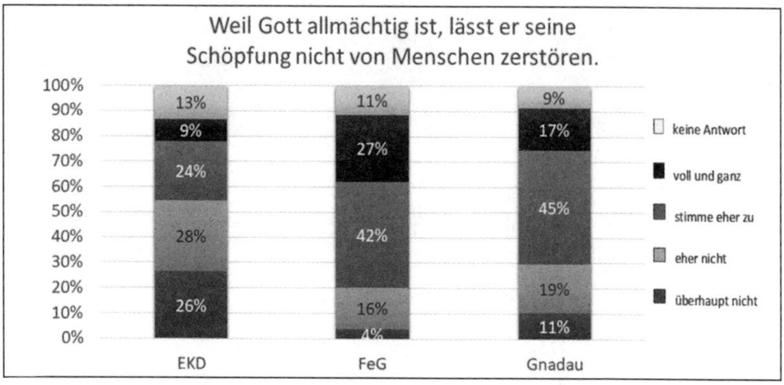

Abbildung 25: Vertrauen auf Gottes Allmacht (Online-Umfrage, Befragte mit durchschnittlichem Interesse für Naturschutz).

Das spiegelte sich auch in den Diskussionsgruppen wider. Einerseits wurde das Vertrauen auf Gott als ein Faktor beschrieben, der auch angesichts der ökologischen Krise zur persönlichen Resilienz beitragen kann. Andererseits gab es auch Stimmen, die darauf hinwiesen, dass Gottvertrauen nicht dazu führen dürfe, diese Herausforderungen zu verdrängen. Vertrauen auf Gott kann also dazu beitragen, angesichts der großen Herausforderungen nicht die Hoffnung zu verlieren, könnte andererseits aber auch zu einer Haltung der Gleichgültigkeit führen.

> *dass ich als Mensch ja auch gar nicht so viel über die Zukunft sagen kann. Also so ein bisschen dieses vielleicht auch abgeben in Gottes Hand, also vielleicht, oder vielleicht ein stärkeres Gefühl, das abgeben zu müssen. (FeG 3:2)*

> *dass Leute, die in der FeG sind und wirklich sich auf Gott verlassen, nicht so schnell beunruhigt sind durch irgendwelche Veränderungen*

der Umwelt, weil das eben, denken sie, es wird schon alles in Gottes Hand richtig gehen. (FeG 1:6)

Und so denke ich, dass gläubige Menschen nicht so sich ins Bockshorn jagen lassen und denken, die Welt geht unter, sondern die haben mehr Hoffnung und Vertrauen. (Gnadau 5:9)

Also ich denke, wenn wir in Jesus verwurzelt sind, mit Jesus unterwegs sind, dürfen wir uns schon auch getrost und gehalten [...] wissen. Und trotzdem ist das andere natürlich auch eine Wirklichkeit, die einen schon auch beunruhigen kann. (Gnadau 1:34)

Ich habe auch [...] gedacht, die Leute, die mehr Gottvertrauen haben, sind da nicht so sensibel. Aber dann bin ich erschrocken und habe gedacht, Mensch Hilfe, wir müssen doch sensibel sein. (Gnadau 5:10)

Verständnis der Endzeit

In engem Zusammenhang mit dem Vertrauen auf Gott steht die eschatologische Sicht, dass die gegenwärtige Welt vergehen und Gott am Ende eine neue Welt schaffen wird. Auch dieser Aspekt kam in den Diskussionen in Freien evangelischen Gemeinden und Gnadauer Gemeinden deutlich häufiger vor als in den Landeskirchen (Abb. 31). Bei vielen Diskussionsteilnehmern klang das Verständnis einer Diskontinuität zwischen der jetzigen und der neuen Schöpfung an. Allerdings schienen nicht alle Personen, die dieses Argument nannten, es auch selbst zu teilen. Insbesondere Teilnehmer mit theologischer Bildung ließen ein Konzept der Kontinuität anklingen. Viele Teilnehmende in den Diskussionsgruppen machten deutlich, dass die eschatologische Sicht kein Hindernis sei, sich für den Erhalt der Schöpfung einzusetzen. Das wurde auch in der Online-Umfrage deutlich. Die Aussage „Weil die Welt vergehen wird, ist es wichtiger, sich für ewige Anliegen einzusetzen als für den Schutz der Natur“ lehnten 83 Prozent der Befragten aus den Landeskirchen und immerhin fast zwei Drittel aus den FeGs und Gnadauer Gemeinden ab (Abb. 26).

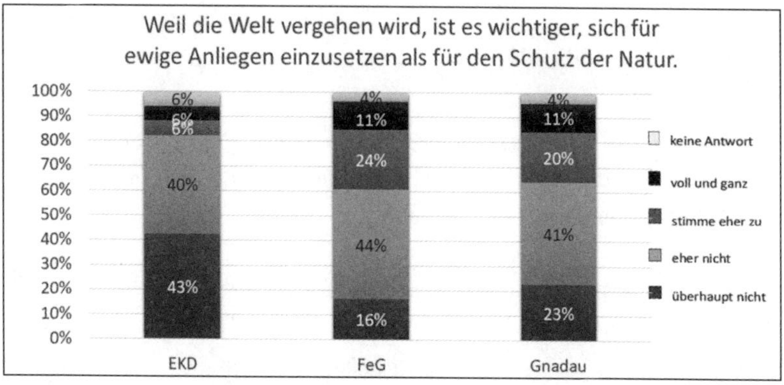

Abbildung 26: Eschatologie als Hindernis für Engagement (Online-Umfrage, Befragte mit durchschnittlichem Interesse für Naturschutz).

Dieses Verständnis wurde auch in den Diskussionsgruppen deutlich.

> *Schafft er diese Welt neu oder eine neue Welt? Eigentlich ist es egal. Vom Verhalten her muss ich mich ja trotzdem jedes Mal so verhalten, als wenn ich die Schöpfung erhalten will, denn es ist ja seine Schöpfung. (EKD 4:24)*

> *aber es gibt bei den Frommen schon Leute, die sagen: Na ja, Gott macht ja alles mal neu. Warum soll man da so gut aufpassen müssen drauf? (FeG 3:4)*

> *Ich glaube nicht, dass das im biblischen Sinne ist. Ich glaube aber, dass das in den frömmeren Kreisen und Gemeinden sich doch massiv manifestiert hat. (FeG 4:25)*

> *Dass es irgendwann eine neue Erde gibt, kann kein Argument dafür sein, die jetzige kaputt zu machen. Also das kann ja nicht sein. Also ich kann diesem Argument an keiner Stelle zustimmen. (FeG 2:63)*

> *Die Szenarien, die da ja von der Wissenschaft gezeichnet werden, sind ja schon beinahe apokalyptisch. Also da kommen wir ziemlich dicht*

an das ran, was in der Bibel steht, wo dann irgendwie ein Drittel der Wasser und ein Drittel der Erde unbewohnbar sind und ich sage es jetzt mal ein bisschen überspitzt vielleicht so: Na, dann ist es endlich so weit. Also tun wir jetzt mal nix dafür, damit's schneller soweit ist. (Gnadau 1:15)

Wenn ich halt sage: Letztlich kommt alles auf den Tag X darauf an, wenn der Herr wiederkommt und wir ihm alle in die Wolken entgegen gerückt werden und von hier weg und dann geht eh alles unter. [...] Aber, ich kann die Bibel auch anders lesen [...] und ich verstehe sie so, dass Gott durchaus Interesse daran hat, seine Schöpfung weiter zu erhalten und sie auch erneuern wird, vervollkommnen wird. (Gnadau 2:60)

Pragmatische Hindernisse

Neben theologischen Argumenten gegen ein stärkeres Engagement für Natur-und Klimaschutz wurden in der Online-Umfrage und den Gruppendiskussionen auch pragmatische Hindernisse genannt. Die Abbildungen 27 und 28 geben einen Überblick über die genannten Themen und ihre Häufigkeit

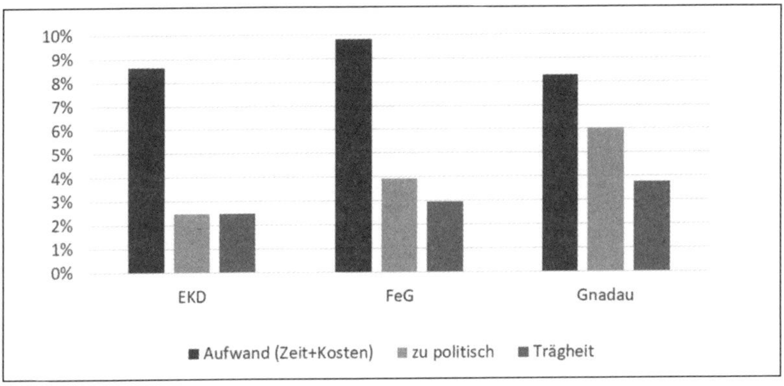

Abbildung 27: Pragmatische Hindernisse für Engagement (Online-Umfrage, offene Frage, Befragte mit durchschnittlichem und schwächerem Interesse für Naturschutz).

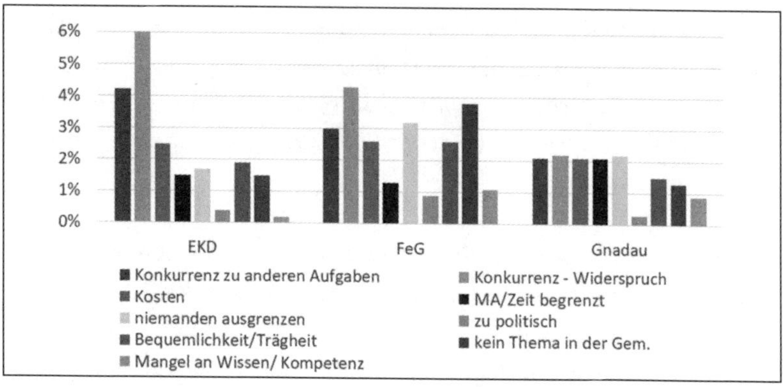

Abbildung 28: Pragmatische Hindernisse (Diskussionsgruppen, Anteil an den kodierten Textstellen).

Konkurrenz zu anderen Aufgaben

Das sowohl in der Online-Umfrage als auch den Gruppendiskussionen am häufigsten genannte Hindernis ist der Aufwand an Zeit und Geld. Die Kosten von Investitionen in nachhaltige Technologien (z. B. Heizungsanlagen) und den nachhaltigen und fairen Einkauf spielen vor allem für die Gemeinden, die sich überwiegend oder ausschließlich aus Spenden finanzieren, eine Rolle, wurden aber auch von landeskirchlichen Gemeinden als Hindernis gesehen. Auch die zusätzliche Belastung der Mitarbeitenden behindere das Engagement in diesem Bereich.

> *Wenn dann die Steuerung über das Geld irgendwie läuft, dann kommen einfach so Gedanken, wo dann Nachhaltigkeit teilweise hinten runterfällt. (EKD 2:46)*

> *Und dann muss man, weil die Mittel begrenzt sind, die ökologischen Aspekte einfach beiseitelassen. (EKD 4:42)*

> *Und auch da sehe ich die Hindernisse als Kosten […], weil das ja manchmal auch Spendengelder sind oder so, die dann ja zusammengetragen werden. (Gnadau 4:52)*

Mit der Solaranlage ist es natürlich eine Frage der Kosten. Und Gemeinde lebt nun mal von Spenden. Also das, was da ist, muss schon bewusst eingesetzt werden. (FeG 2:104)

Was dagegen spricht, sind vielleicht manchmal auch finanzielle Sachen. Also Kaffee vom Aldi ist halt einfach günstiger als Fair-Trade-Kaffee (Gnadau 5:49)

Es ist halt die Frage, ob wir dafür Zeit haben. (EKD 3:194)

weil die Zeiten oder die Zeit, die jedes einzelne Gemeindemitglied hat, die man als Gemeinde insgesamt hat und das Engagement und die Energie, die sind auch begrenzt. (FeG 4:160)

Aber dann kommen wir natürlich an die personellen Ressourcen. [...] Machen kann man viel, vorschlagen kann man viel. Man müsste mal. Aber wenn es keiner machen kann, dann wird das auch nix. (Gnadau 5:120)

Hinsichtlich dieser Ressourcen steht das Engagement für Natur- und Klimaschutz in Konkurrenz zu anderen Aufgaben der Gemeinde. Dieses pragmatische Hindernis ist damit eng an das theologische Verständnis vom Auftrag der Gemeinde gekoppelt, auf das bereits eingegangen wurde. Insgesamt herrschte diese Sicht der Konkurrenz um finanzielle und personelle Ressourcen vor, es gab aber auch Stimmen, die dem widersprachen und Chancen sahen, diesen Zwiespalt zu überwinden. Aus den verschiedenen Beiträgen könnte man die folgenden Schritte ableiten, die zwar keine zusätzlichen finanziellen Ressourcen generieren, aber dazu beitragen, Natur- und Klimaschutz nicht als zusätzliche Belastung zu empfinden.

Ein erster Schritt wäre, das Engagement für Natur- und Klimaschutz als selbstverständlichen Aspekt christlichen Handelns zu verstehen, anstatt es gegen andere Aufgaben auszuspielen.

Aber eigentlich ist es ja alles Teil eines Ganzen und dass wir es immer so gegeneinander ausspielen, das ist eigentlich kontraproduktiv, dass wir sagen, sollen wir jetzt Mission oder Diakonie machen? [...] Das muss ja Hand in Hand gehen. Wir müssen halt das, was wir reden, auch ausleben. (EKD 3:81)

Wenn du was machst, um die Schöpfung zu bewahren, dann ist das ja in sich schon Gottesdienst und dann geben wir Gott die Ehre, das ist halt schon mal gut. (EKD 3:192)

dass man es einsortiert in das große Ganze, [...] dass ich sozusagen von der Mitte von Jesus herkomme und von dieser Mitte sich eigentlich ein komplexes System ergibt, auch zu dem Thema Gerechtigkeit und verschiedenen Dingen und wie das zusammenhängt. (FeG 3:103)

Ich glaube, das eine zu tun, jetzt hier Schöpfung und Naturschutz und diese Dinge zu fokussieren und da zu schauen, wie man Bewahren und den Auftrag Gottes erfüllen kann, ist genauso Gottesdienst, wie letztendlich loszugehen und Menschen eben das Evangelium zu bringen. (Gnadau 1:62)

Diese Anliegen könnten dann in allen Zweigen der Gemeindearbeit sowohl inhaltlich als auch als konkrete Handlungsweisen eingebracht werden.

Aber ich meine nicht, dass das so ein zentrales Thema an sich ist. So isoliert betrachtet, sondern in allem, was man macht, das mit einfließt. Also wenn man Jugendarbeit macht, dass man keine Plastikbecher nimmt, wenn man Senioren-Kaffee macht, keine Müllberge mit irgendwelchen Einwegsachen. Also bei allen Themen, die man macht, bei aller Arbeit und auch missionarischer Arbeit, dass man die Umwelt mit im Blick hat. (EKD 3:177)

Damit hätte [man] diesen Gedanken dann auch in alle Gruppen gebracht und dass man in einer Kinder- oder jugendlichen Gruppe vielleicht das Thema ein bisschen anders angeht wie wir im Hauskreis, der über so ein Thema diskutiert, das ist klar. Aber es hätten sich alle irgendwie damit beschäftigt. (EKD 4:86)

Wenn wir uns entscheiden, in der Gemeinde, im Gemeindekontext bestimmte Standards einzuführen, die was mit Nachhaltigkeit und Naturschutz und Umweltschutz zu tun haben, dann ist das halt so. Und die entsprechenden Funktionen in der Gemeinde, ob da nun Hausmeister oder Gemeindeleitung oder Diakone sind, die machen das dann eben, weil das dann das ist, wo wir uns darauf geeinigt haben. Und dann können wir ganz normal evangelisieren und missionieren, Seelsorge betreiben, ohne dass wir darüber nachdenken müssen. (FeG 1:36)

Dadurch würden entsprechende Verhaltensweisen für die Einzelnen, wie auch für die gesamte Gemeinde selbstverständliche „neue Normalität".

Das Ideal wäre, wenn wir so intensiv Evangelium leben, dass das überhaupt kein Thema mehr sein muss, weil das ganz selbstverständlich dazugehört. (FeG 1:92)

Und dann, wenn man das so verinnerlicht hat, weil man gut informiert [ist], das auch privat immer tut, dann ist es auch zu anderen Handlungen wie zum Beispiel Evangelisation, sondern dann läuft es selbstverständlich schon nebenan und nimmt dann keine Kraft mehr da weg. (FeG 1:34)

weil wir einfach, aus einer inneren Überzeugung und Routine, ein ganz hohes Level an Naturschutz und Transformation leben, es aber gar kein Thema mehr ist, weil es einfach die neue Normalität ist. (Gnadau 2:124)

Die Gefahr, Gemeindeglieder auszugrenzen

Ein weiteres Hindernis, das in fast allen Diskussionsgruppen genannt wurde, sind die unterschiedlichen Einstellungen der Gemeindeglieder und die Gefahr, Menschen auszugrenzen, denen diese Themen weniger wichtig sind oder die nicht bereit sind, ihr Verhalten hin zu mehr Nachhaltigkeit zu verändern.

In allen Gemeindetraditionen wurde darauf hingewiesen, dass Gemeindeglieder hinsichtlich ihrer Einstellungen zu den Themen ein breites Spektrum abdecken.

> *Zur Kirchengemeinde gehören viele Mitglieder und wenn dann viele dies nicht so sehen, wird es dann wahrscheinlich schon ein Problem. (EKD 2:53)*

> *Wir sind Gemeinde für jeden, egal in welcher politischen Richtung er ist. Und wir haben tatsächlich in unserer Gemeinde von ganz links bis ganz rechts alles und bisher durfte das auch sein. Es könnte tatsächlich zu Auseinandersetzungen kommen, wenn wir als Gemeinde oder als Gemeindeleitung in eine bestimmte Richtung gehen würden. (FeG 1:70)*

> *Und gerade als Gemeinde muss man ja auch immer schauen, dass alle mitmachen können, dass alle mitziehen können. (FeG 4:87)*

> *Was spricht dagegen? […] einfach auch unterschiedliche Meinungen. […] Und dann auch irgendwo einen gemeinsamen Weg dann zu gehen, ist manchmal gar nicht so einfach. (Gnadau 5:143)*

Die persönliche Meinungsfreiheit der einzelnen Mitglieder und die Akzeptanz unterschiedlicher Meinungen sind in den Gemeinden wichtige Werte.

> *Also man kann so ein intoleranter Ökologe werden und kann die Barmherzigkeit und Gnade auch gegenüber den Geschwistern, die*

das vielleicht so noch nicht denken, vergessen und hartherzig werden. (EKD 4:39)

gehört auch Nächstenliebe für mich dazu. Also jemand anders nicht verurteilen, weil er sich halt nicht so für Naturschutz einsetzt. Man muss trotzdem andere Leute auch akzeptieren, auch wenn sie da vielleicht anderer Meinung sind oder anders handeln, und dann eher überzeugen und nicht bekämpfen. (FeG 2:77)

Wir lieben ja die Freiheit unter Christen in Gemeinschaft, und da spüre ich auch in mir so ein bisschen Zwiespalt. Also, ich kann manches auch nicht verstehen. Möchte denen aber auch nicht zu nahe treten und möchte auch meine persönliche Freiheit behalten. (FeG 2:110)

Das ist eine individuelle Entscheidung. Wenn das der eine für sich so sieht, dann soll er es tun. Aber ich denke, wir sollten so was nie zum Gemeindeprogramm machen. (Gnadau 3:51)

Daher halten es die Diskussionsteilnehmer für wichtig, Menschen dort abzuholen, wo sie stehen, statt sie zu verurteilen oder ihnen Erwartungen und Konzepte „überzustülpen“.

dass wir möglichst viele aus der Gemeinde mitnehmen und nicht verprellen, denn ein bestimmter Aktionismus kann ja Menschen auch verprellen. Also, wenn man immer mit der Moralkeule kommt, mit dem erhobenen Zeigefinger. (EKD 1:122)

Ja, ich denke auch psychologische Momente mit einfließen lassen, dass man die Menschen dort abholt, wo sie stehen. Also zum Beispiel, was bedeutet Nachhaltigkeit für jeden Einzelnen oder für den einzelnen Menschen? [...] dass man irgendwie eine intrinsische Motivation aufbaut. Und das kann man eigentlich nur, indem man die Menschen da abholt, wo sie stehen. (FeG 3:105)

Also solches Lernen voneinander kann eben nur mit Wertschätzung passieren und nicht, indem ich etwas überstülpe. Und dieses Thema hat, weil es so ein drängendes Thema ist, hat es eben auch diese starke Gefahr, dem anderen überzustülpen [und zu] sagen: Du darfst nicht mehr mit dem Auto ins Gemeindezentrum kommen, denn du wohnst ja nur zwei Straßen weiter. (Gnadau 2:75)

Die Themen sind „zu politisch"

Sowohl in der Online-Umfrage als auch in den Diskussionsgruppen gab es Stimmen, die ein Hindernis darin sahen, dass die Themen zu politisch seien. Wenn man die Ergebnisse der Online-Umfrage und der Diskussionsgruppen zusammen betrachtet (Abb. 27+28), fallen keine deutlichen Unterschiede zwischen den Befragten aus den verschiedenen Gemeindeverbänden auf. Da die Themen politisch belegt sind, wird befürchtet, dass die Gemeinden politisch vereinnahmt werden könnten und ihre Neutralität verlieren. Das betrifft sowohl die Wirkung der Gemeinde nach außen als auch gegenüber den eigenen Mitgliedern.

Ein Hinderungsgrund ist dann natürlich immer irgendwie[, dass] eine Kirchengemeinde sich auch da politisch sehr positioniert. Wenn sie jetzt uneingeschränkt irgendeine Gruppierung, die auch einen politischen Hintergrund hat, unterstützt und das jetzt in der Kirchengemeinde publik macht. (EKD 4:51)

Ich hab da zu verschiedenen Bibelstellen mal gepredigt und kriegte dann hinterher einen ziemlichen Rüffel von Leuten aus der Gemeinde, weil sie meinten, ich hätte parteipolitisch gepredigt. Also irgendwie links oder so. (FeG 1:70)

spricht auch ein bisschen dagegen, dass man einfach Angst hat, da irgendein Fass aufzumachen […]. Dass es dann zu groß wird oder dass man da dann zu politisch, also irgendwie man da Stellung nehmen muss. (FeG 4:75)

Politische Reden von der Kanzel sehe ich halt kritisch […], da hab ich auch immer so ein bisschen Bauchgrummeln, weil ich eigentlich diese Trennung von Politik und Glaube gar nicht so verkehrt finde. (Gnadau 2:78)

Kein Thema in der Gemeinde

Dass die Themen Naturschutz und Nachhaltigkeit selten in der Gemeinde angesprochen werden, wurde in Diskussionsgruppen aus allen drei Verbänden angesprochen. Besonders intensiv wurde dieses Hindernis in den FeGs diskutiert.

Es gibt gar keine Möglichkeit, sich über sowas in der Gemeinde zu unterhalten. (Gnadau 5:80)

Das ist doch jetzt eine Frage, inwieweit dieses Thema innerhalb der Gemeinden überhaupt diskutiert wird. Ich kann mich nicht entsinnen, dass wir mal 'ne Gemeindemitgliederversammlung hatten, wo das Thema Nachhaltigkeit einer der Hauptpunkte war. (FeG 4:94)

Das Hindernis scheint nicht ein Desinteresse der Gemeindeglieder zu sein, denn auch Personen, denen diese Themen am Herzen liegen, sprechen sie selten in der Gemeinde an.

Ja, der eine oder andere, der geht in seinem sonstigen Leben auch mal irgendwie auf ökologische Veranstaltungen oder beschäftigt sich damit. Aber eigentlich hat das ja mit uns als Kirche nichts zu tun. (EKD 4:78)

Und ich habe auch von mir gemerkt, dass das, was mir persönlich wichtig geworden ist, dass ich das zum Beispiel nicht mit in die Gemeinde gebracht habe. […] Aber ich glaube eben, dass meine Ausrichtung in der Gemeinde tatsächlich mehr auf einen anderen Gedanken fokussiert ist. (FeG 1:21)

Ich verstehe nicht, dass das jetzt so vielleicht so schlimm ist, dass das ja alles im ganz Persönlichen stattfinden muss. Ob man da nicht auch mal drüber reden kann. (Gnadau 3:76)

Ursachen für dieses Verhalten könnten im Verständnis vom Auftrag der Gemeinde liegen oder in der Angst, andere Gemeindeglieder auszugrenzen. Die Themen werden in den persönlichen Lebensbereich verbannt, weil sie scheinbar keinen Bezug zum christlichen Glauben und dem Auftrag der Gemeinde haben und zu Kontroversen und Konflikten innerhalb der Gemeinde führen könnten.

Mangel an Kenntnis und Kompetenz

Mangel an Kenntnis und Kompetenz wurden vor allem in den Diskussionen in FeGs und Gnadauer Gemeinden genannt. Dies betrifft drei Ebenen: zum einen das Verständnis für die Natur, ökologische Prozesse und ihre Gefährdungen, dann Kenntnis möglicher Handlungsoptionen und schließlich das zur Umsetzung nötige Wissen.

Wenn wir [die Natur] besser kennen, wie das lebt, wovon es lebt, können wir es auch besser schützen. Das, was ich kenne, kann ich auch lieben lernen. Wenn ich etwas nicht kenne, ist es mir egal. (EKD 1:49)

Die Frage ist natürlich: Wie erlebe ich persönlich meine Umwelt? Oder wie nehme ich persönlich Umwelt wahr? Ist es das, was in der Antarktis passiert? Umwelt, berührt mich das? Interessiert mich das? Oder ist nicht viel eher das Umwelt, was vielleicht vor meiner eigenen Haustür passiert? Vielleicht eine Frage der Wahrnehmung. (FeG 4:16)

Und es ist ja so, das ist ja gar nicht so einfach, das tatsächlich dann alles genau zurückzuverfolgen und sich Gedanken dazu zu machen. Also ich meine, auch da gibt es natürlich Abstufungen, was man tun kann. Gehe ich auf bio, gehe ich auf Fair Trade, welches Siegel und so weiter. (FeG 3:78)

Ich finde es manchmal unheimlich schwer, das wirklich einschätzen zu können. Was ist jetzt gut und was ist hilfreich? (Gnadau 5:139)

Ich muss dann mal gucken, wo kriege ich es her? Wo gibt's denn den Anbieter? (Gnadau 4:111)

Dass ein Mangel an Kenntnis und Kompetenz von evangelischen Kirchengemeinden seltener genannt wurde, kann damit zusammenhängen, dass es im Bereich der Landeskirchen zahlreiche Einrichtungen und Programme gibt, die über mögliche Handlungsoptionen informieren und nachhaltiges Management in Kirchengemeinden unterstützen.

Trägheit oder Bequemlichkeit
Letztlich wurde in der Online-Umfrage wie in den Diskussionsgruppen von Mitgliedern aller Gemeinderichtungen Bequemlichkeit und Trägheit als Hindernis für Naturschutz und Nachhaltigkeit genannt. Trägheit spielt sowohl auf der persönlichen als auch auf der Gemeindeebene eine Rolle und betrifft die Bereitschaft, sich mit diesen Themen auseinanderzusetzen, Gewohnheiten zu hinterfragen und neue Verhaltensweisen einzuüben.

Ich denke, in Kirchen gibt es auch gleichgültige Leute, die das nicht interessiert (EKD 1:91

aber das ist doch einfach eine Faulheit, sich mit diesem Thema wirklich zu beschäftigen. Und das ist einfach Ignoranz. (FeG 1:78)

Es geht immer darum, ein Stück Bequemlichkeit zu überwinden. […] Es geht immer noch bequemer, aber in der Regel immer auf Kosten der Umwelt. (FeG 2:111)

Dann heißt es unter Umständen auch mal, dass ich eher verzichten muss, wenn ich sage, das wäre jetzt vielleicht nicht dran. Es wäre nicht nachhaltig. (EKD 2:41)

Ein Hindernis ist auch Luxus. Weil ich gerne mal in Urlaub fliege, bin ich da nicht ganz so nachhaltig unterwegs. (Gnadau 1:160)

Es ist die Trägheit, die Trägheit von mir selbst, meine Bequemlichkeit, aber auch als Gesellschaft, als Gemeinde auch. (Gnadau 2:46)

Es gibt eine gewisse Dynamik, dass Dinge immer schon so gemacht wurden. Und wenn man daran was ändern will, dann muss man erst mehr argumentieren. (FeG 3:70)

Wie lassen sich die Unterschiede zwischen den Gemeindeverbänden erklären?

Die in der Studie gesammelten Daten erlauben es, Gemeinden der evangelischen Landeskirchen, des Bundes Freier evangelischer Gemeinden (FeG) und Gemeinden aus den Mitgliedswerkern des Gnadauer Gemeinschaftsverbandes zu vergleichen. Die Unterschiede und Übereinstimmungen bezüglich des Umweltbewusstseins der Mitglieder dieser Körperschaften und der Bewertung einzelner Themen wurden bereits oben dargestellt. Beim Vergleich des persönlichen Umweltbewusstseins zeigte sich, dass es in allen drei Körperschaften Menschen gibt, die sich stärker als der Gemeindedurchschnitt für Natur- und Klimaschutz interessieren. Insbesondere bei der Umweltkognition und dem Umweltaffekt lagen ihre Werte sehr dicht zusammen. Bei den Personen mit durchschnittlichem und schwächerem Interesse an diesen Themen erreichten Mitglieder der evangelischen Landeskirchen dagegen höhere Werte. Hinsichtlich des Engagements von Gemeinden zeigten sich deutliche Unterschiede zwischen den evangelischen Landeskirchen einerseits und FeGs sowie Gnadauer Gemeinden andererseits. Die Gründe für diese Unterschiede wurden in den Diskussionsgruppen angesprochen. Dabei stimmten die verschiedenen Perspektiven inhaltlich weitgehend überein.

Viele der in den Diskussionen genannten Aspekte lassen sich auf die historischen Ursprünge dieser Gemeindeverbände zurückführen. Während die evangelischen Landeskirchen im Zuge der Reformation als Staats- und später Volkskirchen etabliert wurden, entstanden die pietistisch geprägten landeskirchlichen Gemeinschaften, die sich später im Gnadauer Verband zusammenschlossen und die Freien evangelischen Gemeinden im 19. Jahrhundert als Ergänzung bzw. Alternative zu den Staatskirchen. Diese Ursprünge haben bis heute Bedeutung für die Organisationsstrukturen und das theologische Selbstverständnis dieser Körperschaften, die auch ihre Stellung zu Natur- und Klimaschutz beeinflussen. In den folgenden Abschnitten werden diese Unterschiede zusammengefasst und es wird dargestellt, welche Auswirkungen sie aus Sicht der Teilnehmenden der Diskussionsgruppen auf die theologische Sicht und die Praxis von Natur- und Klimaschutz haben. Zum Abschluss wird dann auf Gemeinsamkeiten eingegangen.

Die evangelischen Landeskirchen als Volkskirche

Im Zuge der Reformation entschieden im 16. Jahrhundert die Fürsten darüber, welcher Konfession ihre Untertanen angehören sollten. Die dabei entstandenen Landeskirchen waren zunächst als Staatskirchen eng mit den staatlichen Strukturen verbunden. Diese enge Beziehung löste sich im 19. Jahrhundert und aus den Staatskirchen wurden Volkskirchen, denen jeweils die überwiegende Mehrheit der Bevölkerung angehörte.

Breites gesellschaftliches Spektrum

Obwohl die evangelischen Landeskirchen in den vergangenen Jahrzehnten viele Mitglieder verloren haben, sind die volkskirchlichen Strukturen darin weiterhin prägend. Dazu gehört eine im Vergleich zu den FeGs und Gnadauer Gemeinden viel größere Zahl an Mitgliedern, die auch ein breiteres Spektrum an gesellschaftlichen Milieus, Interessen und politischen Orientierungen vertreten. Sie bieten damit sowohl Menschen mit religiösem Interesse als auch solchen mit gesellschaftspolitischen Anliegen die Möglichkeit zum Engagement.

Ich glaube, dass wir im Grunde nur einen Querschnitt einer Gesamtgesellschaft bilden. (EKD 1:30)

Dass das vielleicht auch erklärt oder irgendwie zeigt, dass die Landeskirche einfach insgesamt in der Gesellschaft [stärker] verwurzelt ist und dadurch einfach auch mehr Ähnlichkeiten gesamtgesellschaftlich sind. (FeG 4:43)

Das sind eben die, die sich aufgrund ihres Glaubens orientieren und dann noch die politischen dazu irgendwie. (EKD 3:14)

In der in der EKD insgesamt gibt's halt sicherlich auch Leute, die vielleicht haben wir jetzt nicht so ein tiefes Gottvertrauen und dafür mehr Schwerpunkt legen auf ökologische Arbeit. (EKD 4:8)

dass es Leute sind, die, ich sage jetzt mal eher so, ein bisschen politisch und vielleicht auch umweltpolitisch oder so interessiert sind oder so, dass das ein breiteres Auffangbecken ist. (EKD 3:2)

Menschen engagieren sich in der Kirche, weil ihnen zum Beispiel Umweltschutz sicher wichtig ist und die Kirche eine Plattform für ein Engagement bietet. (FeG 4:52)

Auseinandersetzung mit politischen Themen

Als gewichtiger gesellschaftlicher Akteur liegt es für die Landeskirchen nahe, dass sie sich mit politischen Themen auseinandersetzen und versuchen, Einfluss auf die Politik zu nehmen. Dies betrifft zum Beispiel die Sozialpolitik mit der kirchlichen Diakonie als großem Träger, Außen- und Rüstungspolitik (Friedensmärsche) und auch die Umweltpolitik. In den 1980er- und 1990er-Jahren wurden diese Anliegen in dem konziliaren Prozess für Gerechtigkeit, Frieden und Bewahrung der Schöpfung zusammengefasst. Auch in der ehemaligen DDR boten die evangelischen Kirchen oppositionellen Umweltgruppen Möglichkeiten, sich zu organisieren.

neukirchener
Mini-Auslese
MANFRED GERKE
Wer den Tag mit einem Lächeln beginnt
Christina Herr
Die Strand-Spürnasen 5
Vorsicht Trickbetrüger!
ELISABETH SCHOFT
Leiten auf Weiblich
neukirchener
Erhältlich in Ihrer Buchhandlung

Spiritualität & Glaube

Tina Willms

Momente, die dem Himmel gehören

Ein Jahresbegleiter mit 365 wundervollen Gedanken, Gedichten und Gebeten. Tina Willms ermutigt an jedem Tag des Jahres dazu, die Vielfalt im Glauben zu entdecken, das eigene Leben mit ihm zu gestalten und durch ihn zu wachsen: in kleinen Momenten, die dem Himmel gehören.

gebunden, 462 S.

ISBN 978-3-7615-6784-5

€ 20,00

Manfred Gerke

Wer den Tag mit einem Lächeln beginnt

Diese 365 mutmachenden Geschichten, stets ergänzt mit inspirierenden Glaubensgedanken und Bibelversen, regen zum Nachdenken an und zaubern ein Lächeln ins Gesicht. Historisches und Heutiges, Besonderes und Alltägliches, mit Themen von Kirche über Sport bis Pop-Musik.

gebunden, 388 S.

ISBN 978-3-7615-6751-7

€ 15,00

Ich glaube, dass Landeskirche auch wirklich so einen politischen Anteil hat [...], weil es einfach eine große gesellschaftliche Gruppe auch ist. (EKD 3:34)

weil sie ja auch erst einmal ein relativ großes Organ ist, einfach auch einen ziemlich großen Auftrag hatte, auch eine gewisse, eine Bildungsaufgabe, oder auch eine Erwachsenen- und oder auch eine Kinderbildung zu schaffen. Und da gehört natürlich auch so eine Aufklärung wie [...] Umweltbewusstsein. (EKD 3:31)

Ich empfinde jedenfalls häufig, dass die Schwerpunkte dort anders gesetzt sind, dass es häufig gesellschaftspolitische Themen gibt, die vielleicht über anderen Themen stehen. (FeG 1:4)

Die EKD ist halt politisch schon länger aktiv. Manchmal sogar ein bisschen zu viel an Politik und zu wenig an Evangelium, sage ich mal. (Gnadau 3:15)

war Kirche in unseren Breiten [der DDR] ja durchaus ein Sammelbecken für Andersdenkende und nicht ausschließlich für Christen. (Gnadau 4:6)

Ressourcen zur Bearbeitung der Themenfelder und Thematisierung in den Gemeinden

Aufgrund dieser politischen Anliegen und ihrer organisatorischen Größe haben die Landeskirchen und die Evangelische Kirche in Deutschland die nötigen Ressourcen, um sich intensiv mit diesen Themenfeldern auseinanderzusetzen und Stellungnahmen, Konzepte und Programme zu erarbeiten und umzusetzen.

Ausschüsse für Umwelt und Bewahrung der Schöpfung. Das heißt, da wird ja auch von der von der Manpower her mehr investiert und zum Thema gemacht. (EKD 3:28)

In den 90er-Jahren gab es schon Diskussionspapiere oder Ausschüsse, die sich damit beschäftigt haben, dass so eine Kirchengemeinde umweltbewusster ist oder regenerative Energien einsetzt. (EKD 3:49)

Das ist ein Ressort [...] Bewahrung der Schöpfung. Das gehört zu deren Programm. Da gibt es also auch ganz viele Leute, die sich damit auseinandersetzen, berufsmäßig. (FeG 1:5)

Umweltschutz, die Klimakatastrophe, Nachhaltigkeit, Kriege. Das sind ja auch alles realpolitische Themen, auf die immer wieder Bezug genommen wird in Predigten und dass das vielleicht auch eine Rolle spielt. (EKD 4:12)

Also, wenn ich in der evangelischen Kirche Predigten höre, denke ich manchmal: Ja, das war jetzt ein guter Naturschutz-Vortrag. Aber das ist ja nicht das, was wir im Gottesdienst wollen. (Gnadau 1:66)

Wie oben dargestellt, führt die Bearbeitung dieser Themen auf der Ebene der Kirchenleitungen dazu, dass Natur- und Klimaschutz auch in den örtlichen Gemeinden relativ häufig angesprochen werden. Dass diese Anliegen aber bei Weitem nicht in allen Kirchengemeinden hohe Priorität haben, wurde vereinzelt in den Diskussionsgruppen angesprochen. Dies wurde vor allem in der Vorbereitung der Online-Umfrage und der Gruppendiskussionen deutlich. Viele Kirchengemeinden reagierten nicht auf die Einladungen zur Teilnahme bzw. lehnten ab, weil unter ihren Mitgliedern wenig Interesse vorhanden sei.

Also ich glaube, das erreicht die Kirchgänger bei uns nicht. (EKD 3:39)

Theologie und Frömmigkeit

Insgesamt wurden in den Diskussionsgruppen der Gemeinden der Landeskirchen die Themen Theologie und Frömmigkeit weniger häufig angesprochen. Einige Teilnehmende gingen davon aus, dass das breitere gesellschaftliche Spektrum in den Landeskirchen auch in der

Frömmigkeitsprägung sichtbar wird. Andere sprachen davon, dass in den Landeskirchen die Verantwortung der Menschen stärker betont würde als das Vertrauen auf Gottes Eingreifen.

die Verantwortlichkeit von jedem Einzelnen, dass die da noch stärker irgendwie in den Vordergrund gerückt wird. (EKD 2:3)

mehr die Meinung hat ja, selbst wenn die Welt morgen untergehen würde, wie Luther sagt, möchte ich noch ein Apfelbäumchen pflanzen. (EKD 2:9)

In der in der EKD insgesamt gibt's halt sicherlich auch Leute, die vielleicht haben wir jetzt nicht so ein tiefes Gottvertrauen und dafür mehr Schwerpunkt legen auf ökologische Arbeit. (EKD 4:8)

da waren so die sozialen und Umweltthemen ... gewichtiger. Aber das war nicht so, dass die Menschen nicht auch auf Gott Vertrauen hatten. (EKD 4:11)

Freie evangelische Gemeinden und Gnadauer Gemeinschaften als Freiwilligkeitsgemeinden

Im Zuge der Industrialisierung lösten sich im 19. Jahrhundert traditionelle Ordnungen auf. Es entstand eine verarmte Arbeiterklasse, die nicht von der Staatskirche erreicht wurde, und die Vorherrschaft des Adels wurde vom Bürgertum abgelöst. In dieser Zeit kam es in Deutschland und anderen europäischen Ländern zu geistlichen Aufbrüchen, der sogenannten Erweckungsbewegung, die zum Teil auf den Pietismus zurückgeht. Diese führten zur geistlichen Belebung von Landeskirchen, aber auch zur Gründung von Gemeinschaften und Gemeinden, die sich als Ergänzung oder Alternative zur Staatskirche verstanden. Die Gemeinden (landeskirchliche Gemeinschaften) des Gnadauer Gemeinschaftsverbandes, die Freien evangelischen Gemeinden und andere Freikirchen (z. B. die Baptisten) gehen auf diese Bewegung zurück. Für diese Gemeinden war die persönliche

Glaubensentscheidung (Bekehrung) eine wichtige Ausdrucksform des Glaubens und Voraussetzung zur Mitgliedschaft. Neben der Förderung des Glaubenslebens sahen sie die öffentliche Verkündigung des Evangeliums (Evangelisation) als einen wesentlichen Auftrag.

Gemeinde als Kontrast zur Gesellschaft

Im Gegensatz zu den Landeskirchen, die idealerweise die gesamte Bevölkerung eines Gebietes umfasste, bildeten sich also die Freien evangelischen Gemeinden und Gnadauer Gemeinschaften aus Menschen, die sich bewusst für Werte und einen Lebensstil entschieden, die sich von der Gesamtbevölkerung abhoben. Anders als die Volkskirchen wollen sie nicht die Gesellschaft repräsentieren, sondern verstehen sich eher als Kontrast zur Gesellschaft. Sie haben weniger den Anspruch, politisch in die Gesellschaft zu wirken, sondern rufen Einzelne zur Umkehr und einer geistlichen Erneuerung auf, die dann auch in veränderten Verhaltensweisen sichtbar werden sollte. Da die Freikirchen und pietistischen Gemeinschaften eher dezentral organisiert sind und in den Leitungs- und Stabstellen wesentlich weniger Personal haben als die Landeskirchen, fehlen ihnen auch die Ressourcen zur Arbeit an gesellschaftspolitischen Themen.

> *und die Freikirchler vielleicht schon manchmal ein bisschen mehr in einer eigenen Blase leben und auch eine eigene in Anführungszeichen Theologie haben, die so manchmal ein bisschen entkoppelt ist von der Gesellschaft. (FeG 4:43)*

> *Könnte mir auch vorstellen, dass FeG und Gnadau im Durchschnitt ein bisschen konservativer geprägt sind als die EKD im Gesamten. Die ja auch, glaube ich, ein größeres Spektrum abdeckt. (Gnadau 5:12)*

Konzentration auf „geistliche" Anliegen

Der Ruf in die Nachfolge Jesu als Impuls zur Gründung der Freien evangelischen Gemeinden und Gnadauer Gemeinden prägt diese auch heute noch. Die geistliche Erneuerung soll zu verändertem Verhalten führen, das auch den verantwortlichen Umgang mit der Schöpfung betreffen kann. Im Zentrum stehen jedoch oft das persönlich Glaubensleben und das Glaubenszeugnis, während gesellschaftliche Themen wie Natur- und Klimaschutz eher am Rande stehen.

> *Ich denke einfach, das persönliche Verhältnis zu Gott. Es wird einfach auch noch deutlich stärker betont. (FeG 2:6)*

> *in den Freien Gemeinden und Gnadau sich doch sehr stark auf den geistlichen Aspekt fokussiert, dass das Thema Umwelt, Bewahrung der Umwelt, Umweltschutz und sowas vielleicht nicht so präsent ist. (Gnadau 1:9)*

> *Am Wichtigsten ist, dass wir Menschen von Gottes Wort weitererzählen, damit sie zum Glauben kommen, nämlich Weitergabe vom christlichen Glauben eben wichtiger als Umwelt und Natur. (FeG 4:52)*

Die Ausrichtung auf geistliche Anliegen und die Weitergabe des Glaubens wurden in den 1960er- und 70er-Jahren gegenüber der Theologie des Weltkirchenrats betont, der Mission vor allem als Gesellschaftsveränderung verstand. Die Freikirchen und Gnadauer Gemeinden sahen darin die Gefahr, den Kern des Glaubens zu verlieren und grenzten sich bewusst vom gesellschaftlichen Engagement der Landeskirchen ab. Obwohl diese Epoche schon lange zurückliegt und die Auseinandersetzungen längst abgeflacht sind, wirken sie immer noch nach, wie in den Diskussionsgruppen deutlich wurde.

> *eine Abgrenzung sehen wollen. So, jetzt sowohl zur evangelischen Kirche, wo das vielleicht für manche in der Vorstellung bisschen zu wichtig vielleicht ist. (Gnadau 5:6)*

> *die pietistische Gegenreaktion. Dass man sich nur noch darauf fokussiert und […] das geistliche Anliegen darüber hinaus aus dem Blick gerät. (Gnadau 4:72)*

Ich glaube, dass bei den evangelischen Kirchen das Thema Frieden und Bewahrung der Schöpfung schon immer größer ist als in den Freikirchen. Was, glaube ich auch, so ein bisschen einen negativen Touch hat, dass man sich so sehr um Umwelt kümmert und sehr um Natur und die Kernthemen des christlichen Glaubens dann vielleicht vernachlässigt. (FeG 2:1)

Mit den Ursprüngen der Gemeinden und den zurückliegenden theologischen Auseinandersetzungen lässt sich erklären, dass die Themenfelder von Natur- und Klimaschutz in den FeGs und Gnadauer Gemeinden nicht als Themen gesehen werden, mit denen man sich in der Gemeinde beschäftigen sollte. Das war auch bei der Kontaktaufnahme für die Online-Umfrage und Gruppendiskussionen deutlich. Viele Gemeinden reagierten auf die Einladung zur Teilnahme nicht oder teilten nur mit, dass kein Interesse bestünde. Eine ausführliche Begründung gab ein Mitglied der Leitung eines freikirchlichen Gemeindeverbandes.

Das Thema „Bewahrung der Schöpfung" bildet [in unserem Verband] und auch in der Vorstandsarbeit keinen Schwerpunkt, wie Sie es aus anderen Kirchen kennen. Wir haben hier weder einen Beauftragten noch einen Arbeitsschwerpunkt. [...] Das ist aus unserer Sicht kein Versäumnis, sondern eine bewusste Richtungsentscheidung. Wir sehen unseren Auftrag darin, dass wir als Kirche uns auf die zentralen Punkte des Evangeliums konzentrieren sollen. Hier geht es um die Verkündigung des Evangeliums im klassischen Sinne [;]Menschen in eine persönliche Christuserfahrung zu führen, ist unser Zentralthema. Das wird in Folge zu einem verantwortlichen Umgang mit der Schöpfung führen, nicht aber umgekehrt. (Auszug einer E-Mail von 7.5.20)

Natur- und Klimaschutz als Thema von Einzelnen

Trotz der Konzentration auf „geistliche" Anliegen gab und gibt es in den Freikirchen und Gnadauer Gemeinschaften Einzelpersonen und Gruppen, die sich mit Umwelt- und Naturschutz beschäftigen. Da das Thema auf Verbandsebene wenig präsent ist und die Ressourcen fehlen, es intensiver zu bearbeiten, bleiben dies aber Einzelinitiativen oder lokale Aktionen, die in den Gemeindeverbänden wenig wahrgenommen werden.

In den 80er-Jahren gab es in vielen Freikirchen auch schon ganze Gruppen zur Bewahrung der Schöpfung. Das ist dann in den 90er-Jahren wieder völlig verschwunden und heute eigentlich nirgendwo mehr vorhanden. (FeG 1:34)

Bei Freikirchen ist es vielleicht so, da kommt es auf das Engagement von Einzelnen an, denen das vielleicht wichtig ist. […] Da findet vielleicht auch einiges statt, aber dann eher so auf der lokalen Ebene. (EKD 3:36)

Ich glaube, dass aufgrund der ganzen Organisation oder der Dachorganisationen im Ganzen das Thema Bewahrung der Schöpfung sehr wahrscheinlich nicht so auf der Agenda ganz oben steht. (EKD 3:28)

Theologie und Frömmigkeit

Dass die Auseinandersetzung mit dem Thema Klima- und Naturschutz durch die Theologie und den Frömmigkeitsstil begrenzt wird, wurde schon angesprochen. Wie die Ergebnisse der Studie zeigen, spielen neben der Betonung des persönlichen Glaubenslebens und der Weitergabe des Glaubens das Vertrauen auf Gott und die Vorstellungen von der Endzeit (Eschatologie) dabei eine wichtige Rolle.

Das Vertrauen, dass Gott die Welt erhält, kann in einer Spannung zur Verantwortung der Menschen zur Bewahrung der Schöpfung gesehen werden. Wie oben gezeigt wurde, deuten sowohl die Ergebnisse der Online-Umfrage als auch der Diskussionsgruppen darauf hin, dass in den Freien evangelischen Gemeinden und Gnadauer Gemeinschaften das Vertrauen auf Gott stärker betont wird.

in der FeG und Gnadau, den Freikirchen, irgendwie ja so ein stärkeres Vertrauen […] auf Gott noch herrscht. (Gnadau 5:7)

Ich sehe es ähnlich, im Grunde, dass die Freie evangelische Gemeinde und Gnadau, so wie P. gesagt hat, dass die mehr sagen, wir vertrauen dem lieben Gott, dass es auch für die künftigen Generationen gut geht. (EKD 2:5)

Ich will nicht sagen, dass Freikirchler irgendwie frömmer sind oder mehr Gottvertrauen haben als Landeskirchen, aber vielleicht mehr Leute gibt, die [...] doch irgendwie mehr Gottvertrauen haben und dann vielleicht sagen: [...] Ich vertraue darauf, dass Gott es gut mit mir meint und mich gut führt und dass es deswegen dann nicht so tragisch ist, wie sich die Umstände verändern. (FeG 4:30)

Das Vertrauen auf Gottes Eingreifen steht auch im Zusammenhang mit einer Endzeiterwartung, die davon ausgeht, dass die gegenwärtige Schöpfung vergehen wird und Gott eine neue Welt schaffen wird. Wie oben gezeigt, scheint dieses Verständnis und die Beschäftigung mit der Endzeit allgemein für die Mitglieder von FeGs und Gnadauer Gemeinden eine größere Rolle zu spielen als in den Landeskirchen. Allerdings gibt es, besonders unter theologisch gebildeten Mitgliedern dieser Gemeinden, auch die Sicht, dass Gott die gegenwärtige Schöpfung nicht vernichten, sondern erneuern wird.

Ich denke, da spielt viel eine Rolle, dass diese Welt sowieso verloren ist. (FeG 1:13)

Aber ich könnte mir vorstellen, dass in den Freien evangelischen Gemeinden die Tendenz eher dazu hingeht, auf eine neue Welt, ein neues Jerusalem irgendwo anders zu hoffen. (EKD 4:22)

FeG, Gnadau im eher evangelikalen, fundamentalistischen Bereich, also theologisch fundamentalistisch amerikanisch geprägt mit ihrer Eschatologie. (Gnadau 2:8)

Gemeinsamkeiten zwischen den Gemeindeverbänden

Trotz der beschriebenen historischen, theologischen und organisatorischen Unterschiede gab es in vielen Fragen große Übereinstimmungen zwischen den Verbänden, die hier nicht im Einzelnen aufgezählt werden können. Die Kontroversen, die in den 1970er- und 80er-Jahren das Verhältnis zwischen den freikirchlichen und pietistischen Gemeinden und den Landeskirchen prägten und auch das Engagement für Umweltschutz betrafen, haben inzwischen stark an Bedeutung verloren. Das liegt sicherlich zum einen daran, dass die ökologische Krise mit Klimawandel und dem Verlust der Artenvielfalt und natürlicher Ressourcen ein dominantes gesellschaftliches Thema geworden ist, dem man sich kaum verschließen kann. Andererseits fanden auch in den Landeskirchen und Gemeindeverbänden Veränderungen statt, die dazu beitragen, dass sich diese einander annähern.

Die Landeskirchen haben in den vergangenen Jahrzehnten einen massiven Mitgliederschwund erlebt, der noch anhält. Das kann dazu führen, dass die Mitgliedschaft insgesamt „frömmer" wird, geistliche Anliegen also an Bedeutung gewinnen. Auch das Thema Mission, also die Weitergabe des Glaubens, hat in den vergangenen Jahren in den evangelischen Landeskirchen und der EKD deutlich an Gewicht gewonnen. Damit nähern sie sich den Kernanliegen der Freikirchen und Gnadauer Gemeinden an. Das wurde in den Diskussionsgruppen in verschiedenen Gemeinden dieser Blöcke deutlich, in denen sich die Argumente für oder gegen Natur- und Klimaschutz kaum unterschieden.

Auch auf der freikirchlichen und pietistischen Seite gab es theologische Veränderungen. Auf der globalen Ebene wird dies an der Entwicklung eines ganzheitlichen Missionsverständnisses, das Verkündigung und gesellschaftliche Verantwortung umfasst, der Gründung der Micha-Initiative durch die weltweite Evangelische Allianz, die Unterstützung der UN-Milleniumsziele und nachhaltiger Entwicklung und die Konsultation der Lausanner Bewegung zu „Creation Care and the Gospel" deutlich. Im deutschsprachigen Raum trug sicherlich das unter anderem von Tobias Faix bekannt gemachte Konzept der Gesellschaftstransformation zu einer stärkeren Akzeptanz gesellschaftspolitischer Anliegen bei.

> *Wir tendieren vielleicht tatsächlich eher zu EKD-Ergebnissen. Oder anders gesagt, es gibt ein großes Bewusstsein in unserer Gemeinde, relativ breit gestreut, dass Umwelt und Naturschutz keine „nice to have"-Themen sind, sondern dass es relevant ist, dass es wichtig ist, auch theologisch. (Gnadau 2:12)*

Dass sich die unterschiedlichen theologischen Traditionen einander annähern, hat sicherlich auch mit einem Generationswechsel zu tun. Besonders in den Diskussionen in Gnadauer Gemeinden und FeGs wurde das stärkere Interesse jüngerer Menschen an den Themen Natur- und Klimaschutz angesprochen.

> *Ich stelle fest, dass die jüngere Generation sich viel mehr mit diesen Themen auseinandersetzt. (FeG 2:29)*

> *Und die jüngeren Generationen, die sind dann doch eher, dass sie sagen: Okay, das ist jetzt Mist, was ihr da als Generation vor uns gemacht habt. So geht's eigentlich nicht weiter. (Gnadau 4:4)*

Allerdings zeigte eine separate Auswertung der Generationsunterschiede,[12] dass ein großer Anteil der Befragten bis 30 Jahre eher konservative theologische Positionen vertraten. Dies könnte damit zusammenhängen, dass sich diese Jugendlichen eher in Gemeindeaktivitäten engagieren und wenig Gelegenheit zur theologischen Reflexion der Umweltproblematik geboten wird. Ähnliche Beobachtungen nannte auch die Mitarbeiterin einer Kirchengemeinde:

> *Unsere Jugendlichen, also zumindest die Konfirmanden, da war ich echt letztes Jahr ziemlich erstaunt, die waren so gar nicht auf dem Trip. Also da hätte ich echt viel mehr erwartet. (EKD 3:194)*

Wo stehen wir und wie kann es weitergehen?

Zum Abschluss des ersten Teils dieses Bandes sollen die Ergebnisse der Studie zusammengefasst und bewertet und einige Ansätze zur weiteren Arbeit an dem Themenfeld aufgezeigt werden. Damit leitet dieser Abschnitt über zur theologischen Reflexion im zweiten und zur Vorstellung konkreter Handlungsmöglichkeiten im dritten Teil des Bandes.

Die Studie hat deutlich gemacht, dass Christinnen und Christen kaum als Buhmänner für Umweltschutz taugen. Die überwältigende Mehrheit der Befragten (86 Prozent) stimmte grundsätzlich zu, dass sich Christen und Christinnen und christliche Gemeinden mehr für Naturschutz und ökologische Nachhaltigkeit einsetzen sollten. Wie in der Auswertung von Angaben zu Gemeinden (S. 17) begründet, dürfte diese Zustimmung bei einer repräsentativen Umfrage in den Gemeinden etwas schwächer ausfallen. Die Bewertung des persönlichen Umweltbewusstseins zeigte, dass Mitglieder christlicher Gemeinden nicht schlechter abschnitten als die Gesamtbevölkerung in Deutschland. Beim Umweltverhalten lagen ihre Werte sogar deutlich über dem Durchschnitt der Bevölkerung (5,5 gegenüber 4,6). Trotz dieser Übereinstimmung sind christliche Gemeinden und ihre Mitglieder eine Subkultur in der deutschen Gesellschaft, mit Eigenheiten in ihrer Weltanschauung, aber auch mit Ressourcen, die die notwendigen Veränderungen der Gesamtgesellschaft hin zu mehr Nachhaltigkeit unterstützen können[13]. Im Folgenden wird angerissen, was dazu im Blick auf das theologische Verständnis und die Gemeindepraxis nötig wäre.

Theologisches Verständnis

Die Weltanschauung der Mitglieder christlicher Gemeinden ist, neben dem Zeitgeist, von ihrem theologischen Verständnis geprägt. In der Studie wurden vor allem das Verständnis vom Auftrag der Gemeinde, die Spannung zwischen dem biblischen Auftrag zur Bewahrung der Schöpfung und dem Vertrauen, dass Gott die Welt erhält, eine Weltsicht, bei der der Mensch im Mittelpunkt steht, und die Sicht der letzten Dinge (Eschatologie) angesprochen. Diese theologischen Themen können das Engagement im Natur- und Klimaschutz fördern, aber auch behindern.

Der Auftrag der Gemeinde

Obwohl die meisten Befragten davon ausgingen, dass es einen biblischen Auftrag zur Bewahrung der Schöpfung gibt, hatten viele Vorbehalte, dies als einen zentralen Auftrag der Gemeinde zu sehen. Vor allem aus Sicht der Mitglieder der Freien evangelischen Gemeinden und des Gnadauer Verbandes sollten sich christliche Gemeinden in erster Linie für geistliche Anliegen und Menschen einsetzen (siehe Abb. 21). Damit wurden vor allem Evangelisation, also das verbale Bezeugen des Glaubens, aber auch diakonische Arbeit verbunden (siehe „Auftrag der Gemeinde", S. 47). In den dazu gemachten Aussagen spiegelt sich das Verständnis von einem zweifachen Mandat wider, der Unterscheidung zwischen dem Kulturauftrag aller Menschen und dem Missionsauftrag der christlichen Gemeinde, die nicht vermischt werden dürften[14]. Es gab dem gegenüber aber auch Stimmen, die diese Trennung ablehnten und dafür plädierten, diese Mandate zu integrieren. Das Verständnis vom Auftrag der Gemeinde spielt eine wichtige Rolle für die Gemeindepraxis. Wenn Natur- und Klimaschutz als zusätzliche Anliegen verstanden werden, die mit dem eigentlichen Auftrag der Gemeinde um personelle und finanzielle Ressourcen konkurrieren, werden sie vor allem vom Engagement Einzelner abhängen.

Verantwortung und Gottvertrauen

Deutlich wurde die Bedeutung der Theologie auch in der Spannung zwischen dem biblischen Auftrag zur Bewahrung der Schöpfung (1. Mose 2,15) und dem Vertrauen, dass Gott die Welt erhält (1. Mose 8,22). Bei den Mitgliedern der FeGs und Gnadauer Gemeinden spielt das Vertrauen auf Gott eine größere Rolle (siehe im Abschnitt „Gottvertrauen", S. 51), während in den Landeskirchen die Verantwortung des Einzelnen betont zu werden scheint (siehe „Theologie und Frömmigkeit“, S. 75). In ihren Extremen können diese Positionen einerseits zu völliger Untätigkeit führen, andererseits zu Aktionismus in dem Glauben, dass die Rettung der Welt nur von uns Menschen abhängt. Wenn diese Spannung dagegen ausgehalten wird, kann das Vertrauen auf Gott eine Ressource sein, die Christinnen und Christen davor bewahrt, die Hoffnung zu verlieren und sie ermutigt, sich trotz entmutigender Prognosen für den Schutz der Natur einzusetzen.

Der Mensch oder Gott im Mittelpunkt

Der biblische Schöpfungsauftrag, das Gebot der Nächstenliebe und die Erhaltung der Lebensgrundlagen für die Menschen wurden als wesentliche Gründe für Natur- und Klimaschutz genannt. Dem stehen als Hindernisse ein einseitig im Geistlichen verorteter Auftrag der Gemeinde und die Angst vor einer Vergötterung der Natur entgegen. Es fällt auf, dass diese Sicht stark anthropozentrisch geprägt ist, also vor allem vom Auftrag und Nutzen für die Menschen ausgeht. Das Verständnis der Stellung von Mensch und Natur wurde auch in der Umfrage angesprochen (Abb. 22+23). Obwohl die Mehrheit der Befragten zustimmt, dass Tiere, Pflanzen und die unbelebte Natur unsere Mitgeschöpfe seien, mit denen uns mehr verbindet, als uns von ihnen trennt, wird dieser Gedanke in den offenen Fragen der Umfrage und in den Diskussionsgruppen kaum angesprochen. Die Geschichten von Schöpfung und der Sintflut unter dieser Perspektive zu lesen, könnte ein Verständnis für die Verbundenheit der Menschen mit der Natur eröffnen und dazu helfen, diese nicht nur als Umwelt zu sehen. Auch beim Verständnis des Auftrags der Gemeinde wurde die anthropozentrische Sicht deutlich. Nur sehr vereinzelt wurde angesprochen, dass die Erlösung nicht nur die Menschen betreffe, sondern die gesamte Schöpfung umfasse und die Natur in Gottes Reich Bedeutung haben könnte.

Ein dem Anthropozentrismus gegenüber gestellter Ökozentrismus, bei dem die Natur im Mittelpunkt steht, kann als Vergötterung der Natur und radikaler Naturschutz als Ersatzsatzreligion verstanden werden. Diese Gefahr sahen vor allem Mitglieder der Freien evangelischen Gemeinden und von Gemeinden aus dem Gnadauer Verband. Eine dritte Alternative wäre ein Theozentrismus[15], bei dem Menschen und Natur auf Gott bezogen werden und von ihm her ihre Bedeutung und ihren Auftrag bekommen. Ansätze dazu finden sich in den Aussagen, die Naturschutz damit begründen, dass es um die von Gott geschaffene Schöpfung geht und der Respekt und die Liebe zum Schöpfer der Grund für verantwortliches Handeln sein sollen. Auch diese Gedanken kamen vor allem aus den FeGs und Gnadauer Gemeinden. Ein theozentrischer Ansatz wird auch in den Diskussionsbeiträgen angedeutet, die sich gegen eine Konkurrenz von Natur- und Klimaschutz zu anderen Aufgaben der Gemeinde aussprachen und diese in *„ein komplexes System"* integrieren wollen, das *„von der Mitte von Jesus her"* bestimmt wird (FeG 3:103).

Eschatologie

Auch das Verständnis der letzten Dinge (Eschatologie) beeinflusst die Bereitschaft, sich für die Bewahrung der Schöpfung einzusetzen. Bei vielen Befragten schien das Verständnis einer Diskontinuität vorzuherrschen, wonach die gegenwärtige Schöpfung zerstört wird und Gott einen neuen Himmel und eine neue Erde schaffen wird. In der Online-Umfrage stimmte ein Drittel der Befragten aus Freien evangelischen Gemeinden und Gnadauer Gemeinden zu, dass die Welt vergehen wird und es deshalb wichtiger sei, sich für ewige Anliegen einzusetzen als für den Schutz der Natur. Bei den Mitgliedern der Landeskirchen lag die Zustimmung nur bei 12 Prozent (Abb. 26). Auch bei den offenen Fragen und in den Diskussionsgruppen ergab sich ein ähnliches Bild, wobei Mitglieder der FeGs dieses Argument häufiger nannten als Gnadauer (Abb. 20 + 21). Es gab in allen Gruppen von Gemeinden aber auch Stimmen, die auf ein Verständnis der Kontinuität zwischen der gegenwärtigen Schöpfung und Gottes neuer Welt hinwiesen, oder die der Meinung waren, dass eine Sicht der Diskontinuität kein Freibrief für einen verantwortungslosen Umgang mit der Schöpfung sei (siehe „Verständnis der Endzeit", S. 53).

Mangel an theologischer Reflexion

Trotz der Aussagen zu diesen Themen scheinen Natur- und Klimaschutz in den Gemeinden selten theologisch reflektiert zu werden. Sowohl in der Online-Umfrage als auch in den Gruppendiskussionen fiel auf, dass hochreligiöse Jugendliche und junge Erwachsenen oft einseitige theologische Anschauungen übernehmen und diese kaum in Bezug zur aktuellen Umweltdiskussion bringen[16]. Andererseits brachten in den Diskussionsgruppen Teilnehmende mit theologischer Bildung in allen drei Gemeindetraditionen differenzierte Perspektiven ein. Die Ergebnisse der empirischen Studie können Anstöße zur theologischen Reflexion geben, die vor allem durch den zweiten Teil dieses Bandes angeregt werden soll.

Es stellt sich die Frage, an welchen Stellen im Gemeindeleben Gelegenheit gegeben wird, sich mit diesen Fragen auseinanderzusetzen. In der Mehrheit der untersuchten FeGs und Gnadauer Gemeinden wurde die Bewahrung der Schöpfung im Gottesdienst nur ein bis zweimal im Jahr angesprochen (Abb. 11), vermutlich häufig beim Erntedankfest. In den meisten landeskirchlichen Gemeinden wurde immerhin mindestens dreimal jährlich dazu gepredigt. Ähnlich sah es bei der Behandlung des Themas in Kleingruppen aus. Laut der Online-Umfrage wurde in 25 Prozent der untersuchten FeGs und 31 Prozent der Gnadauer Gemeinden das Thema nie angesprochen. Auch bei der Thematisierung in der Arbeit mit Kindern und Jugendlichen ergab sich ein ähnliches Gefälle (Abb. 10). Diese drei Bereiche: Gottesdienst, Kleingruppen und die Arbeit mit Kindern und Jugendlichen bieten Gelegenheit, sich mit Themen des Natur- und Klimaschutzes theologisch auseinanderzusetzen. Im dritten Teil dieses Bandes werden dazu konkrete Anregungen gegeben.

Gemeindeaktivitäten

Die Auswertung der Gemeindeaktivitäten aus den Daten der Umfrage und der Diskussionsgruppen erbrachte ein breites Spektrum an Möglichkeiten, wie sich christliche Gemeinden für Natur- und Klimaschutz einsetzen können. In der Praxis spielten vor allem nachhaltige Energienutzung, Vermeidung von Müll (Einmalgeschirr) und die Nutzung nachhaltiger Produkte (besonders Fair-Trade-Kaffee) eine Rolle. Einem stärkeren Einsatz für Naturschutz und Nachhaltigkeit steht vor allem entgegen, dass diese Themen in vielen Gemeinden kaum angesprochen werden, sie als Konkurrenz zu anderen (geistlichen) Gemeindeaktivitäten gesehen werden oder befürchtet wird, dadurch Gemeindeglieder auszugrenzen.

Thematisierung in der Gemeinde

Die Ergebnisse der Studie zeigen eine Diskrepanz zwischen dem Umweltbewusstsein und Engagement einzelner Gemeindeglieder und der Möglichkeit, diese Anliegen im Gemeindealltag einzubringen. Selbst viele Gemeindeglieder, die sich privat für Natur- und Klimaschutz engagieren, scheinen diese Themen in der Gemeinde auszublenden. Das hängt damit zusammen, dass der Auftrag der Gemeinde oft einseitig in der Vermittlung und Stärkung des Glaubens gesehen wird und das Anliegen der Bewahrung der Schöpfung damit zu konkurrieren scheint. Auf die theologischen Hintergründe wurde oben eingegangen.

Dem Mangel an theologischer Reflexion müsste auf verschiedenen Ebenen begegnet werden. Dazu gehören die Gemeindeverbände, die Ausbildung von Pastorinnen und Pastoren, die Auseinandersetzung innerhalb der Gemeindeleitungen und die Vermittlung der Einsichten an die Gemeindeglieder.

Auf den übergeordneten Ebenen gibt es in den evangelischen Landeskirchen seit langem Gremien, Stellungnahmen und Initiativen, die sich mit dem Themenfeld beschäftigen. Im Bund der Freien evangelischen Gemeinden und dem Gnadauer Verband und seinen Mitgliedsverbänden scheint dies nur ansatzweise der Fall zu sein. Die Bildung von Arbeitskreisen und das Thematisieren von Natur- und Klimaschutz bei den überregionalen Veranstaltungen der Gemeindeverbände wären Möglichkeiten, Gemeinden anzuregen, sich mit dem Thema zu beschäftigen.

Wie weit Aspekte von Natur- und Klimaschutz in der Ausbildung von hauptamtlich Mitarbeitenden für den Gemeindienst eine Rolle spielen, wurde in der vorliegenden Studie nicht untersucht. Es gibt aber offensichtliche Schnittstellen zu verschiedenen theologischen Disziplinen wie systematischer Theologie, Bibelwissenschaften, Kirchengeschichte, Missionswissenschaft und praktischer Theologie. Die in dieser Studie behandelten Themen könnten im Rahmen dieser Disziplinen aufgegriffen und in den Lehrplan integriert werden. Ein erster Schritt auf dem Weg dahin könnten verpflichtende Seminare oder andere Vertiefungsangebote zu diesem Themenbereich sein.

Auf der Ebene von Gemeindeleitungen geht es zum einen um eine theologische Auseinandersetzung mit dem Thema und zum anderen um grundlegende Entscheidungen für die Gemeindepraxis. Die theologische Reflexion könnte durch Anregungen aus der Gemeinde, aber auch durch Angebote vonseiten der Verbände bzw. Landeskirchen angeregt werden. Im Blick auf den Gemeindealltag können Gemeindeleitungen Bestandsaufnahmen zu ökologischen Problemen und Chancen in der örtlichen Gemeindepraxis anstoßen und Richtlinien für nachhaltiges Gemeindemanagement verabschieden. Dazu haben sich in den evangelischen Landeskirchen Programme wie *Der Grüne Hahn* (bzw. *grüne Gockel*) und die EMAS-Zertifizierungen bewährt. Daneben gibt es aber auch niederschwellige Programme zur Förderung nachhaltigen Gemeindemanagements. Grundsätzliche Vorgaben der Gemeindeleitung erleichtern konkrete Entscheidungen in den verschiedenen Arbeitsbereichen der Gemeinden. Dabei ist klar, dass die Meinungen der Gemeindeglieder berücksichtigt werden müssen und diese entsprechend informiert und motiviert werden sollten.

Der Gottesdienst als zentrale Gemeindeveranstaltung bietet Raum, das Anliegen anzusprechen. In vielen Gemeinden hat das Thema hier im Rahmen des Erntedankfestes und anderer Anlässe oder in Predigtreihen einen festen Platz. Neben der Predigt kann die Bedeutung der Schöpfung auch in Fürbitte, Anbetung und in Liedern thematisiert werden. Es gibt aber auch Stimmen, die dies kritisch sehen, weil damit vom geistlichen Anliegen des Gottesdienstes abgelenkt würde. Hier wird es darum gehen, unsere Beziehung zur Schöpfung theologisch zu reflektieren und wertschätzend zu vermitteln. Wertschätzung für die Natur und verantwortliches Handeln können aber auch in der Arbeit mit Kindern und Jugendlichen, in Kleingruppen, bei besonderen Informationsveranstaltungen und bei der Pflege des Gemeindegrundstückes angesprochen und vermittelt werden.

Natur- und Klimaschutz als Aspekt der Nachfolge Christi
In der Studie wurden zahlreiche Beziehungen zwischen Natur- und Klimaschutz und dem christlichen Glauben angesprochen („Wie wird das Engagement für Natur- und Klimaschutz begründet?"). Der Auftrag zur Bewahrung der Schöpfung kann aus verschiedenen biblischen Texten abgeleitet werden. Häufig genannt wurden der Schöpfungsauftrag in 1. Mose 2 und das Gebot der Nächstenliebe, das auch auf künftige Generationen und Menschen in Gebieten, die besonders stark unter den Folgen des Klimawandels zu leiden haben, bezogen wurde. Daneben wurde genannt, dass Liebe und Respekt gegenüber Gott dem Schöpfer zu verantwortlichem Handeln motivieren sollte. Aus der Beziehung zwischen dem Schöpfer und seinen Geschöpfen wurde auch der Wert der Natur abgeleitet, der über den Nutzen für die Menschen hinausgeht. Wie oben diskutiert, sind dies Ansätze zu einem Weltbild, bei dem nicht die Menschen oder die Natur im Mittelpunkt stehen, sondern Gott.

Daraus lässt sich ableiten, dass Natur- und Klimaschutz als ein wichtiger Aspekt der Nachfolge Christi verstanden werden kann. Der Gedanke, dass ein verantwortungsvoller Umgang mit der Natur ein Aspekt von authentischen Christsein ist und Christinnen und Christen in dieser Hinsicht Vorbilder sein sollten, wurde von Befragten aus allen drei Gemeindetraditionen genannt (Abb. 17 + 19). Zum Teil war dies verbunden mit Kritik am Wirtschaftssystem und Lebensstilen, die Konsum an die erste Stelle setzen. Diese Vorbildfunktion wurde sowohl christlichen Gemeinden als auch einzelnen Christinnen und Christen zugeschrieben. Gemeinden können ihre Mitglieder anregen, ihre Einstellungen zur Natur zu überdenken und ihr Verhalten entsprechend zu ändern. Die Transformation von Denken und Handeln sind nach Römer 12,1–2 typische Aspekte der Nachfolge Christi. Anstöße dazu können vom Gottesdienst ausgehen. Daneben können insbesondere Kleingruppen einen Raum bieten, in dem die Gruppenmitglieder diese Themen reflektieren und sich gegenseitig bei der Umsetzung im persönlichen Leben und in der Gemeindepraxis unterstützen. Christliche Gemeinden bieten damit soziales Kapital, das die Erfüllung von Nachhaltigkeitszielen fördern kann[17]. Dieses Themenfeld sollte daher bewusst in Jüngerschaftskursen zur Vertiefung des Glaubens angesprochen werden. Als Arbeitsmaterial kann dazu zum Beispiel der *Just People*-Kurs der Micha-Initiative[18] genutzt werden.

Einbindung in Gemeindeaktivitäten

Die mögliche Konkurrenz um personelle und finanzielle Ressourcen sowie um Aufmerksamkeit wurde von vielen Befragten als Hindernis für ein Engagement für Natur- und Klimaschutz genannt (siehe Abschnitt „Pragmatische Hindernisse", S. 55). Der Hintergrund ist ein Verständnis vom Auftrag der Gemeinde, das auf Evangelisation und Förderung des persönlichen Glaubens fokussiert ist. In den Gruppendiskussionen wurden Ansätze angesprochen, um das Anliegen der Schöpfungsbewahrung in die Gemeindearbeit einzubinden und diese Konkurrenz zu reduzieren. Dazu gehören zum einen, wie oben genannt, grundsätzliche Vorgaben, die nachhaltigere Verfahren in der Gemeindepraxis etablieren, ohne dass bei jeder Einzelentscheidung lange diskutiert werden muss. Auf einige Aspekte, wie nachhaltige Beschaffung und Veranstaltungsmanagement wird im dritten Teil dieses Bandes eingegangen.

Daneben gibt es zahlreiche inhaltliche Verbindungen zwischen Natur- und Klimaschutz und Gemeindeaktivitäten. Auf die Einbindung der Themen in Gottesdienste und Kleingruppen wurde schon eingegangen. Ähnliches gilt für die Arbeit mit Kindern und Jugendlichen. Wie im Abschnitt „Die Gefahr, Gemeindeglieder auszugrenzen" (S. 60) dargestellt, sahen die Befragten die Gefahr, durch ein stärkeres Engagement für Naturschutz Gemeindeglieder auszugrenzen, die diesem Anliegen gleichgültig oder kritisch gegenüberstehen.

Es ist daher notwendig, beim theologischen Verständnis anzusetzen und den Reichtum und Wert von Gottes Schöpfung zu betonen, statt Gemeindeglieder durch überzogen scheinende Forderungen abzuschrecken.

Neben den Angeboten für Gemeindeglieder bietet das Engagement für Natur- und Klimaschutz auch Anknüpfungspunkte für Menschen und Gruppen, die wenig Zugang zu christlichen Gemeinden haben und eröffnet Möglichkeiten für Kooperationen auf lokaler oder regionaler Ebene. Dies kann dazu beitragen, dass Gemeinden als gesellschaftlich relevant wahrgenommen werden und Gelegenheit bekommen, auf den Zusammenhang zwischen diesem Engagement und dem christlichen Glauben hinzuweisen.

Obwohl ein Bedarf an personellen und finanziellen Ressourcen nicht von der Hand zu weisen ist, gibt es somit vielfältige Möglichkeiten, den Einsatz für Natur- und Klimaschutz in die Gemeindearbeit zu integrieren, ohne den Auftrag christlicher Gemeinden zu verleugnen.

Fazit

Die vorliegende Studie bietet Einblicke in das Umweltbewusstsein christlicher Gemeinden und ihrer Mitglieder und zeigt einige Ansätze auf, wie es von der grundsätzlichen Zustimmung für Natur- und Klimaschutz zu konkretem Handeln in der Gemeindepraxis kommen kann. Wichtig sind dabei zum einen das Bewusstmachen, Informieren und Motivieren und zum anderen gangbare Verfahren und Regeln, die zu nachhaltigem Handeln im Gemeindealltag beitragen. Dazu wurden einige theologische Themen sowie Ansätze für die Gemeindepraxis angerissen. Diese Fäden werden im zweiten und dritten Teil dieses Bandes aufgenommen. Der zweite Teil gibt Anstöße zum Nachdenken über die Bedeutung der Schöpfung in Theologie und Spiritualität. Die Beträge im dritten Teil dieses Bandes stellen vielfältige Handlungsmöglichkeiten dar und weisen auch auf weitere Informationsquellen und mögliche Kooperationspartner hin.

Eine Reaktion auf die Studie: Gespräch über Schöpfungsverantwortung und den Auftrag der Gemeinde

Thomas Kröck und Heinrich Christian Rust im Gespräch mit Oberkirchenrätin Dr. Ruth Gütter (Referentin für Fragen der Nachhaltigkeit, Evangelische Kirche in Deutschland), Steffen Kern (Präses des Evangelischen Gnadauer Gemeinschaftsverbandes) und Ansgar Hörsting (Präses des Bundes Freier evangelischer Gemeinden). Das Gespräch wurde im Dezember 2021 als Videokonferenz geführt.

Kröck: Frau Gütter, Herr Kern und Herr Hörsting. Vielen Dank, dass Sie sich Zeit für dieses Gespräch nehmen. Wir wollen über die empirische Studie zur Stellung christlicher Gemeinden zu Fragen des Natur- und Klimaschutzes sprechen. Sie repräsentieren die EKD, den Evangelischen Gnadauer Gemeinschaftsverband und den Bund Freier evangelischer Gemeinden. Die Studie ist nicht repräsentativ, aber einige der Erstleser sagten, dass ihre subjektiven Eindrücke von den Daten bestätigt wurden. Hätten Sie diese Ergebnisse auch erwartet oder gab es aus Ihrer Sicht Überraschungen?

Gütter: Ja und nein. Auf der einen Seite habe ich auch erwartet, dass man sich im Bereich der EKD wahrscheinlich schon mehr mit ökologischen Fragen beschäftigt hat und vor allen Dingen auf der Praxisebene schon etwas mehr passiert. Es liegt ja, wie Sie feststellen, auch an den Strukturen, an schon erfolgten Klimaschutzkonzepten und Zertifizierungen, wodurch wahrscheinlich auf der Handlungsebene schon mehr passiert. Aber ich war dann doch überrascht, wie nahe die Ergebnisse beieinanderlagen und dass uns im Grunde nicht so sehr viel trennt. Es gibt Unterschiede, aber ich habe gedacht, diese wären noch größer. Und was ich auch überraschend fand, war, dass die Kirchenmitglieder im Grunde fast die Gesellschaft abbilden. Da hätte ich mir gewünscht, dass wir da et-

Ich war dann doch überrascht, wie nahe die Ergebnisse beieinanderlagen und dass uns im Grunde nicht so sehr viel trennt.

was weiter sind. Es ist auch eine meiner Aufgaben, dafür zu werben, dass wir da eher Vorreiter sind. Bei einigen Werten liegen wir ja auch darüber. Das ist ganz erfreulich, aber ich hätte ich mir gewünscht, dass der Abstand größer wäre. Vielleicht so viel erst mal zur ersten Einschätzung.

Hörsting: Ich gebe ehrlich zu, dass ich nicht überrascht war von den Ergebnissen. Ich würde auch bestätigen, was Sie anfangs von Erstlesern berichteten, dass nämlich die Untersuchung dem entspricht, was man selbst als Eindruck hat. Aber natürlich, wie bei allen Eindrücken: Es gibt immer ganz verschiedene Erfahrungen, die man sammelt. Das ist bei mir selbst auch der Fall. Interessant finde ich dabei vor allem, dass es viele Menschen gibt, die einer Engführung widerstehen und die sagen, es braucht sowohl ewiges Heil als auch unseren Einsatz auf dieser Erde. Man vergisst oft, wie viele diesen Weitblick haben und beschäftigt sich oft mit den Extrempositionen, die entweder die ewige Perspektive vergessen oder die diesseitige, irdische Dimension des Glaubens. Das fand ich interessant.

Kern: Ich kann an beide Voten gut anschließen. Mein Eindruck ist auch, dass im Grunde diese subjektive Wahrnehmung von verschiedenen Frömmigkeitskulturen, Gemeindeverbänden, Gemeinschaftsverbänden und Kirchenstrukturen einerseits und was jetzt hier in der Umfrage zum Ausdruck kommt andererseits einen Zusammenhang hat. Zugleich ist es so, dass die Umfrage ja auch, wie Sie zu Recht sagen, nicht repräsentativ ist und auch eine relativ schmale Basis hat. Also wenn ich sehe, allein bei den vom Gnadauer Bereich Befragten sind vier von fünf aus Hessen. Das ist natürlich auch eine Einschränkung, denn der Gnadauer Gemeinschaftsverband ist schon sehr, sehr breit aufgestellt. Ich würde trotzdem sagen, dass das jetzt kein verzerrendes Bild ist und doch möchte ich darauf verweisen, dass Gemeinschaftsverbände, was die geschichtliche Herkunft betrifft und wie sie auch real bestehen, sich differenzierter darstellen. Die Gemeinschaftsbewegung kommt auch nicht nur aus der Erweckungsbewegung, wie dargelegt, sondern etwa gerade in Württemberg, wo ich herkomme, gibt es doch viele Gemeinschaften, die wesentlich älter sind. 250 Jahre die ältesten und ein bisschen darüber. Und allein in dem Verband, den ich bis zu diesem Sommer geleitet habe, sind über 300 Gemeinschaften und nur vier davon sind eigenständige Gemeinschaftsgemeinden. Die anderen sind Teil der Kirchengemeinden, also auch Teil der Landeskirche, Teil der EKD, und haben darum auch Anteil an den kirchlichen Prozessen und auch an den Debatten und der Art und Weise, wie Themen bewegt werden. Etwa, wie es in Württemberg heißt, dem *grünen Gockel*. Ich war da selber mit beteiligt bei der Erstellung dieser Maßnahme in der Landessynode vor einigen Jahren. Das liegt gut 15 Jahre zurück. Da ist also eine viel stärkere Durchdringung von Gemeinschaft und Landeskirche, als sie hier wahrgenommen wird. Das widerspricht allerdings jetzt der Studie gar nicht. Ich will das nur ergänzend festhalten, damit wir nicht zu sehr in Einseitigkeiten oder Klischees denken. Also da gibt es auch eine starke Durchdringung. Und der Gnadauer Raum hat auch in den theologischen Akzentuierungen, sei es ethische Weltverantwortung wie auch Eschatologie, eine große Spannweite. Wenn man da zwischen Siegerland und Berlin, zwischen Westfalen und Sachsen, zwischen Schleswig-Holstein und dem Schwarzwald oder zwischen der Schweiz und Brasilien schaut – da gibt es regional, historisch und bezüglich der Aufgabenhorizonte der einzelnen Verbände und Werke schon gewaltige Unterschiede. Dem kann man natürlich in dieser Umfrage nicht Rechnung tragen, aber ich will doch darauf hingewiesen haben.

Kröck: Das ist ein sehr guter Hinweis, vielen Dank, um dann noch einmal deutlich zu machen, dass gerade der Gnadauer Bereich doch sehr vielfältig ist. Der Gnadauer Verband ist ja eine Dachorganisation und darunter gibt es dann wieder regionale Verbände. Das ist ein Unterschied auch zu den FeGs, die durch einen Bund praktisch bundesweit vertreten sind.

Gütter: Diese Bandbreite gibt es auch in der EKD. Ich glaube, wir sind alle von starken Polen geprägt. Es gibt die hoch Engagierten, die bei *Fridays for Future* mitmachen. Wir kriegen als EKD aber auch vereinzelt Briefe: Warum wir uns mit diesen ökologischen Themen beschäftigen? Das hätte doch gar nichts mit Glauben zu tun. Also auch bei uns gibt es diese Bandbreite. Wobei ich auch feststelle – und ich glaube, das verbindet uns auch –, dass durch den Druck aus der Gesellschaft angesichts der sich zuspitzenden Probleme sich auch viel bewegt. Weil man sich auch als Bürger dieser Problematik stellen muss. Das kommt auch in einigen Voten zum Ausdruck.

Kröck: Vielen Dank! Die Frage, „Was haben Kirchen eigentlich mit diesem Thema zu tun?“ kam jetzt schon zur Sprache. Der Klimawandel und die Transformation unserer Wirtschafts- und Lebensweise sind große Themen, die die ganze Gesellschaft und die ganze Welt betreffen. Welche Rolle können christliche Kirchen und Gemeinden in diesem Prozess spielen?

Hörsting: Also erst einmal meine ich, so wie auch Frau Gütter sagte, dass christliche Gemeinden einfach angeregt werden durch das, was gesellschaftlich diskutiert wird. Manchmal höre ich dann, wir hätten doch Vorreiter in diesen Fragen sein müssen, denn wir kennen ja den Schöpfer. Das ist einerseits richtig, aber ein bisschen Bescheidenheit ist auch okay. Und das heißt, dass man zur Kenntnis nimmt, wir sind auch nur Menschen, haben einen begrenzten Horizont und der kann gut und gerne erweitert werden durch das, was wir durch Presse und Medien erfahren. Dafür muss man nicht in Sack und Asche gehen. Aber was wir beitragen können, ist erstens, und ich glaube, das geschieht auch schon, dass wir aus einer Dankbarkeit dem Schöpfer gegenüber Umweltthemen platzieren. Also nicht nur sagen: „Hey, wir müssen diesen Planeten retten.“ Das ist ja eine starke Motivation unserer Zeit, die ich verstehe. Wir bringen auch eine Dankbarkeit dem Schöpfer gegenüber ein. Deswegen haben wir, meine ich, die Möglichkeit, einen ganz starken positiven Impuls in der Diskussion zu setzen. Wichtig wäre, dass das nicht besserwisserisch daherkommt, sondern einfach aus einer demütigen Haltung heraus dem Schöpfer gegenüber. Und dann sind wir Teil unserer Zeit und bringen uns ein. Wir kommen vielleicht später noch auf dieses Wort „Kontrastgesellschaft“, das auch einmal in der Studie vorkommt. Es ist sehr stark be-

Wir können aus einer Dankbarkeit dem Schöpfer gegenüber Umweltthemen platzieren.

legt und setzt manchmal unter Druck, so als müssten wir auch wirklich alles anders machen als die Welt um uns herum. Das halte ich für übertrieben und unmenschlich. Aber an den Anfang würde ich gerne stellen, dass wir diese Dankbarkeit beitragen können. Wir haben eine Adresse für den Dank. Ein positiver Impuls ganz am Anfang, das tut uns allen sehr, sehr gut.

Gütter: Da kann ich gut anschließen. Die Dankbarkeit über die Schöpfung, die Gaben Gottes, ist, glaube ich, eine ganz wichtige christliche Motivation. Wir haben in unserem neuesten Papier von 2018[19] die Rolle der Kirchen als Mahner, Mittler, Motor bezeichnet. Das ist viel diskutiert und auch kritisiert worden. Ich finde es aber immer noch ganz gut, weil es die verschiedenen Rollen der Kirche gut beschreibt. Auf der einen Seite sollten wir ethische Orientierung geben oder auf den Schöpfer verweisen, dem gegenüber wir verantwortlich sind und natürlich auch gegenüber unserem Nächsten, der Mitschöpfung und der nächsten Generation. Mittler bedeutet, dass wir zwischen verschiedenen Positionen versuchen, für faire Dialoge zu sorgen, damit jeder mit seinen Argumenten und seinen Ansichten auch zu Wort kommen kann. Und damit der Spaltung der Gesellschaft entgegenwirken. Motor ist ein starkes Wort. Aber ich denke schon, dass wir auch gefordert sind, dass das, was wir einfordern, auch mit unserer Praxis gedeckt ist. Dass wir wenigstens versuchen, das auch zu leben, was wir fordern. Das ist auch eine Frage der Glaubwürdigkeit. Und deshalb hat die EKD auch diese Beschlüsse zur Klimaneutralität gefasst. Wir müssen uns aber auch eingestehen, dass wir die selbst gesetzten Ziele nicht erreicht haben. Aber trotzdem glaube ich, dass dieses Motorsein eine wichtige Rolle bleibt. Und ganz zentral, finde ich, ist, dass wir als Christen auch eine Hoffnungsperspektive vermitteln können, dass wir sagen können, Gott will das Leben, und Gott wird uns helfen, auch in Zukunft noch leben zu können. Und deshalb setzen wir uns für diese Schöpfung ein.

Ich denke, dass wir auch gefordert sind, dass das, was wir einfordern, auch mit unserer Praxis gedeckt ist. Das ist auch eine Frage der Glaubwürdigkeit.

Kern: Was können wir Kirchen beitragen? Als Erstes würde ich auch die zwei genannten Punkte nennen: Dank und Hoffnung. Wir bringen als Christenmenschen in die Gesellschaft ein, dass uns das Leben geschenkt ist. Das tiefe Bewusstsein darüber, dass uns die Schöpfung gegeben ist, dass sie uns geliehen und anvertraut ist. Und das hat ein Doppeltes, nämlich eine hohe Wertschätzung dieser Gabe. Alles, unser Leben selbst, aber auch die Schöpfung, die uns umgibt und in die wir hineingestellt sind, ist uns anvertraut, gegeben, geschenkt, hat eine Würde. Wir haben aber auch Verantwortung dafür. Und es befreit uns aber auch, dass wir daran nicht im Letzten hängen. Also nicht dieser allerletzte Druck: Wir sind es, die die Welt retten müssen. Sondern sie ist gerettet. Wir haben eine Verheißung, eine Zusage. Und damit ist die Hoffnung verknüpft, dass wir uns nicht verzweifelt in diesen sehr ernsthaften Klimafragen bewegen müssen, sondern dass wir eine Hoffnung haben, die über diese Welt hinausweist. Ja, die hat eine eschatologische Dimension, aber die wirkt zurück in diese Welt hinein. Eschatologie, recht verstanden, ist immer eine ganz bodenständige, die immer wieder „zurückkommt“ und sich spiegelt in der Weltverantwortung. Deshalb Dank und Hoffnung, als Erstes. Das Zweite, was wir als Kirchen einzubringen haben oder als einzelne Christinnen und Christen, ist die Fürbitte. Die Dimension würde ich ungern lösen von allen Fragen rund um Schöpfungsverantwortung. So wie wir für Menschen in Verantwortung in der Politik beten und uns das aufgetragen ist, so ist die Fürbitte auch eine Dimension für diese Welt, für diesen Planeten, für die Umwelt. Und das ist auch eine Verbindung zwischen der ethischen Verantwortung und der geistigen Reflexion durch eine spirituelle Verortung. Das bringen wir als Christenmenschen in die Debatte ein, dass es nicht nur eine Frage des verantwortlichen Handelns ist, sondern dass das auch

Damit ist die Hoffnung verknüpft, dass wir uns nicht verzweifelt in diesen sehr ernsthaften Klimafragen bewegen müssen, sondern dass wir eine Hoffnung haben, die über diese Welt hinausweist. Eschatologie, recht verstanden, ist immer eine ganz bodenständige, die immer wieder „zurückkommt“ und sich spiegelt in der Weltverantwortung.

durchs Herz geht und dann in die Hände. Das ist schon noch eine Zusatzdimension. Und als Drittes würde ich nennen: Wir haben in diesen Fragen doch sehr mit dem Thema Schuld zu tun und mit Vergebung. Wir sind schuldig geworden an der Schöpfung, an den Mitgeschöpfen. Wir werden schuldig aneinander. Schuld ist eine Dimension, von der wir auch in der Kirche eher weniger oder leiser reden, weil das in der Vergangenheit gelegentlich einseitig geworden sein mag, sehr individuell konnotiert und oft beschuldigend, Menschen klein machend. Aber dass wir wahrnehmen, wir leben in einer grundlegenden Schuldverfallenheit, die sich auch äußert im Umgang mit unserer Umwelt und mit dem Klima: Das nennen wir klassisch Sünde. Auch das thematisieren wir. Und dass wir darauf eine Antwort haben. Dass wir um die Dimension der Vergebung und des Neuanfangs wissen. Auch das ist etwas, was wir einzubringen haben in unsere Gesellschaft, auch in die Debatten und Aktionen rund um Klimaschutz.

Kröck: Das waren jetzt zum Teil sehr starke Statements, gibt es da von Ihnen untereinander Rückfragen, Ergänzungen oder Kommentare?

Hörsting: Ich kannte diese drei Stichworte Mahner, Mittler, Motor nicht. Bei dem Stichwort Mahner habe ich gezuckt. Wir Freikirchen gelten manchmal als die Mahner zu irgendwelchen ethischen Fragen. Und das Image wollen wir gar nicht so gerne pflegen, weil ein Mahner so einen Zeigefinger-Impetus hat, und das steht uns nicht gut zu Gesichte. Es war interessant, dass Sie sich dieses Stichwort gegeben haben und das Image offensichtlich nicht fürchten.

Gütter: Das können Sie gerne in dem Text noch einmal genauer nachlesen. Das ist übrigens eine Zuschreibung von außen. Unser Kammervorsitzender war Professor Schneidewind, ein Transformationswissenschaftler, der das Buch „Die Große Transformation“ geschrieben hat: Er hat diese Rolle den Kirchen zugeschrieben und der Rat hat die Schrift verabschiedet und damit diese Zuschreibung für sich so angenommen. Das finde ich interessant, dass von außen oft mehr von uns erwartet wird, als wir uns selbst zutrauen. Bei aller Bescheidenheit und Selbstkritik, die dabei auch notwendig ist.

Hörsting: Ja, glaubwürdiges Mahnertum kann nur in Bescheidenheit erfolgen. Ich empfange hier eine doppelte Botschaft. Man erwartet eine mahnende Kirche, aber wenn man dann so auftritt, will es auch keiner hören.

Gütter: Ja, man kann sich damit auch unbeliebt machen.

Kern: Das knüpft an den prophetischen Auftrag der Kirche an und kann auch an alttestamentliche Prophetentexte andocken.

Kröck: Den Beschluss der Synode der EKD[20] hatten Sie eben schon angesprochen, Frau Gütter. Es geht darum, dass Gemeinden und übergemeindliche Gremien zusätzliche Anstrengungen unternehmen, um bis 2035 das Ziel der Klimaneutralität zu erreichen. Wir haben eben über Motivation gesprochen. Die Frage, die ich da anschließen möchte, ist: Warum sollen sich Gemeinden in diesem Bereich engagieren, also klimaneutral werden? Beziehungsweise sollten sich Gemeinden nicht vorrangig um andere Aufgaben bemühen? Was ist eigentlich Auftrag der Gemeinde und welche Rolle spielt das Engagement für Klima- und Naturschutz in diesem Kontext?

Gütter: Also für mich ist die Verantwortung für die Schöpfung ein wichtiger Teil des christlichen Glaubens. Bei einigen Äußerungen in dieser Studie wird ein Gegensatz aufgemacht zwischen Jesus Christus verkündigen und die Schöpfung bewahren. Ich bin auch in einer landeskirchlichen Gemeinschaft sozialisiert. Ich kenne solche Argumentationen und war selbst auch davon geprägt. Aber heute ist das für mich als Theologin doch ein Gegensatz, den ich schwierig finde, denn wir glauben ja an Gott, den Schöpfer, und an Jesus Christus. Man kann die Nachfolge Jesu nicht gegen die Schöpfungsverantwortung ausspielen, sondern es gehört für mich ganz eng zusammen. Eben weil wir gegenüber dem Schöpfer verantwortlich sind. Und mit dem Klimawandel ist es ja tatsächlich so, dass tatsächlich die Lebensrechte von Menschen fundamental beschränkt werden. Schon heute sterben Menschen in vielen Teilen der Welt in-

Man kann die Nachfolge Jesu nicht gegen die Schöpfungsverantwortung ausspielen, sondern es gehört für mich ganz eng zusammen.

folge des Klimawandels und die Auswirkungen rücken immer näher. Also es geht tatsächlich um die Lebensrechte von Menschen der gegenwärtigen Generation und erst recht der zukünftigen Generation. Und es geht auch um das Leben der Mitschöpfung, das infrage gestellt ist. Lebewesen, von denen wir glauben, dass Gott sie geschaffen hat. Von daher kann ich diesen Gegensatz nicht sehen. Er ist jedoch nur bei einigen aufgetaucht ist, andere Voten haben das auch sehr schön miteinander verbunden.

Kern: Ich würde das unterstreichen. Ich glaube, es gibt immer die Gefahr von zumindest zwei Vereinseitigungen, und das wird dann jeweils der anderen Seite vorgeworfen. Einerseits, dass die Kirche primär politisch sei, gesellschaftspolitisch agiere oder Predigten einseitig gesellschaftspolitische Inhalte hätten wie etwa Klimaschutz. Und auf der anderen Seite gibt es die Vereinseitigung einer Konzentration auf die individuelle Christusbeziehung und einseitige Fokussierung unter Ausblendung jeder Verantwortung für die Welt. Ich glaube, es ist klar, dass das zusammengehört für ein integratives Glaubensverständnis und dass sich manches wahrscheinlich auch erklärt. Das ist in der Studie auch angedeutet durch die ansatzweise Erläuterung des Entstehungsprozesses von manchen Gemeinden und Gemeinschaften. Es gibt eine Schwerpunktsetzung auf den zweiten Glaubensartikel eher im Gnadauer Bereich und wahrscheinlich auch eher im FeG-Bereich und das auch nicht ohne Grund und zu Recht. Aber das darf nicht dazu führen, dass der erste Artikel ausgeblendet wird. Der dritte übrigens auch nicht. Es kommt darauf an, dass solche Einseitigkeiten überwunden werden und man auch voneinander lernt, dass politische und weltverantwortliche Akzentsetzungen auch christologisch untermauert werden. Das geschieht ja auch zum Teil. Übrigens hat das auch der ehemalige EKD-Ratsvorsitzende Heinrich Bedford-Strohm immer wieder getan, wenn man an das Mittelmeer und so denkt. Es ist oft verkannt worden in seiner öffentlichen Wahrneh-

Eine Christusverkündigung, die auch zu einem Leben in die Nachfolge Jesu Christi einlädt, wird immer wieder von Nachfolge reden müssen und auch die Welt in den Blick nehmen.

mung, wie christusbezogen seine Erläuterungen des Engagements, auch seine Ratsberichte, oft waren. Und umgekehrt: Eine Christusverkündigung, die auch zu einem Leben in die Nachfolge Jesu Christi einlädt, zu einem bewussten Glaubensschritt, die also auch sehr stark evangelistisch konnotiert wird, wird immer wieder von Nachfolge reden müssen und auch die Welt in den Blick nehmen und Ethik nicht auf das Individuelle beschränken dürfen. Und da meine ich, dass etwas wächst. Vielleicht nehme ich jetzt schon mal etwas vorweg, was ich sonst auch so als generellen Kommentar gesagt hätte. Ich meine zu beobachten, dass sich in den letzten zehn Jahren etwas getan hat, auch in der Bewusstseinsbildung, und zwar auf verschiedenen Seiten, sowohl im EKD-Bereich als auch im Bereich der Evangelischen Allianz und der Gemeinschaften. Die Micha-Initiative und dergleichen sind ja auch angesprochen. Es wäre hochinteressant, so eine Studie wie die Ihre einmal im Mehrjahresvergleich über einen längeren Zeitraum hinweg zu machen. Also: Wie hat es vor fünf und vor zehn Jahren ausgesehen? Das kann man nicht nachholen. Aber wie entwickelt sich das? Weil ich meine schon wahrzunehmen, dass es ein wachsendes Bewusstsein gibt für die Fragen von Fair Trade, von Nachhaltigkeit, besonders bei jüngeren Generationen. Es gibt kaum Jugendtreffen, wo nicht irgendjemand da ist, der ein Fair-Trade-Mode-Label vertritt oder sonst für einen nachhaltigen Lebensstil plädiert. Diese ganzen Fragen kommen ganz stark auf, auch in dezidierten Kontexten, die man wohl als evangelikal einordnet; sie haben Raum in Bereichen der EKD und auch in der Gemeinschaftsbewegung.

Rust: Ich denke das ähnlich, dass es eine Entwicklung gibt und habe das auch in meinem theologischen Beitrag[21] kirchengeschichtlich zugeordnet. Was mich wirklich ins tiefe Fragen gebracht hat: Es gibt hervorragende Stellungnahmen seit den 80er-Jahren, ich brauche die nicht alle aufzählen, aus dem ökumenischen Dialog, aber auch dann später in den ganzen überregionalen Vernetzungen und auch Denkschriften der katholischen Kirche. Das ist auch interessant, sehr brauchbar und praktisch bezogen. Warum kommen die nicht wirklich an der Basis an? Es gibt hervorragendes Material, zum Schöpfungstag etwa. Und auffallend ist, dass das in der ganzen Studie nur einmal kurz erwähnt wird. Ich habe den Eindruck, die haben dieses Wissen gar nicht. Es gibt ja schon unendlich viel, wir fangen ja nicht beim Punkt Null an. Aber warum gibt es hier keine besseren Zugänge zu den Basisgemeinden? Haben Sie darauf eine Antwort?

Gütter: Ja, damit beschäftige ich mich auch sehr stark. Ich glaube, das ist ein langer Prozess und einiges dringt nur langsam durch. Ich glaube, es liegt auch mit an der theologischen Ausbildung. Ich stelle fest, dass diese Themen Schöpfungstheologie, Ökologie, Schöpfungsethik, Umweltethik viel zu wenig im akademischen Studium und in der theologischen Ausbildung vorkommen. Und ich bin da auch schon seit zwei Jahren dran, in den zuständigen Kommissionen dieses Defizit anzusprechen. Einige dort sagen: „Ja, das ist ein Problem, aber da sind so viele Anforderungen von vielen Seiten, wir würden den Kanon völlig überlasten." Aus der akademischen Theologie, finde ich, ist auch zu Corona und zur ökologischen Krise bisher wenig gekommen. Und deshalb habe ich in diesem Sommer auch diese Tagung[22] durchgeführt, um einfach mal anzufangen. Natürlich, es gibt ein paar Ausnahmen, aber insgesamt ist es zu wenig. Und wenn die Pfarrer und Pfarrerinnen und Prediger und Predigerinnen das nicht theologisch durchdenken, wer soll es dann sonst im Gottesdienst weitergeben? Ich habe eher den Eindruck, dass aus den Gemeinden von den Gemeindegliedern da mehr Druck kommt, die oft auch enttäuscht sind, dass ihre Kirchengemeinden da nicht weiter sind, die auf der Handlungsebene, aber auch auf der theologischen Ebene viele Fragen haben. Bei der theologischen Tagung waren ungefähr 40 Prozent Nichttheologen und -theologinnen.

Ich stelle fest, dass diese Themen Schöpfungstheologie, Ökologie, Schöpfungsethik, Umweltethik viel zu wenig im akademischen Studium und in der theologischen Ausbildung vorkommen.

Hörsting: Von meiner Seite aus möchte ich ergänzen: Die Themen kommen vielleicht deswegen nicht an, weil sie meistens keine Begeisterungsbotschaft, keine Vision transportieren, sondern als schwere Themen daherkommen. Das ist das eine. Das Zweite ist, dass die Leute sonntags nicht das gleiche hören wollen, was sie die ganze Woche über schon lesen konnten. Wenn ich als Pastor sonntags dasselbe sage, was die Leute die Woche über in den Zeitungen gelesen haben, dann sagen sie: „Ja, wofür muss ich da in den Gottesdienst kommen?“ Es braucht von den Kirchen und Kanzeln wirklich andere Impulse zum Thema. Wenn wir nur zu sagen haben: „Wir wollen doch auf die Schöpfung achten“, dann sagen die Leute: „Ja, das höre ich auch woanders.“ Es muss mehr geben, zum Beispiel in Richtung Hoffnung, Schöpfung und dem Schöpfer selbst und wie ich mit ihm versöhnt leben kann. Dass das unterbelichtet ist, ist für mich ein Grund, weswegen die Themen nicht ankommen. Das andere ist, dass es in den Freikirchen, auch in den FeGs, wahrscheinlich die Tendenz gibt, die Jenseitigkeit zu betonen. Und wenn man grob schnitzt und von der Umfrage her in der EKD vielleicht eher die Diesseitigkeit. Ich glaube, wenn man das theologisch durchdringt, versuchen alle, das immer zusammenzuhalten und eben nicht in dieser Polarisation zu enden. Aber ich begegne diesen Einseitigkeiten dann doch immer wieder in den Diskussionen. Und das Letzte ist ganz pragmatisch. Gemeinden müssen Schwerpunkte setzen. Sie müssen entscheiden, was sie nach vorne stellen. Und da sagen viele: „Ja, das ökologische Thema ist ja sowieso schon ganz oben auf der Agenda, dann müssen wir das nicht auch noch machen.“ Dann sagen Gemeinden häufig: „Da haben wir anderes anzubieten.“ Ich spreche von Tendenzen, aber wenn man es holzschnittartig darstellt, wird es deutlicher. Ich denke also schon, dass man in unseren Gemeinden, den FeGs, eher sagt: „Ja, um die Schöpfung und Naturschutz kümmern sich andere. Aber wer kümmert sich um den Glauben an Jesus Christus? Wer kümmert sich um Evangelisation? Das kann ja sonst keiner tun. Deswegen ist das unser Schwerpunkt.“ Das ist eine Haltung, die ich verstehen kann. Die kann gesund sein und sie kann auch ungesund sein, wenn sie zu einseitig ist.

Es braucht von den Kirchen und Kanzeln wirklich andere Impulse zum Thema. … zum Beispiel in Richtung Hoffnung, Schöpfung und dem Schöpfer selbst und wie ich mit ihm versöhnt leben kann.

Gütter: Wir müssen uns auch vergegenwärtigen, dass die Relevanz der Kirchen heute nicht mehr so hoch ist wie früher. Wir sind ein Player unter ganz vielen, und wenn wir etwas veröffentlichen, kriegen es viele einfach nicht mit. Ich bin ja auch Geschäftsführerin der Kammer für nachhaltige Entwicklung, die diese Texte entwickelt. Und stelle sie dann natürlich auch vor und referiere in Gemeinden oder bei Synoden. Wenn ich sie dann referiere, sagen die meisten: „Toll, dass Kirche sich damit beschäftigt und sich so äußert, aber warum wissen wir das nicht?" Also, wir haben auch ein Vermittlungsproblem. Ich glaube, wir haben schon ganz gute „Produkte". Aber ich kann auch Herrn Hörsting zustimmen. Wir dürfen natürlich nicht einfach das wiederholen, was andere sagen. Sondern wir müssen in einer ganz eigenen Sprache dazu sprechen, theologisch dazu sprechen und nicht nur politisch. Und das ist, glaube ich, auch eine neue Linie in der EKD. Und da findet vielleicht wirklich eine Annäherung statt. Ich bin auch stark durch den konziliaren Prozess geprägt und in den 1980er-Jahren waren wir im Studium und auch als junge Pfarrer und Pfarrerinnen sehr politisch. Ich habe über Bonhoeffer promoviert, mir liegt also an einer Verbindung von theologischer und politischer Reflexion. Ich bin deshalb immer an den theologischen Grundlagen drangeblieben.

Kern: Also ich sage auch mal ganz schlicht, wenn ich an die Entwürfe denke – etwa zum Tag der Schöpfung und für den Religionsunterricht: An ganz vielen Stellen kommt das Thema zwar vor und ist offiziell auf den Agenden, aber es gibt doch, ehrlich gesagt, oft wenig inspirierende Verbindung zwischen Schöpfungsverantwortung und Spiritualität. Wenn ich an so manche Gottesdienste denke – es kommt oft so ein bisschen platt und harmlos daher. Das sage ich jetzt mal etwas ungeschützt und natürlich angreifbar. Aber wenn die Schöpfung thematisiert wird, ist schon klar in der Gemeinde: „Ja, wir sind dafür. Wir sind jedenfalls nicht dagegen." Aber was ist wirklich Überraschendes und Spannendes und wirklich Inspirierendes mit dem Thema verbunden? Das fehlt gelegentlich. Im Bildungsbereich kann man gute,

Es gibt zu wenig inspirierende Verbindung zwischen Schöpfungsverantwortung und Spiritualität.

auch überraschende Erfolge erzielen. Wie Sie gerade schilderten, wenn Sie da referieren in einer Erwachsenenbildungsveranstaltung oder bei Vorträgen, dann kann man was entfalten und dann kann was ankommen. Aber in Gottesdiensten gelingt es eher selten, dass es aus den Plattitüden herauskommt. Also nochmals, das sage ich jetzt sehr ungeschützt: Da ist echt Handlungsbedarf, dass es nicht einfach moralisierend daherkommt oder banal, sondern eben inspirierend ist. Dabei haben wir den Reichtum in den biblischen Texten, wenn wir etwa allein die Schöpfungspsalmen bedenken, wo Anbetung und Schöpfungswahrnehmung ganz eng beieinander sind und es überhaupt nicht getrennt von der Ethik, vom Handeln und von Nachfolge ist

Hörsting: Inspirierend waren für mich in letzter Zeit zum Beispiel die Pfadfinder. Die machen das fast selbstverständlich. Sie treffen sich in der Natur. Sie bekommen einfach ein Gefühl für die Natur, was natürlich auch von der Leitung abhängt. Und sie beten. Also da erlebst du ganz natürlich einen Zusammenhang. Ich kenne einige Pfadfinder, und das sind oft echte Vorreiter. Die sind richtig stark. Das ist das eine. Und das andere: In unseren Gemeinden haben wir viele Ingenieure und Unternehmer. Und die sagen: „Hey, wenn wir uns der Thematik stellen, dann müssen wir das auch auf einem guten Niveau machen. Und das heißt zum Beispiel, wir brauchen mehr Innovation." Da kann ich aber nicht mitreden und sage ihnen: „Ja, dann macht doch mal was, erfindet Dinge, die uns alle helfen, Schöpfung zu bewahren." Ich nehme aber zur Kenntnis, dass auch diese Leute von den Kirchen Ermutigung brauchen und nicht nur eine Technikskepsis, die oft rüberkommt. Technik ist auch eine Art und Weise, wie der Mensch mit dieser Schöpfung umgeht. Es braucht eine Verbindung zwischen Glauben, Technik und Schöpfung, damit sie nicht in Parallelwelten existieren.

Inspirierend waren für mich die Pfadfinder. Sie treffen sich in der Natur. Sie bekommen einfach ein Gefühl für die Natur.

Kröck: Wir sind gerade bei der Frage, welche Rolle dieses Thema in Gemeinden spielt. Frau Gütter hatte vorhin gesagt, dass das Thema in Gemeinden auf die Tagesordnung kommt, weil der Druck von den Gemeindegliedern da ist. Eine Sache, die ich in den Diskussionsgruppen sehr interessant fand, war, dass es mehrmals angesprochen wurde, dass die Teilnehmenden Umweltschutz und Nachhaltigkeit privat auf dem Schirm haben und dann gesagt haben: „Wenn ich in die Gemeinde komme, spielt das eigentlich keine Rolle." Also, dass es eine Trennung gibt vom Privatleben zu dem, wie man in der Gemeinde lebt. Wie ordnen Sie das ein?

Hörsting: Zunächst einmal muss ich sagen, dass das eine Stimme ist, die nicht unbedingt repräsentativ sein muss. Wenn es aber so ist und da, wo es so ist, mag das eine Rolle spielen, was ich eben zur Schwerpunktsetzung in Gemeinden gesagt habe. Dass man einfach andere Schwerpunkte setzt. Ich würde aber gerne noch einen anderen Punkt nennen. Mir ist das vor Jahren einmal aufgefallen, als es um Energiesparen und energetische Häuser ging. Da wurde mir klar, dass es in der EKD einfach unglaublich viele große Kirchen gibt, die unter energetischen Gesichtspunkten eine Katastrophe sind. Ich weiß gar nicht, wer da die Heizungsrechnungen bezahlt. Mir fiel nur irgendwann auf, dass das in Freien evangelischen Gemeinden gar nicht passieren kann, weil die Ortsgemeinde solche Rechnungen selbst bezahlen muss. Und die werden dann ihre Häuser entsprechend energetisch sanieren, einfach um Geld zu sparen. Also nicht unbedingt aus ökologischen, sondern schon aus ökonomischen Gründen. Und das wissen wir aus gesellschaftlichen Prozessen, dass man Gesetze und Veränderungen immer ökonomisch mitdenken muss, weil die Leute sonst nicht mitgehen. Das ist das große Kunststück, solche Veränderungen so einzufädeln, dass sie wirtschaftlich vertretbar sind und dadurch gesellschaftspolitisch umsetzbar.

Gütter: Ich glaube, die Heizkosten werden in vielen Landeskirchen auf Kirchenkreis-Ebene finanziert, aber auch die kommen an ihre Grenzen. Wir haben heftige Debatten im Zuge der Klimaschutzkonzepte, welche Kirchen wir überhaupt noch halten können. Erstens, weil wir weniger werden, zweitens, weil es immer teurer wird, und drittens, weil man sie kaum sanieren kann und wir so unsere Ziele gar nicht erreichen können. Das ist schon ein drängendes Thema und deshalb ist der Druck, auch aus finanziellen Gründen mehr zu machen, inzwischen auch sehr groß. Ich bin auch etwas betrübt, dass in Kirchengemeinden das Thema noch nicht eine solche Relevanz hat, wie ich mir das wünsche. Und das hat verschiedene Ursachen. Ich glaube, Unterschiede zwischen landeskirchlichen Gemeinschaften und Gnadau und freien Gemeinden haben neben diesen ganzen strukturellen Aspekten auch theologische Ursachen. Ich nehme das so wahr, dass es dort stärker eine Individualethik ist. Und das spiegelt sich auch in den Befragungen wider, dass die Leute persönlich als Christen engagiert sind und auch einiges machen, aber als Gemeinde dann doch eher sagen: „Nein, unsere Aufgabe ist eben mehr Mission." Ich glaube, dass die Sozialethik in den Landeskirchen stärker verbreitet ist, einfach auch durch die theologischen Prägungen und Ausbildung, die Pfarrer und Pfarrerin haben. Also, ich finde, das spiegelt sich in der Umfrage schon spürbar wider. Wobei wir schon festgestellt haben, dass sich das auch annähert.

Kern: Und ich würde dazulegen, dass im Bereich der landeskirchlichen Gemeinden Christsein, zumindest in der Akzentsetzung, etwas stärker institutionell gedacht ist: „Wir sind Kirche, Teil einer großen relevanten Gruppe in der Gesellschaft, gesellschaftsprägende Kraft." Das ist die Haltung. Und im Gnadauer Bereich und auch im FeG-Bereich ist Christsein sicher eher individueller gedacht. Und auch das Gemeindeverständnis ist ein etwas Kleineres, es ist eher auf den jeweiligen Sozialraum bezogen gedacht. Das nähert sich aber an. Je mehr die Mitgliederzahlen der Kirchen zurückgehen und je weniger man von Volkskirche sprechen kann, desto weniger kann man als gesellschaftsrelevante Institution auftreten und auch sich selber so verstehen. Umgekehrt sehen sich auch Gnadauer Gemeinschaften als Teil eines größeren Ganzen. Also auch die Selbstverständnisse der verschiedenen Gemeindetypen nähern sich einander ein Stück weit an, glaube ich. Und das ist etwas, was es parallel zu theologischen Akzentuierungen wahrzunehmen gilt.

Gütter: Und ich denke, man sollte vielleicht auch noch mehr herausarbeiten, dass das Bild – hier die große Volkskirche und da die kleinen Gemeinden – zum Teil auch nicht mehr stimmt. Wenn Sie sich Ostdeutschland ansehen, dann sind alle Kirchen in einer eher freikirchlichen Situation. Als ich meine Promotion bei Wolfgang Huber geschrieben habe, habe ich immer von der Volkskirche geschrieben. Und da hat Huber selber gesagt (da war er schon Bischof in Berlin), dass nur noch fünf Prozent der Menschen in Ostberlin in der Evangelischen Kirche sind. Dass man deshalb nicht mehr allgemein von einer Volkskirche reden kann. Also das muss man differenzieren. Und dann ist mir auch aufgefallen, dass die Befragten zu 90 Prozent aus Westdeutschland und dann noch aus akademischen Kreisen kommen. Also wenn man den ganzen Querschnitt sehen würde, könnten die Ergebnisse nochmals deutlich anders ausfallen. Aber das legen Sie ja auch offen.

Rust: Noch mal dazu ein bisschen ergänzend. In diesem theologischen Bereich vertrete ich folgende These: Dass die Ethik, also Schöpfungsverantwortung in christlicher Hinsicht, die wir alle miteinander begrüßen und auch fördern wollen, verankert sein muss in einer Theologie, die dazu ermutigt. Also nicht nur ermahnt, sondern auch ermutigt. Und da gibt es ja Ansätze von Geiko Müller-Fahrenholz, von Jürgen Moltmann und vielen anderen mehr, die sagen, wir müssen von der neuen Schöpfung her denken. Also nicht immer nur die Genesis aufschlagen, sondern von der neuen Schöpfung. Da haben wir als Freikirchen, ich bin ja selber auch Freikirchler, viel einzubringen. Wir können von den Orthodoxen ein bisschen mehr lernen, was die Dankbarkeit anbelangt. Es gibt auch solche großen Lernprozesse, die da sein können. Oder auch die Eschatologie – Steffen Kern hat das ja angesprochen. Das ist für mich ein wurzeltheologisches Thema, wenn man über Nachhaltigkeit nachdenkt. Wenn wir sagen, die Erde geht unter, die wird erst einmal fertiggemacht und dann kommt was Neues, dann ist das meines Erachtens ein verkürztes Evangelium. Das ganze messianische Königreich fällt weg. Und da ist wirklich theologischer Nach-

Es wundert mich, dass wir da, auch als Freikirchen, nicht viel wacher drin sind in diesem Prozess. Wir haben so viel einzubringen vom Evangelium her.

holbedarf. Ich kann dem nur zustimmen und gekoppelt mit der Spiritualität. Und da kommen wir vom konziliaren Weg oder vom Pilgerweg her, da gibt es ja schon viele Ansätze. Und trotzdem wundert mich, dass wir da, auch als Freikirchen, nicht viel wacher drin sind in diesem Prozess. Wir haben so viel einzubringen vom Evangelium her. Und ich stehe dabei und denke: Wie kommt das, dass wir hier nicht weiterkommen? Die Moral wird's nicht machen. Weitere Denkschriften und Appelle werden keinen Ruck durch die Christen bringen. Es braucht, meines Erachtens, ein theologisches Umdenken. Dazu würde ich gerne ihre Stellungnahmen hören.

Hörsting: Ich muss zunächst gestehen, dass mir das begegnet, und das sage ich auch selbstkritisch in Richtung Freikirchen. Das gibt es wirklich, dass Leute sagen: „Hey, diese Welt geht sowieso den Bach runter, was also soll's." Das habe ich wortwörtlich schon gehört. Das ist Ausdruck einer geistlichen Armut. Das wäre so, als wenn ich sage: „Ich muss sowieso irgendwann sterben, also ist mir egal, ob ich gesund bin oder nicht." So lebt doch keiner. Das Zweite ist, es braucht wirklich Ergänzung. Ich finde hervorragende Impulse zum Beispiel aus der Orthodoxie. Ich finde ganz klare, gute biblische Impulse, die den Reichtum des Glaubens ausmachen. Das ist das Theologische. Wenn ich aufs praktische Feld gehe, möchte ich eine Unsicherheit ausdrücken. Ich weiß nicht, wie es Ihnen geht, aber ich zum Beispiel kämpfe immer wieder damit, dass ich umweltbewusst leben möchte, aber meine eigene Inkonsequenz feststellen muss. Oder ich schaffe es zeitlich nicht, zum Beispiel immer so einzukaufen, dass es kein Verpackungsmaterial gibt. Da wäre ich statt einer Stunde vier Stunden beschäftigt, um es ein bisschen plakativ auszudrücken. Und deswegen glaube ich auch, braucht es politische Entscheidungen, ganz praktische Entscheidungen, damit ich als Kunde einfach gar nicht mehr damit konfrontiert bin, dass die Bioware bei meinem Händler mit Plastik eingepackt ist. Ich habe es in meinem Lieblingssupermarkt schon gesagt, aber es hilft nichts, der

Es braucht politische Entscheidungen, denn sonst bin ich als Individuum echt überfordert und wir lasten dem Einzelnen dann auch eine erdrückende Bürde auf.

kriegt seine Ware auch von irgendwoher. Es braucht politische Entscheidungen, denn sonst bin ich als Individuum überfordert und wir lasten uns und dem Einzelnen eine erdrückende Bürde auf. Das können einige tragen, und ich bewundere die Männer und Frauen, die mit einem Fahrrad und zwei Kindern durch die Stadt radeln. Ich bewundere sie, aber es sind seltene Helden. Es braucht mehr als solche einzelnen Helden, es braucht auch politische Entscheidungen.

Gütter: Und deshalb muss Kirche auch als Mahner auftreten, auch politische Lobbyarbeit machen. Ich bin zum Beispiel in der Dialoggruppe der Bundesregierung zur Begleitung der deutschen Nachhaltigkeitsstrategie. Da vertrete ich die EKD, und da können wir regelmäßig zu politischen Papieren und Gesetzesvorhaben Stellung nehmen. Und ich nutze das, wo ich kann. Genau weil ich auch finde, man kann es nicht immer nur den Einzelnen anlasten. Natürlich müssen die Einzelnen auch was tun, aber man muss auch das klimafreundliche Handeln honorieren und das klimaschädliche Verhalten im Gegenzug auch sanktionieren. Das denke ich schon. Aber ich wollte eigentlich noch mal auf die Theologie zurück. Ich finde das sehr interessant, was wir hier diskutieren. Ich glaube, ein Kernpunkt ist der, dass es immer noch einen fatalen anthropozentrischen Ansatz gibt, wenn es um die Frage von Erlösung geht. Das habe ich von Jürgen Moltmann gelernt, dass der Noah-Bund für die ganze Erde gilt und nicht nur für den Menschen. Das betrifft auch die Schöpfungsgeschichte. Der Mensch ist nicht die Krone der Schöpfung. Das steht nämlich überhaupt nicht im Schöpfungsbericht. Sondern die Krone der Schöpfung ist der Sabbat, mit ihm wird die Schöpfung am siebten Tag vollendet. Und der Mensch wurde als Letztes geschaffen, weil er, so legt das Moltmann aus, am meisten von allen anderen Geschöpfen abhängig ist. Er kann ohne Luft, ohne Wasser und alle anderen Geschöpfe gar nicht leben. Und insofern stehen wir in einer Schöpfungsgemeinschaft und diese Zusage Gottes gilt für die ganze Erde. Und auch die Erde sehnt sich nach Erlösung.

Dieses Bild vom Menschen als Krone der Schöpfung für den alles geschaffen ist, das ist in ganz vielen Köpfen noch da und das hat seine Auswirkungen.

Und ich sehe in der Auferstehung Jesu den Beginn der Neuschöpfung von Gottes zukünftiger Welt, die zwar erst in Zukunft kommt, aber die mit dem Kommen Jesu schon begonnen hat. Und ich denke, dieses Bild vom Menschen als Krone der Schöpfung, als demjenigen, der über die anderen herrschen kann, für den alles geschaffen ist, das ist in ganz vielen Köpfen noch da und das hat seine Auswirkungen. Das wirft man uns als Kirche auch vor, dass wir mit unserer Theologie über viele Jahrhunderte zu diesen Problemen, auch zur ökologischen Krise, beigetragen haben.

Hörsting: Da würde ich gerne einhaken. Ja, das Wort „Krone der Schöpfung" ist, meine ich, gar kein biblischer Begriff. Aber diesen Begriff für den Sabbat zu beanspruchen, wäre genauso wenig biblisch. Ich verstehe das so, dass der Mensch als Ebenbild Gottes geschaffen ist, und das ist eine Besonderheit, ein Alleinstellungsmerkmal. Ich fände es fatal, das zu vernachlässigen. Aber natürlich nicht auf Kosten der Schöpfung. Ich kenne diese Strömungen und kritisiere, dass damit alles eingeebnet würde. Dann können wir auch sagen: „Die Erde kommt auch ohne den Menschen ganz gut zurecht. Wenn wir uns selbst abschaffen, dann dreht sich die Erde weiter um die Sonne und dann gibt es vielleicht andere Lebewesen, wo liegt das Problem?" Das würde nicht der besonderen Stellung des Menschen als Ebenbild Gottes entsprechen. Diese Denkrichtung hilft uns, glaube ich, nicht weiter.

Dass der Mensch als Ebenbild Gottes geschaffen ist, das ist schon eine Besonderheit. Ich fände es fatal, das zu vernachlässigen. Aber nicht auf Kosten der Schöpfung.

Rust: Ich habe in dem theologischen Teil genau diese Themen aufgenommen. Also das sind wesentliche Themen, darüber müssen wir uns im Klaren sein. Und ich stimme auch dem Eindruck zu, wir sprechen vom Anthropozän, dass wir eine anthropologische Überhöhung haben. Da stimme ich Ihnen vollkommen zu. Und zwar in allen Bereichen unserer Theologie, in der Soteriologie und in allen Bereichen. Und da gilt es sicherlich, einen Weitwinkel zu bekommen, wenn wir wirklich theologisch weiterkommen wollen. Wenn das Blut Christi geflossen ist zur Versöhnung des Kosmos, wie es im Kolosserbrief heißt, dann müssen wir nachbuchstabieren, was das im Klartext bedeutet. Das sind jetzt große Themen, aber da können wir sehr viele Jüngerinnen und Jünger Jesu, die wirklich engagiert sind in den Gemeinden, neu gewinnen, wenn wir an dieser Stelle christologische biblisch und so weiter gut herangehen.

Kern: Ich würde es auch gerne noch unterstreichen. Ich glaube, eine theologische Debatte ist sehr inspirierend zu führen, gerade von den Schöpfungserzählungen der Bibel her. Da spielt der Sabbat schon auch eine wesentliche Rolle. Ich würde zunächst mal sagen, der Auftrag, die Schöpfung zu bewahren, ist ein Menschheitsauftrag. Der Schöpfungsgedanke hält ja ein Doppeltes fest. Nämlich zum einen, dass Gott es ist, der die Schöpfung und die Welt erhält, im Noah-Bund neu zugesprochen. Aber auch in den Schöpfungstexten ist es nicht der Mensch, der die Schöpfung erhält, sondern Gott ist es. Aber der Mensch ist gewürdigt, als Gottes Ebenbild mitzuwirken, Mitarbeiter an der Schöpfung Gottes zu sein, auch an der *creatio continua* Mitarbeiter zu sein und sabbatlich zu leben. Der Sabbat spielt ja sowohl in der Schöpfungsgeschichte wie später auch in der Ethik Israels eine Rolle. Wenn wir an das Erlassjahr denken und wie Versöhnung gelebt wird, da ist der Sabbat eine Kategorie, die es da wieder zu entdecken gilt. Ich würde aber gerne, bevor wir dann zu Ende kommen, noch einen Punkt nennen. Ich meine, eine Entwicklung wahrzunehmen, dass wir unisono dieses Thema Schöpfungsverantwortung betonen und hervorheben und das auch noch theologisch reflektiert tun, aber gerade dabei stehen wir in der Gefahr, dass es zu einer moralischen Überhöhung kommt und dass es letztlich moralisierend in die Öffentlichkeit kommuniziert wird. Das wäre auch eine Gefahr des vorher angesprochenen „Mahnertums". Sie besteht aber auch darin, dass das ganze Thema in unseren Gemeinden als Gesetz wahrgenommen wird und nicht als freisetzend und motivierend. Hier haben wir uns immer wieder in

Wir stehen in der Gefahr …, dass das ganze Thema in unseren Gemeinden als Gesetz wahrgenommen wird und nicht als freisetzend und motivierend. Wir reden nicht nur von Umwelt, sondern von Schöpfung, die unter dem Segen und der Verheißung Gottes steht.

Erinnerung zu rufen, dass uns mit der Schöpfung eine Verheißung gegeben ist. Wir reden nicht nur von Umwelt, sondern von Schöpfung, die unter dem Segen und der Verheißung Gottes steht. Noch ein Weiteres: Ich glaube, wir brauchen auch Räume, um wahrzunehmen und zuzugeben, wie wir eigentlich mit unserer Hilflosigkeit umgehen und mit unserer Unzulänglichkeit. Das knüpft auch an die Helden an, die eben genannten Fahrradfahrer Wir sollten die Überforderung in den Blick nehmen, die wir auch spüren, weil, wir werden ja vielen Idealen nicht gerecht. Also es braucht auch eine Ehrlichkeit: Wie gehen wir denn damit um? Nicht um den Anspruch runterzusetzen oder gar alles zu vergleichgültigen, überhaupt nicht. Aber es braucht auch Räume, die es lebbar machen für uns, dass wir auch nicht resignieren am ständigen Scheitern oder an unerreichten Klimazielen. Es geht vielmehr darum, dass wir den Anspruch halten, Wege zu gehen versuchen und auch mit dem Vorläufigen umzugehen lernen. Denn da scheint mir wirklich etwas auseinanderzuklaffen. Es darf nicht zu einer kirchlichen „Heuchelei" kommen, dass wir die Ansprüche hoch formulieren, aber letztlich eben doch scheitern. Sondern da braucht es auch eine Ehrlichkeit. Es geht nicht ohne Heizung; es geht auch nicht, ohne Abfall zu produzieren; es geht manchmal auch nicht ohne Diesel, zumindest noch nicht. Und wir können auch nicht alles bezahlen. Und trotzdem dürfen wir nicht einfach aufgeben. Das müssen wir zusammenbringen, auch diese Hilflosigkeit und Unzulänglichkeit und damit Wege eröffnen und das nicht einfach zu erdrücken durch den Impetus, den wir ethisch erheben. Das, finde ich, ist auch ein wichtiger Punkt.

Gütter: Das ist etwas, worunter viele – gerade die ganz Ernsthaften – leiden. Und ich versuche dann auch, Mut zu machen und zu sagen, fangt einfach da an, wo ihr seid. Ihr müsst nicht die ganze Welt retten. Ihr müsst nicht alles machen. Sondern wenn jeder in seinem Alltag, in seiner Gemeinde eine Sache anfängt, dann ist es schon ganz viel. Also um nicht die Überforderung noch größer zu machen.

Ihr müsst nicht die ganze Welt retten. Sondern wenn jeder in seinem Alltag, in seiner Gemeinde eine Sache anfängt, dann ist es schon ganz viel.

Und ich halte auch nichts von diesem Überbietungswettbewerb, wer alles noch früher klimaneutral werden will. Wenn wir mit unserer Praxis dann doch hinterherhinken, dann ist es mir lieber, man hat Ziele, die man auch wirklich erreicht. Aber wir sind Menschen, wir brauchen manchmal einen Ansporn. Wir brauchen auch manchmal den Druck von außen, damit sich überhaupt was bewegt. Wir sind ja nicht besser als die anderen, wir wissen nur mehr von unserer Erlösung.

Hörsting: Ich finde, das sind ganz wichtige Impulse. Ich hörte jetzt neulich von einem jungen Mann, der meiner Generation verzweifelt vorwarf: „Ihr habt uns die Klimakrise eingebrockt, und jetzt sind wir im Corona-Modus und ohne Perspektive.“ Das war ein vorwurfsvoller Ton, und er war selbst wirklich frustriert. Eigentlich ein junger Mann, der gut drauf ist. Da habe ich gemerkt, dass wir zu dieser Diskussion nicht nur Fakten beitragen müssen. Und nicht nur moralischen Impetus, der herunterdrückt. Es ist nötig, dass wir Mut und Hoffnung vermitteln, damit man diese Aufgabe überhaupt anpacken kann. Ich selber bin in den Achtzigerjahren Jugendlicher gewesen. Damals waren wir frustriert wegen der weltweiten Atomwaffen-Situation. Wir haben gedacht, das fliegt uns jetzt jeden Moment hier um die Ohren. Und ich lebte als Jugendlicher mit der Haltung: „Es ist alles egal. Die Welt ist sowieso nicht mehr zu retten.“ Und ich bin so froh, dass Leute mir mehr gezeigt haben – auch im Glauben und in der Hoffnung. Dadurch habe ich überhaupt die Kraft bekommen, mich mit dieser Welt, mit dieser Schöpfung und mit politischen Fragen auseinanderzusetzen. Viele haben diese Hoffnung nicht mehr und ich meine, sie wäre wichtig zum Beispiel für die *Fridays for Future*-Bewegung. Das sind ja fantastisch engagierte Leute. Ich kenne eine junge Frau aus unserer Gemeinde, die darin engagiert ist. Aber sie sagt, das könne sie manchmal so runterdrücken, dass sie eben auch andere Perspektiven braucht, die über diese Welt hinausgehen. Das fände ich ganz, ganz wichtig. Da

Durch Glauben und Hoffnung habe ich überhaupt die Kraft bekommen, mich mit dieser Welt, mit dieser Schöpfung und mit politischen Fragen auseinanderzusetzen.

haben wir echt was zu bringen, ohne diese Kluft zwischen Diesseitigkeit und Jenseitigkeit aufzumachen.

Kröck: Vielen Dank! Das waren jetzt schon die Schlussworte. Es war sehr interessant, Ihnen zuzuhören und mit Ihnen zu diskutieren. Wir könnten sicherlich noch eine Stunde weitermachen, aber leider gibt es Termine. Von daher möchte ich mich jetzt hier ganz herzlich bedanken für dieses interessante Gespräch, und es wäre schön, wenn das an anderer Stelle noch einmal weitergehen könnte.

Hörsting: Vielleicht können wir noch vermerken, dass wir sehr viel CO_2 eingespart haben, weil wir uns per Zoom getroffen haben. Das wäre vor zwei Jahren so wahrscheinlich nicht möglich gewesen.

1 EKD 2009. *Umkehr zum Leben: Nachhaltige Entwicklung im Zeichen des Klimawandels. Eine Denkschrift des Rates der EKD*. Gütersloh: Gütersloher Verlagshaus. URL: www.ekd.de/klimawandel.htm [Stand 1.9.21].
2 Franziskus 2015. *Enzyklika Laudato sí: Über die Sorge für das gemeinsame Haus*. Rom. URL: http://w2.vatican.va/content/dam/francesco/pdf/encyclicals/documents/papa-francesco_20150524_enciclica-laudato-si_ge.pdf [Stand 1.9.21].
3 Bartholomew 2015. *Creation Care and Ecological Justice: Reflections by Ecumenical Patriarch Bartholomew*. URL: https://ocl.org/creation-care-and-ecological-justice-reflections-by-ecumenical-patriarch-bartholomew/.
4 Lausanne Movement 2012. *Lausanne Global Consultation on Creation Care and the Gospel: Call to Action*. St Ann, Jamaica. URL: https://www.lausanne.org/content/statement/creation-care-call-to-action.
5 EKD 2018. *„Geliehen ist der Stern, auf dem wir leben": Die Agenda 2030 als Herausforderung für die Kirchen. Ein Impulspapier der Kammer der EKD für nachhaltige Entwicklung*. Hannover. URL: https://www.ekd.de/ekd_de/ds_doc/ekd_texte_130_2018.pdf.
6 https://www.gruener-hahn.net/.
7 https://www.each.ch/arbeitsgemeinschaft/arbeitsgemeinschaft-klima-energie-umwelt-aku/.
8 Darauf, dass die Begriffe Umwelt, Natur und Schöpfung jeweils unterschiedliche Bedeutung haben, wird im Teil 2 dieses Bandes eingegangen.
9 BMU 2019. *Umweltbewusstsein in Deutschland 2018: Ergebnisse einer repräsentativen Bevölkerungsumfrage*. Berlin: Bundesministerium für Umwelt, Naturschutz und nukleare Sicherheit (BMU). URL: https://www.bmu.de/publikation/umweltbewusstsein-in-deutschland-2018/.
10 BMU 2019:68
11 Haluza-DeLay, Randolph 2008. Churches Engaging the Environment: An Autoethnography of Obstacles and Opportunities. *Research in Human Ecology* 15(1), 71–81.
12 Kroeck, Thomas 2021. Environmental awareness of Protestant youth in Germany: Perspectives from an empirical exploration. In: *HTS Teologiese Studies/Theological Studies* 77(2), 1–7. URL: https://hts.org.za/index.php/hts/article/view/6638/0.
13 Haluza-DeLay, Randolph 2014. Religion and Climate Change: Varieties in Viewpoints and Practices. In: *WIRES Climate Change* 5(2), 261–279; Vogt, Markus 2010. *Worin besteht die theologische Kompetenz im Umweltdiskurs?: Überlegungen aus katholischer Sicht. 14. Internationaler Renovabis-Kongress „In Verantwortung für die Schöpfung"*. Freising.
14 Siehe dazu: Egelkraut, Helmuth; Peters, George W. 2005. *Biblischer Auftrag – missionarisches Handeln: Eine biblische Theologie der Mission*. 3., stark erw. Aufl. Bad Liebenzell: Verlag der Liebenzeller Mission: 187–194.
15 Siehe dazu: Lowe, B.; Lamb, R.; Padilla DeBorst, R. 2021. Reconciling Conservation and Development in an Era of Global Environmental Change. In: *Christian Relief, Development, and Advocacy* 2(2), 49–64. URL: https://crdajournal.org/index.php/crda/article/view/463.
16 Kroeck 2021.
17 Haluza-DeLay 2014:4.
18 https://micha-initiative.de/justpeoplekurs.
19 EKD 2018. *„Geliehen ist der Stern, auf dem wir leben": Die Agenda 2030 als Herausforderung für die Kirchen. Ein Impulspapier der Kammer der EKD für nachhaltige Entwicklung.* URL: https://www.ekd.de/ekd_de/ds_doc/ekd_texte_130_2018.pdf.

20 EKD 2021. *Die Zeit ist jetzt – Auf dem Weg zur Klimaneutralität. Beschluss der 13. Synode der Evangelischen Kirche in Deutschland vom 10. November 2021.*
21 Im zweiten Teil dieses Bandes.
22 *Zukunft angesichts der ökologischen Krise? – Theologie neu denken.* Online-Veranstaltung 7.– 9. Juni 2021. Ev. Akademie Sachsen-Anhalt. Die Inhalte wurden veröffentlicht in: Gütter, Ruth et al. (Hg.) 2022. *Zukunft angesichts der ökologischen Krise? Theologie neu denken.* Evangelische Verlagsanstalt Leipzig.

Teil 2:

Wie wir darüber denken können – Aspekte einer ökologischen Theologie, Ethik und Spiritualität

(Heinrich Christian Rust)

Das aufgescheuchte Zeitalter – Gemeinde Jesu Christi im ökologischen Umbruch

Der unüberhörbare Schrei der Erde

„Wir erleben nicht ein Zeitalter der Veränderungen, sondern die Veränderung eines ganzen Zeitalters." Diese Aussage wird Papst Franziskus zugeschrieben, als er zu Beginn seiner Amtszeit danach gefragt wurde, wie er denn auf die Transformationen dieser Zeit reagieren wolle. Dabei geht es nicht nur um Reformen der Kirche, sondern um Umbrüche und Krisen, welche die ganze Menschheit betreffen. Wir denken an die Flüchtlingsbewegungen, an Hungersnöte, an globale Pandemien oder an den Kollaps von tragenden gesellschaftlichen Sozial- und Wirtschaftssystemen. Die Erderwärmung führt zu verheerenden Auswirkungen im Klimawandel. Dennoch hat es 26 Klimakonferenzen gebraucht, bis das Schlussdokument der GOP 26 in Glasgow (31. Oktober bis 12. bzw. 14. November 2021) von rund 200 Staaten verabschiedet werden konnte. „Klimaneutralität" oder auch der „Abschied aus dem fossilen Zeitalter" kennzeichnen die Entschlossenheit der Staatengemeinschaft zu handeln. Der Weg, den Klimawandel zu stoppen, hat neue Konturen bekommen. Die Vision der 1,5-Grad-Begrenzung der globalen Erwärmung wird erneut anvisiert.

Dennoch bleibt die Lücke zwischen Anspruch und Wirklichkeit enorm: Mit dem, was die Staaten bisher als Ziele für 2030 eingereicht haben, bewegt sich die Welt nur im Schneckentempo voran, wenngleich die „Weltenuhr kurz davor ist, auf null zu springen“ (Boris Johnson). Der UN-Generalsekretär António Guterres summiert Glasgow wie folgt: „Es ist ein wichtiger Schritt, aber es ist nicht genug! Es ist Zeit, in den Notfallmodus zu gehen!“[1] Die Eiskappen der Pole und Gletscher schmelzen weiter, Überflutungen und Dürrekatastrophen treten in einer bedrohlichen Häufigkeit auf, Wüsten wachsen und Inseln verschwinden. Wie laut müssen die Schreie der Erde denn noch sein? Wie viel Zeit bleibt uns?

Es geht um das Überleben der vielfältigen Arten der Schöpfung, nicht zuletzt um das Überleben der Menschheit auf diesem Planeten. Bevor wir Erdenbürger uns um diese Erde Sorgen machen, sorgt sie für uns. Die Erde kann durchaus ohne die Menschheit existieren, aber die Menschheit kann nicht ohne die Erde überleben. Doch was muss geschehen? Vor allen Dingen geht es dabei um die Veränderung des weltanschaulichen Paradigmas der letzten Jahrhunderte. Es braucht ethisch begründete Korrekturen an einem Weltbild, das von grenzenlos verfügbaren Ressourcen und technischer Machbarkeit ausgeht. Mit den Anfängen der Aufklärung dachte und versetzte sich der Mensch an die Spitze alles Seins, so als würde die Erde sich um den Menschen (*anthropos*) drehen. Wir kennzeichnen ein solches Zeitalter als „Anthropozän“. Es hat etwa vier Jahrhunderte gebraucht, um diese moderne, anthropozentrische Weltsicht und ihre Denkweisen auszubilden. Wir brauchen jedoch eine neue Verhältnisbestimmung von Mensch und Natur und damit eine neue transzendente Dimension bzw. eine Gotteserfahrung in einem postmodernen, ökologischen Zeitalter. Fragten wir bislang: Wie kann die Menschheit von der nichtmenschlichen Schöpfung profitieren, so fragen wir nun umgekehrt: Welche Bedeutung hat die Menschheit für die nichtmenschliche Natur? Ist es angemessen, dass wir von einer „Umwelt“ sprechen? Wäre es nicht respektvoller und dem in der Bibel geschilderten Schöpfungsgeschehen entsprechender, von einer „Mitwelt“ (Klaus Michael Meyer-Abich)[2] oder einer theozentrischen „Schöpfungsgemeinschaft“ zu reden (Jürgen Moltmann, Christian Link, Medard

Kehl, Heiko Müller-Fahrenholz, Heinrich Christian Rust)[3]? Auch die Enzyklika „Laudato Si“ von Papst Franziskus (2015)[4] hat eine deutliche theozentrische Ausrichtung für das Menschengeschlecht gesetzt. Gott, der Schöpfer, wird als Zentrum alles Geschaffenen gesehen. Wer erteilt denn sonst wem welche Rechte und Mandate? In Anerkennung ihres Schöpfers sind Menschen und alle natürlichen Wesen Mitgeschöpfe in einer Schöpfungsgemeinschaft.

Wenn wir über Aspekte einer ökologischen Theologie, Ethik und Spiritualität nachdenken, so wird dabei maßgeblich auf die Schöpfungstexte des Anfangs (Genesis 1–2) verwiesen, die dem Menschen eine wichtige Bedeutung zuordnen. Die Mandate, diese Erde zu „beherrschen“ und sie sich „untertan zu machen“ (Genesis 1,28) bzw. sie zu „bebauen und zu pflegen“ (Genesis 2,15), müssen in eine Beziehung zueinander gesetzt werden und fraglos in einer biblischen Fundierung einer ökologischen Theologie ihren Platz bekommen. Allerdings werden sie mit einer Selbstverständlichkeit gleichsam wie ein neu entdecktes, ökologisches Gesetz der Zukunft an die Menschheit und die Christenheit verkündigt, so als gäbe es keine weiteren biblischen Ankerpunkte für eine ökologische Theologie und Ethik. Das Evangelium für die Schöpfung (Markus 16,15), die in Christus und in seinem Geist begründete neue Schöpfung und ihre Vollendung werden zu wenig bedacht. Sodann gibt durchaus eine anthropozentrische Überhöhung der Theologie, der christlichen Ethik und auch der Frömmigkeit bzw. der Spiritualität. Die geschichtliche Interpretation des Alten Testaments und die individualistische, existenziale Deutung der neutestamentlichen Aussagen sind bewusst oder unbewusst auf den Menschen fokussiert und prägen ganze Theologen-Generationen und Gemeinden. So wird beispielsweise die Erlösung und Versöhnung durch Christus vielfach auf Menschen reduziert, in Missachtung der biblischen Texte, welche die kosmische Bedeutung des Versöhnungsgeschehens für die ganze Schöpfung markieren. Derartige Reduzierungen bzw. Überbetonungen einzelner Aspekte der biblischen Aussagen haben immer zu Verirrungen und nicht selten zu Ausgrenzungen und Irrlehren geführt. Es braucht somit nicht nur eine Auffrischung der Ethik und Spiritualität unter Einbeziehung der Natur, sondern eine weitreichende Reform der Theologie. „Nicht ein wenig mehr Grün oder Natur in der Theologie ist gefragt, sondern ein radikales Neudenken der theologischen Traditionen, die bisher die Erlösung des Menschen allein in den Mittelpunkt stellen.“[5]

Alle sind gefragt

Die vorliegende Studie hat verdeutlicht, dass die Betroffenheit (Umweltaffekt) angesichts der bedrohlichen Situation der Erde sich in den befragten christlichen Kirchen und Gemeinden in Grenzen hält. Dabei geht es weniger darum, den Klimawandel zu leugnen, als um die Frage nach einer religiös motivierten Deutung der misslichen Lage. Wir können auch von einer apokalyptischen Renaissance sprechen, wenn sich Christinnen und Christen der Verantwortung für die Zukunft der Welt entziehen und sich dabei auf die Gottesherrschaft bzw. die biblische Redeweise von den „Wehen der Endzeit“ berufen. Gerade in einer solchen Endzeit – so wird weiter gefolgert – gehe es allen voran darum, die Konzentration vollends auf die Evangelisation zu lenken, sodass noch möglichst viele Menschen sich bekehren und zur Erkenntnis der Wahrheit kommen. Demnach müsse man sich auf den „wesentlichen Auftrag“, das „geistliche Anliegen“ konzentrieren, wobei darunter die Evangelisation verstanden wird (vgl. „Weltanschauliche bzw. theologische Vorbehalte“, S. 46). Ist die *Misso Dei* denn lediglich auf die Erlösung von Menschen ausgerichtet? Ist das vorrangige „Trachten nach dem Reich Gottes und nach seiner Gerechtigkeit“ (Matthäus 6,33) gleichzusetzen mit der Priorisierung der Evangelisation? Auch hier gilt es, das ganze Evangelium und die ganze Leidenschaft Gottes für seine Schöpfung nicht aus dem Blick zu verlieren. Oder können evangelikale Gemeinden das Anliegen von Frieden und Gerechtigkeit und Bewahrung der Schöpfung den großen Volkskirchen oder anderen gesellschaftlichen Parteien überlassen? Sind nicht alle betroffen und somit auch alle gefragt mitzugestalten?

Andererseits haben sich Kirchen und Gemeinden neu hineinnehmen lassen in die Solidargemeinschaft einer vom Untergang bedrohten Menschheit auf diesem Planeten. Es gibt ungezählte Programme, Aufforderungen und Stellungnahmen der Kirchen zu einer Ethik der Nachhaltigkeit, der Bewahrung der Schöpfung bzw. der Gerechtigkeit auf dieser Erde. Entscheidende Impulse für eine ökologische Theologie, Ethik und Spiritualität sind in den vergangenen Jahrzehnten aus dem weltweiten ökumenischen Dialog der Kirchen hervorgegangen. Die katastrophalen Zustände nach den beiden Weltkriegen und der Auftrag der Kirche Jesu Christus zu einer weltweiten Mission führten nach einigen Weltmissionskonferenzen im Jahr 1948 schließlich zur Gründung des Ökumenischen Rates der Kirchen (ÖRK). Dabei wuchs die gemeinsame Erkenntnis der Universalität eschatologischer Hoffnung. „Im Vertrauen auf Gottes erneuernde Kraft rufen wir euch auf: Beteiligt euch an dieser Vorwegnahme des Reiches Gottes und lasst heute schon etwas von der Neuschöpfung sichtbar werden, die Christus an seinen Tag vollenden wird." (Uppsala 1968).[6]

In den 1970er-Jahren kam es zur Kluft zwischen dem ÖRK und großen Teilen der evangelikalen Bewegungen und Gemeinschaften, wozu sich in Deutschland auch der Gnadauer Gemeinschaftsverband und der Bund Freier evangelischer Gemeinden zählen, die in den Interviews der vorliegenden Studie berücksichtigt sind. Die zunehmende thematische Konzentration auf Fragen der sozialen Gerechtigkeit, zum Beispiel bei der Weltmissionskonferenz in Bangkok (1972/73), führte auf Anregung des amerikanischen Evangelisten Billy Graham im Jahr 1974 schließlich zur Gründung der vom ÖRK unabhängigen „Lausanner Bewegung" (Lausanne Committee for World Evangelization). Bereits 1982 verabschiedete der ÖRK ein Konvergenzdokument mit dem Titel „Mission und Evangelisation", um die Kluft zwischen der ökumenischen Bewegung und den Evangelikalen zu überwinden. In den Folgekongressen der Lausanner Bewegung kam es ebenfalls zu inhaltlichen Annäherungen, zum Beispiel im „Manifest von Manila"(1989)[7]. Ein deutlicher und nachhaltiger Akzent zur Schöpfungsverantwortung wurde von der Vollversammlung des ÖRK in Vancouver (1983) gesetzt. Der „Konziliare Prozess der Gerechtigkeit, des Friedens und der Bewahrung der Schöpfung" wurde dort initiiert.

In Anlehnung an den „Konziliaren Prozess“ verabschiedete schließlich die Ökumenische Weltversammlung von Seoul (1990) unter Beteiligung des Vatikans als Repräsentanten der Römisch-katholischen Kirche „Zehn Grundüberzeugungen“ zu einer ökologischen Theologie und Ethik. Zunehmend wurden Basisgruppen und Arbeitsgemeinschaften in den verschiedenen Kirchen gegründet, die allerdings häufig ein Nischendasein führten. Gemeindebünde und Gemeinschaften, die sich stärker mit der Lausanner Bewegung verbunden fühlten, haben von diesen neuen Grundlagen und Projekten kaum profitiert und zuweilen gar nicht davon erfahren.

Da sich viele Freikirchen und Gemeinschaften stärker auf Themen des Gemeindeaufbaus, der Jüngerschaft und vor allen Dingen der Evangelisation konzentrierten, war die Akzeptanz des „Konziliaren Prozesses für Frieden, Gerechtigkeit und Bewahrung der Schöpfung“ dort äußerst zurückhaltend bis ablehnend. Auch der Vorschlag auf der 3. Ökumenischen Versammlung in Europa im Jahr 2007 in Sibu und Graz, den Zeitraum zwischen dem 1. September und 4.Oktober eines Jahres dem Gebet für den Schutz der Schöpfung und der Förderung eines nachhaltigen Lebensstils zu widmen, um den Klimawandel aufzuhalten, fand in den stärker evangelikal geprägten Gemeinden kaum Beachtung. Erst in letzter Zeit finden die von der Arbeitsgemeinschaft Christlicher Kirchen in Deutschland (ACK) entwickelten Programme zum „Schöpfungstag“ zunehmend Beachtung[8]. Jedoch zeigt die vorliegende Studie, wie stark es noch theologische Gründe gibt, warum diese wertvollen Papiere und Anregungen so wenig Niederschlag in den evangelikal geprägten Gemeinschaften und Gemeinden gefunden haben. Der evangelische Theologe Jürgen Moltmann mahnt meines Erachtens zu Recht, wenn er schreibt: „Die verschiedenen Formen religiöser Weltverneinung sind für die Umweltzerstörung und die ökologischen Katastrophen der Erde verantwortlich. Die Umkehr vom Verrat an der Erde zur Treue ihr gegenüber steckt dagegen in dieser einfachen Bitte: Dein Reich komme – wie im Himmel, so auf Erden.“[9]

Allerdings wird die Kluft zwischen den im ÖRK verfassten Kirchen und jenen, die sich stärker zur Lausanner Bewegung halten, in den letzten Jahren zunehmend geringer. Die radikalen Veränderungen in der Demografie des Christentums, die zunehmende Säkularisierung und der Aufstieg der pfingstlichen und charismatischen Kirchen gaben unter anderem den Anstoß zu einer erweiterten Erklärung, die bei der zehnten Vollversammlung des ÖRK in Busan/Korea (2013) aufgenommen wurde: „Gemeinsam für das Leben: Mission und Evangelisation in sich wandelnden Kontexten" (Together Towards Life: Mission and Evangelism in Changing Landscapes). Diese Erklärung ist wegweisend für eine schöpfungs- und lebenszentrierte Ausrichtung der Gemeinde- und Missionstheologie.[10] „Alle Menschen guten Willens" sind hier gefragt, auch alle Christen in den unterschiedlichen Kirchen und Gemeinschaften.

Mehr als Aktionismus

Die vorliegende Studie weist einige Handlungsfelder auf, die deutlich zeigen, dass sich eine Mitwelt-Verantwortung zunehmend in den Gemeinschaften und Gemeinden formiert und zum Ausdruck kommt (zum Beispiel im Umgang mit Energie, Entsorgung, Nutzung der kirchlichen Immobilien und Grundstücke, Fair Trade). Auch wird das Thema für die Gestaltung der Gottesdienst-Spiritualität als relevant zugeordnet. Es gibt durchaus ansprechendes Arbeitsmaterial und Anregungen für Gottesdienste und Initiativen. Sodann haben zahlreiche Kirchenverbände in den letzten Jahren Denkschriften mit konkreten Anregungen zu einer Ethik der Schöpfungsverantwortung veröffentlicht.[11] Schließlich gibt es überregionale und ökumenische Initiativen, die das Anliegen der Bewahrung der Schöpfung, des Friedens und der Gerechtigkeit durch gute Projektformen und Angebote unterstützen.[12]

Die Dringlichkeit der Thematik, die einzelnen Forderungen und Zielsetzungen der Kirchen lassen aufhorchen. Allerdings verstärken sie gleichsam den ohnehin verbreiteten Aktionismus in kirchlichen Gemeinden und erweitern den Bedarf an Mitarbeiterinnen und Mitarbeitern. Aber wecken sie zugleich neue Freude oder gar Begeisterung? Wird das Anliegen der Bewahrung der Schöpfung, des Einsatzes für Frieden und Gerechtigkeit überhaupt im Gemeindeleben eine

Verankerung finden, oder wird es weiter nur von einzelnen Christenmenschen aufgenommen, die sowohl „fromm" als auch „grün" sind; wobei „grün" in diesem Zusammenhang nicht für die Farbe einer Partei steht, sondern für das grundsätzliche Anliegen eines verantwortlichen Zusammenlebens in der Schöpfungsgemeinschaft. Und dennoch fehlt vielfach eine Begeisterung, die nicht von der Angst, sondern von dem „Geist der Kraft, der Liebe und der Besonnenheit" (2. Timotheus 1,7) motiviert ist. Da geht es um Krisenmanagement, es geht darum, dass Christen die Schöpfungsverantwortung „ernst nehmen und umsetzen", so die Bischofskonferenz (2018). Was aber setzt die notwendige Spiritualität frei? Wie vereinen sich Betroffenheit und Begeisterung nicht nur im Blick auf die bedrohte Erde, sondern zu einer von Hoffnung und Zuversicht geprägten Affektion und Motivation? Wie werden theologische Erkenntnisse über Gottes Liebe zur Welt neu in unsere Herzen, Hirne und Hände fahren? Diese Fragen zeigen die Interdependenz und Korrelation zwischen Theologie (Lehre), Ethik (Handlung) und Spiritualität (Frömmigkeit) auf.

Ohne konkrete Hoffnungsperspektive für diese Erde und für das Leben versumpfen wir in einer Diesseitigkeit bzw. in der Gegenwart oder gar in der Vergangenheit. Auf diese Gefahr haben unter anderem die ökologisch engagierten Wissenschaftler Dirk Steffens und Fritz Habekus hingewiesen. Sie fordern „eine positive Erzählung von der Zukunft, vielleicht sogar Visionen. Unsere Vorstellung von der Zukunft hat einen gewaltigen Einfluss auf das, was wir heute tun und was wir morgen sein werden."[13] Sicherlich gibt es genügend Argumente, Faktenkataloge und Handlungsanweisungen, die uns in den Gemeinden nachdrücklich in Sachen Umweltbewusstsein beeinflussen könnten. Warum aber gibt es eine gewisse Schwermut bzw. Schwergängigkeit, wenn es um umweltbewusstes Christsein in der Gemeinde geht? In der Tat mag es hier und da zu enthusiastisch betriebenen Projekten kommen, aber eine Photovoltaik-Anlage, die sorgfältige Trennung von Müll oder Fair-Trade-Aktivitäten haben meines Erachtens zu wenig von der überfließenden Hoffnung und Freude, von der Paulus spricht, wenn es heißt:

Der Gott der Hoffnung aber erfülle euch mit aller Freude und allem Frieden im Glauben, damit ihr überreich seiet in der Hoffnung, durch die Kraft des Heiligen Geistes! (Römer 15,13)

Wir brauchen ein Krisenmanagement mit diesem „überreichen" Hoffnungspotenzial. Eine umweltbewusste Gemeinde sollte sich vor allen Dingen bewusst sein, dass sie aus der Kraft des Heiligen Geistes lebt. Menschen können nicht nur durch Argumente, Aufrufe und Aktionen überzeugt werden. Unsere Überzeugungen können uns gleichsam in einen ethischen Schraubstock hineinzwängen, sodass uns die Luft zum Atmen ausgeht. Die Seele braucht mehr als vernünftige oder gar alternativlose Handlungsanweisungen, wir brauchen eine klarere Kontur des Glaubens, indem wir die Hoffnung des Evangeliums neu in den Blick nehmen. Dabei geht es zunächst um eine umfassendere Schöpfungstheologie, welche unter anderem auch die neue Schöpfung berücksichtigt. Zudem gilt es, dass wir das Verhältnis von Mensch und Natur bzw. Erde neu anhand der biblischen Texte zuordnen. Es geht um die Kernfrage, inwieweit die vorhandene Schöpfung in das Erlösungs- und Versöhnungsgeschehen durch Christus einbezogen ist und auch wie wir das gegenwärtige und das vollendete messianische Reich Gottes sehen. Die christliche Hoffnung hat ihre Wurzeln im Evangelium von Christus. Sie ist gepaart mit Freude und Frieden von Gott. Verantwortung in dieser Zeit, in der sich ein ganzes Zeitalter neu erfinden soll, ohne eine positive Zukunftssicht mag kurzfristig angesagt sein, reicht aber nicht aus, um nachhaltig zu leben. Wer die Sonne immer nur untergehen sieht, vergisst sehr bald, den neuen Tag zu begrüßen. Zum Überleben brauchen wir nicht nur Sachkompetenz, sondern eine Zukunftskompetenz. Durch das Evangelium von Christus sind Christen im Reich Gottes beheimatet, und doch sind sie ganz auf dieser Erde. In der Erwartung, dass dieses messianische Reich auch hier auf der Erde zunehmend Gestalt gewinnt, beten wir mit allen Gläubigen: „Dein Reich komme, wie im Himmel, so auch auf Erden!" Sogleich verweisen uns die biblischen Schriften auf eine Zukunft, in der es einen „neuen Himmel und eine neue Erde" gibt und in welcher Gott „alles in allem" sein wird (Offenbarung 21; 1.

Korinther 15,28). Christlich motivierte ökologische Theologie, Ethik und Spiritualität sind ohne diese eschatologischen Aspekte nicht zielführend.

Der Schöpfer und seine Schöpfung

Ist diese Erde ohne einen Transzendenzbezug bzw. ohne Gott eigentlich zu begreifen? Die Grenzen menschlichen Verstehens und Widersprüchlichkeiten werden naturwissenschaftlich unter anderem in der Quantenphysik bzw. Metaphysik thematisiert oder in den philosophischen Dialog aufgenommen.[14] Dennoch ist damit nicht zugleich ein Bekenntnis zu einem Schöpfergott verbunden. „Transzendenz" kennzeichnet eine Wirklichkeit außerhalb der sichtbaren, messbaren und somit steuerbaren Immanenz, der Binnenwirklichkeit. Doch auch hier gibt es Grenzen des Verstehens. Wir sollten uns als Christen nicht unseres Glaubens schämen, dass wir als Ursprung und Ziel aller Natur, alles Lebens einen lebendigen dreieinen Gott – Vater, Sohn und Geist – bezeugen. Wenn heute zum Beispiel von „Selbsttranszendenz" oder gar von einer „Spiritualität ohne Gott" gesprochen wird, so wird deutlich, wie unscharf jene neuen Containerbegriffe verwendet werden.[15]

Relecture biblischer Schöpfungstexte

Der Ausgangspunkt christlicher Theologie ist die biblische Theologie. Bei der Auslegung biblischer Texte wirken allerdings erkenntnisleitende Interessen, Prägungen und Denkmuster der jeweiligen Kulturepoche mit. So ist eine „Relecture", eine Überprüfung gängiger Auslegungsmuster biblischer Texte, zu allen Zeiten geboten. Die Schöpfungstexte der Genesis geben hierzu ein Beispiel, wie stark die Hermeneutik von einem modernen anthropozentrischen Paradigma geleitet werden kann.[16] Nach anthropozentrischer Lesart der Schöpfungsgeschichte ist der Mensch das letzte Geschöpf Gottes und wird als „Krone der Schöpfung" (vgl. Psalm 8,7) angesehen. Alles ist um des Menschen willen da, denn allein der Mensch sei nach dem Bilde Gottes (*imago Dei*) geschaffen und dazu da, sich die Erde „untertan zu machen" (*kabash*), sie also als *dominum terrae* zu beherrschen (*radah*). Nach dem zweiten Schöpfungsbericht ist der Mensch zum „Bebauen (*abad*) und Bewahren (*shamar*)" der Erde berufen, gleichwohl ist er in dieser Lesart das Subjekt der Schöpfungsgestaltung und -bewahrungs die nichtmenschliche Kreatur ist dementsprechend Objekt.

Nach ökologischer Lesart derselben Schöpfungstexte ist der Mensch als das letzte Geschöpf abhängig von der Erde, von Pflanzen, Tieren, von dem Wasser, der Luft, dem Licht und den Tag- und Nachtzeiten, die durch die Gestirne entstehen. Nur innerhalb dieser Schöpfungsgemeinschaft kann der Mensch seiner besonderen Aufgabe gerecht werden. Erst durch Gottes Geist (*ruach*) wird er eine lebendige Seele, zuvor ist er Staub vom Erdboden (1. Mose 2,7). Aus diesem Grund soll er auch *„wieder zurückkehren zum Erdboden. Denn Staub bist du, und zum Staub wirst du zurückkehren*" (1. Mose 3,19). Doch wie soll man das Herrschaftsmandat aus 1. Mose 1,28 deuten, denn „beherrschen und unterwerfen" sind im Hebräischen keineswegs Synonyme für „bewahren und pflegen", sondern können durchaus dazu verleiten, hier ein Mandat zur Ausnutzung und zu einer Unterwerfungspraxis zu sehen. Doch im Licht der Christusoffenbarung muss deutlich bleiben, dass Herrschaft im Reich Gottes immer eine dienende Herrschaft ist. *„Wer unter euch der Größte sein will, der sei euer aller Diener*" (Matthäus 23,11). Der Mensch wird hier nicht dazu aufgerufen, die Erde und ihre Geschöpfe zu unterdrücken, sie auszubeuten zum eigenen Wohl, sondern in der Verantwortung vor Gott sein dienendes Mandat zum Schutz der Schöpfung wahrzunehmen. Herrschen bedeutet nach christlicher Lesart dienen. Die Schöpfungstexte der Genesis stellen den Herrschafts-und Dienstauftrag in einer „unauflösbaren Dialektik und wechselseitigen Bezugnahme dar. Was, wenn heute genau in diesem Spannungsfeld die Wahrheit einer besonderen Verantwortung der Menschheit für die Schöpfung im Sinne eines elementaren Dienst-und Schutzauftrages neu gefunden werden muss?" (Brigitte Kahl).[17]

Die nichtmenschliche Kreatur wird keineswegs nur als Objekt oder als Konglomerat von Materie und Energie gesehen. Die Erde soll hervorsprossen *„Gras und Kraut, das Samen hervorbringt, und Fruchtbäume, die auf der Erde Früchte tragen nach ihrer Art, in denen ihr Same ist!“* (1. Mose 1,11). *„Die Erde bringe lebende Wesen hervor nach ihrer Art: Vieh und kriechende Tiere und wilde Tiere der Erde nach ihrer Art!“* (1. Mose 1,24). Die Artenvielfalt ist nicht etwa ein Ergebnis einer Entwicklung, sondern von Anfang an von Gott initiiert. Doch geht es dabei um eine einzigartige Kooperation des Schöpfers mit seiner Schöpfung. Heute wissen wir, dass die Artenvielfalt kein Luxus der Erde ist, sondern auf die geniale Koexistenz alles Geschaffenen verweist. Selbst die von Gott ermöglichten Wechselwirkungen zwischen belebten und unbelebten Bereichen des Planeten erweisen sich als „einzigartiger Organismus“. Auf diese Formel bringt es der britische Naturwissenschaftler James E. Lovelock.[18] Er konnte nachweisen, dass es sich bei der Erde um ein komplexes, universelles, biokybernetisches System handelt (Homöostase). Diese als Gaja-Theorie bekannt gewordene Lehre unterstreicht die biblische Aussage, dass von der Erde Lebendiges hervorgebracht werden soll. Die Erde ist bei allem Heilshandeln Gottes niemals aus dem Blick geraten. Sie ist durch Weisheit gegründet und voll der Erkenntnis des Herrn (Sprüche 3,19; Habakuk 3,14). Die Erde ist ein lebendiger Organismus, der ständig neues Leben hervorbringt. Die Redeweise von der „Mutter Erde“ (Jesus Sirach 40,1) bzw. vom „Mutterboden“ hat sich nicht nur in der deutschen Sprache etabliert. Aus Makromolekülen und Zellen bilden sich Lebensformen. Eine Kraft des Lebens treibt die Erde an. Ich spreche bewusst von der Emergenz (lat. *emergere* – auftauchen, hervorbrechen). Ich sehe den Geist Gottes als diese treibende Lebenskraft (Psalm 104,30). Auf die besondere Stellung der Erde in der Schöpfungsgemeinschaft weist ebenfalls der noahitische Bund hin. Gott gibt das Bundesversprechen nicht nur den Menschen, sondern auch der Erde: *„Und Gott sprach: Dies ist das Zeichen des Bundes, den ich stifte zwischen mir und euch und jedem lebenden Wesen, das bei euch ist, auf ewige Generationen hin: Meinen Bogen setze ich in die Wolken, und er sei das Zeichen des Bun-*

des zwischen mir und der Erde." (1. Mose 9,12–13). Die Erde ist Bundespartnerin Gottes, sie ist jedoch nicht neben Gott als „Mit-Schöpferin" zu sehen, sondern ebenso wie der Mensch ein Mitgeschöpf mit einer besonderen Stellung in der Gesamtschöpfung.[19]

Nach anthropozentrischer Lesart wird der Mensch allein als „sehr gut" angesehen gegenüber der sonstigen Schöpfung, die einfach nur als „gut" bezeichnet wäre. Offensichtlich heißt es jedoch „*Und Gott sah* alles, *was er gemacht hatte, und siehe, es war sehr gut.*" (1. Mose 1,31).

So stellt sich die Frage, ob es so etwas wie die „Krone" bzw. einen Höhepunkt des Schöpfungsgeschehens in den Genesistexten gibt. Sie selbst legen keine Rangfolge vor. Im Finale dieses Schöpfungsgeschehens ist der siebte Schöpfungstag der Ruhe geweiht. „*Und Gott vollendete am siebten Tag sein Werk, das er gemacht hatte, und er ruhte am siebten Tag von all seinem Werk, das er gemacht hatte. Und Gott segnete den siebten Tag und heiligte ihn; denn an ihm ruhte er von all seinem Werk, das Gott geschaffen hatte, indem er es machte.*" (1. Mose 2,2–3) Man könnte auch interpretieren, dass Gott an diesem Tag die Ruhe für alle Kreatur geschaffen habe und somit den Sabbat als „Krone" der Schöpfung ansehen. Die Schöpfung ist in sich „sehr gut". Sie kann und soll aktiv „hervorsprossen lassen" und die Menschen können und sollen dienend und fürsorgend ihr besonderes Mandat für die nichtmenschliche Schöpfung wahrnehmen. Doch ohne das Ausruhen, das Atemholen, das Feiern dieser Güte Gottes bleibt alles unvollkommen. Der Sabbat ist in seiner Logik eine Herrschaftsbegrenzung, was unter anderem auch in den wichtigen weiteren Sabbat-Passagen der Bibel deutlich wird (2. Mose 20,8–11; 3. Mose 25,1–7; 5. Mose 15,1–7).

Schöpfung als trinitarisches Geschehen

Vielfach hält sich ein geschichtliches Trinitätskonzept, bei dem die einzelnen Phasen der Heilsgeschichte den Zeiten des Vaters, des Sohnes und des Geistes zugerechnet werden. So wurde seit alters her das Werk der Schöpfung dem Vater, das Werk der Versöhnung dem Sohn und das Werk der Heiligung dem Heiligen Geist zugeordnet (Joachim von Fiore, Thomas von Aquin). Das biblische Zeugnis zeigt allerdings das kontinuierliche Wirken des dreieinen Gottes. Gott der Vater schafft durch sein ewiges Wort in den Energien des Heiligen Geistes. Als Vater aller Kreatur wird er verehrt durch das schöpferische Wort (*logos*), durch Christus ist alles *„durch ihn und zu ihm hin"* geschaffen (Kolosser 1,16). Der Geist Gottes schwebte im Ursprung allen Schöpfungswirkens über dem Wasser (1. Mose 1,2). Er ist der lebendig machende Gottesgeist (*Spiritus vivificans*). Nicht nur die Menschen, sondern alle Geschöpfe der Erde empfangen diesen Odem (*ruach*) Gottes (Psalm 104,30). Wo der Geist aus der Höhe ausgegossen wird, blüht die Wüste auf, und sie wird zum Ort des Rechts (Jesaja 12,15–16). Der Reformator Johannes Calvin fasst diese Fundamentalaussage christlichen Glaubens folgendermaßen zusammen: „Denn der Geist ist überall gegenwärtig und erhält, nährt und belebt alle Dinge im Himmel und auf Erden. Dass er seine Kraft in alles ergießt und dadurch allen Dingen Wesen, Leben und Bewegung verheißt, das ist offenkundig göttlich."[20]

Auf das christologische Schöpfungswirken weisen unter anderem folgende Bibeltexte nachdrücklich hin:

„Im Anfang war das Wort (logos), und das Wort war bei Gott, und das Wort war Gott. Dieses war im Anfang bei Gott. Alles wurde durch dasselbe, und ohne dasselbe wurde auch nicht eines, das geworden ist. In ihm war das Leben, und das Leben war das Licht der Menschen." (Johannes 1,1–4)

„So ist doch für uns ein Gott, der Vater, vom dem alle Dinge sind und wir auf ihn hin, und ein Herr, Jesus Christus, durch den alle Dinge sind und wir durch ihn." (1. Korinther 8,6)

„Er ist das Bild des unsichtbaren Gottes, der Erstgeborene aller Schöpfung. Denn in ihm ist alles in den Himmeln und auf der Erde geschaffen worden, das Sichtbare und das Unsichtbare, es seien Throne oder Herrschaften oder Gewalten oder Mächte: Alles ist durch ihn und zu ihm hin geschaffen; und er ist vor allem, und alles besteht durch ihn." (Kolosser 1,15–17)

Wenngleich die Einheit Gottes in Vater, Sohn und Geist gegeben ist, so bleibt die trinitarische Offenbarung Gottes ein Mysterium, das nur ansatzweise mit der menschlichen Logik zu erfassen ist. Vielmehr öffnet sich das Geheimnis des Glaubens in der Anbetung und im Glaubensvollzug. Schöpfung und Vollendung, Erlösung und Gerechtigkeit, Mission und Heiligung sind nicht voneinander zu lösen, da sie auf das große Ziel der Einwohnung Gottes bei seinen Geschöpfen ausgerichtet sind (Johannes 1,14; Römer 8,9–11; Epheser 2,22; Offenbarung 21,3). Ich kann als Christ nicht Christus ehren und ihm dienen und zugleich seine Schöpfung dabei übersehen. Ich kann nicht den sogenannten Kulturauftrag zugunsten des Missionsauftrags anderen überlassen. Ökologische Theologie, Ethik und Spiritualität sind immer auch christologisch und trinitarisch zu deuten.[21] Eine trinitarische Schöpfungstheologie weist darauf hin, dass Gott in der Welt ist und die Welt in Gott. „Wir müssen so lange auf Jesus blicken, bis wir gleichsam mit seinen Augen auf die Welt blicken können. Die Welt vertraut keinen Christen mehr, die angeblich Jesus lieben, aber darüber hinaus nichts anderes zu lieben scheinen." (Richard Rohr)[22]

Hier gilt es darauf zu achten, dass Gott nicht gleichzusetzen ist mit der Welt, sonst würden wir einen Pantheismus verkündigen. Es geht keineswegs um eine romantische Vergöttlichung der Natur, wie sie in naturesoterischen Bewegungen zu finden ist. Dem Entgleiten des Christentums in eine Naturreligion oder ein Neuheidentum kann nur gewehrt werden, wenn wir den Schöpfer als Gott verehren und aus seiner Kraft der Schöpfung mit Würde und Aufmerksamkeit begegnen und unserer Schöpfungsverantwortung (Genesis 1,28; 2,15) nachkommen.

Die neue Schöpfung im Schöpfungsprozess

Der Großteil der Schöpfungstheologie betrachtet die Schöpfung am Anfang (Genesis). Welche Relevanz hat aber das biblische Zeugnis und die Glaubenserfahrung der neuen Schöpfung und die Aussicht auf einen neuen Himmel und eine neue Erde? Die vorliegende Studie zeigt an mehreren Stellen diese Spannung zwischen alter und neuer Schöpfung auf. Was bedeutet es, wenn Jesus sagt: *„Der Himmel und die Erde werden vergehen, meine Worte aber sollen nicht vergehen.* (Matthäus 24,35)? Es gibt offenbar Vergängliches und Bleibendes. Eine Kontinuität in dem Schöpfungsgeschehen ist in dem bewahrenden und schöpferischen Wort Gottes gegeben. Eine Diskontinuität wird angezeigt, wenn „Himmel und Erde vergehen“ werden. Wenn diese Erde und ihr Kosmos ohnehin keinen Bestand haben, warum soll man sich dann dafür einsetzen? Diese Frage wird zwar in christlichen Kreisen vielfach nicht laut gestellt, aber sie trägt wohl dazu bei, dass Christen sich nicht hochmotiviert der Aufgabe der Bewahrung der Schöpfung stellen. Das Ende der Welt wird zudem in Anlehnung an die Aussagen der Johannesoffenbarung als eine schrittweise Weltvernichtung nach Gottes Plan gedeutet, einen Plan, den der Mensch auch durch ein starkes Bemühen um diese schreiende Erde nicht aufhalten kann bzw. aufhalten soll. Aus einer solchen einseitigen Sicht und Zuordnung biblischer Texte ergibt sich eine gefährliche Mischung eines devoten, weltflüchtigen Jenseitsglaubens einerseits und einer angeblich gottgewollten Diesseitsverweigerung andererseits.

Betrachten wir in diesem Zusammenhang die differenzierte Anwendung des griechischen Begriffes *kosmos* – Welt. Zum einen ist diese Welt von Gott geliebt (Johannes 3,16), zum anderen liegt der ganze Kosmos im Argen (1. Johannes 5,19). Gott liebt die Welt, doch Christen sollen weder die Welt „noch, was in ihr ist“ lieben (1. Johannes 2,15). Ein solcher radikaler Rückzug aus der Welt, eine entschlossene Absonderung, hat dazu geführt, dass die Sendungsworte Jesu radikal verkürzt wurden. Gleichwohl soll es einen „Unterschied“ zur Welt geben, eine Art Kontrastgesellschaft („Salz und Licht der Welt“, Matthäus 5,13–16), die sich allerdings nicht hochmütig allen sozialen Verflechtungen in dieser weltlichen Gesellschaft entzieht, sondern sich im Geist Jesu demütig als Sendungsgemeinschaft in diese Welt versteht. Auch die Wahrnehmung, dass ein ganzes Weltsystem „im Argen“ – sprich im Bösen – liegt, kann die christliche Weltanschauung dahingehend verbiegen, dass an und in dieser Welt nichts Schönes und Liebenswertes mehr zu finden sei. Doch es gilt, das biblische Gesamtzeugnis in den Blick zu nehmen. Werden in alttestamentlichen Schriften „Himmel und Erde“ und „alles, was darinnen ist“ (Psalm 24,1) als von Gott geschaffen bewundert und gemeinsam mit der

Schöpfung zur Anbetung Gottes eingeladen (Psalm 19,2-3), sind im Zeugnis der neutestamentlichen Schriften nicht so sehr die Schönheit des Kosmos, sondern seine Abkehr von Gott und sogleich Gottes aufsuchende Liebe zu dieser Welt im Blick. Es ist eine vergehende Welt (1. Korinther 7,31). Doch durch Christus hat Gott „die Welt mit sich selbst versöhnt" (Kolosser 1,19).

Christen sollen den gottwidrigen Denkschemata einer Zeitepoche widerstehen, aber sie sind in eben diese Welt hineingesandt. Diese Spannung spiegelt sich in den Aussagen Jesu wider, die der Evangelist Johannes in den sogenannten Abschiedsreden Jesu (Johannes 13–17) aufnimmt. Jesus betet zum Vater:

„Ich bitte nicht, dass du sie aus der Welt wegnimmst, sondern dass du sie bewahrst vor dem Bösen. Sie sind nicht von der Welt, wie ich nicht von der Welt bin. Heilige sie durch die Wahrheit. Dein Wort ist Wahrheit. Wie du mich gesandt hast, habe auch ich sie in die Welt gesandt, damit sie Geheiligte seien durch Wahrheit." (Johannes 17,14–19)

Der Aufruf, diese von Bosheit geprägte Welt nicht zu lieben, steht in einer gewissen Spannung zu diesen Gebetsworten Jesu. Als Gesandte Christi suchen wir das Verlorene auf und verkündigen der ganzen Schöpfung das Evangelium (Markus 16,15). Verkündigung ist ein aufsuchendes, vom Geist Gottes geprägtes Kommunikationsgeschehen mit Worten und Werken (Vgl. Kolosser 3,17). Die geistliche Autorität jeder Verkündigung ist begründet in der Liebe Gottes. Je mehr die Liebe Gottes in die Herzen der Glaubenden ausgegossen ist durch den Heiligen Geist (Römer 5,5), je mehr sie in seinem Wort bleiben (Johannes 15, 1–8), umso klarer und fruchtbarer ist ihr Zeugnis in der Welt. Gott hat diese Welt nicht aufgegeben, sondern er ist in diese Welt hineingekommen! Das zeigt sich am eindeutigsten im Christusereignis, in der Menschwerdung Christi, im Kreuz und in der Auferstehung (Johannes 3,16; Philipper 2,5–11). Die Auferstehung markiert einen neuen Anfang: *„Nun aber ist Christus aus den Toten auferweckt, der Erstling (aparche) der Entschlafenen."* (1. Korinther 15,20) Glaubende bekennen mit den Worten des Apostels Paulus: *„Wenn jemand in Christus ist, so ist er eine neue Schöpfung; das Alte ist vergangen,* *siehe, Neues ist geworden.“* (2. Korinther 5,17) Die neue Schöpfung, in welcher der Tod nicht mehr herrscht, vollzieht sich in einem Christenmenschen durch die Neugeburt aus „Wasser und Geist“ (Johannes 3,5.16b), durch den Empfang der Erstlingsgabe (*aparche)* des Heiligen Geistes. *„Nach seinem Willen hat er uns durch das Wort der Wahrheit geboren, damit wir eine Erstlingsfrucht (aparche) seiner Geschöpfe seien.“* (Jakobus 1,18) Dieser Anfang bzw. das Angeld der neuen Schöpfung weist auf die noch ausstehende Vollendung hin.

Wie kommt es, dass christliche Theologie bei dem Bemühen um eine ökologische theologische Sicht sich zumeist an den Genesistexten der Schöpfung am Anfang orientiert? Adams und Evas Paradies wird nach wie vor als Idealzustand angesehen. Durch die Gnade und Erlösung in Christus – so die häufig anzutreffende Denkweise – wird dieser verlorene Paradieszustand wiederhergestellt. Doch die Schöpfung am Anfang ist lediglich der erste Akt in einem zielgerichteten Schöpfungsprozess Gottes. Diese Ursprungstexte sind biblisch und damit auch wegweisend, aber sie erzählen noch nichts von Gottes neuem bzw. weiterem Schöpfungshandeln in Christus, von der Ausgießung des Heiligen Geistes über alles Fleisch, geschweige denn von einer Auferstehung und von einem neuen Himmel und einer neuen Erde. Darauf weisen allerdings die prophetischen Worte Jesajas bereits verheißungsvoll hin (Jesaja 25,8–9; 65,17–18). Das Schöpfungsgeschehen ist demnach mit der Anfangsschöpfung nicht abgeschlossen, sondern vielmehr eröffnet. Das hebräische *barah* kennzeichnet dieses schöpferische „Machen“ Gottes. Wir finden es sowohl in 1. Mose 1 als auch bei Jesaja 65,17–18. Gott der Schöpfer ist nach der Erschaffung von Himmel und Erde nicht erschöpft, sondern er führt das Geschaffene weiter zu einer vollkommenen Einheit mit sich selbst, *„damit Gott alles in allem sei.“* (1. Korinther 15,28)

Dieser schöpferische Prozess Gottes wird durch seine leidenschaftliche, schmerzliche Liebe, Treue und Hingabe immer neu angestoßen. So ist es sinnvoll und angemessen, die erste Schöpfung im Licht der „neuen Schöpfung“ zu deuten. Die Schöpfung im Ursprung ist lediglich der erste Akt in einem auf das Ziel (*telos*) gerichteten Schöpfungsprozess. Erst von diesem Ziel können die Schöpfung und das Leben richtig verstanden werden. „Wir können nicht länger die Eschatologie im Licht der Schöpfung, sondern müssen die Schöpfung im Licht der Eschatologie verstehen, sonst verstehen wir die ‚neue Schöpfung' überhaupt nicht und verwechseln sie mit der Wiederherstellung der alten Schöpfung." (Jürgen Moltmann)[23] Die wahre Schöpfung liegt nicht hinter uns, sondern sie breitet sich wie ein Hoffnungsteppich vor uns aus im neutestamentlichen Zeugnis, in der Nachfolge Jesu Christi und in der Kraft des Heiligen Geistes. Es geht in einer ökologischen Theologie und Ethik nicht nur um ein Erinnern an das Mandat, diese Erde dienend zu bebauen, sie zu pflegen und zu nutzen, sondern gleichsam um ein aktives Ausrichten auf die neue Schöpfung.

Die neue Schöpfung hat Fixpunkte in der Geschichte: die Menschwerdung Gottes in Jesus Christus und seine Hingabe am Kreuz und seine Auferstehung. Sodann ist ein solcher historischer Fixpunkt die mit Christus neu gesetzte Gegenwartsform. Sie ist markiert durch die Ausgießung des Heiligen Geistes und der damit ermöglichten „neuen Schöpfung" des Menschen, der Bildung der Gemeinde Jesu als Modell einer neuen Gemeinschaft in dieser Welt und der Ausbreitung des Reiches Gottes. Im Diskurs über eine ökologische Sozialethik geht es nicht nur um die Frage der Beauftragung des Menschen, sondern auch um die Frage nach seiner Kompetenz, seiner Befähigung. Alles Nachdenken über eine Zukunft der Menschheit auf diesem Planeten konzentriert sich in der Frage nach dem neuen Menschen. Die Sozialethikerin Ingeborg Gabriel war langjährige Vizepräsidentin der Europäischen Kommission von *Iustitia et pax* und als Theologin und Wirtschaftswissenschaftlerin für das Entwicklungshilfeprogramm der Vereinten Nationen (UNDP) tätig. Auf dem Forum „Grüne Theologie" (Hofgeismar 2017) stellte sie die Frage nach dem neuen Menschen in den Mittelpunkt ihrer Überlegungen: „Der Ruf nach einer ökologischen Reformation ist vor allem auch der Ruf nach einem neuen Menschen, der die Natur als seine Mitwelt in sein Denken, Planen und Handeln aktiv einzubeziehen imstande ist. Es handelt sich also auch um den Ruf nach einer neuen Ethik [...]. Das neue Sein des Christen in Christus soll die Welt und den gesamten Kosmos verwandeln und in die vom Menschen ausgehende eigene Erneuerung mit hineinnehmen. Die Umgestaltung der Welt geht demnach vom Einzelnen aus. Dem neuen Sein in Christus soll dabei ein neues Handeln entsprechen, das die Welt gleichsam repariert [...] Von dieser Erneuerung menschlichen Seins hängt für Paulus die Erneuerung der gesamten Schöpfung ab, die ‚seufzt und in schmerzlichen Geburtswehen liegt' und auf das Offenbarwerden der Söhne und Töchter Gottes wartet (Römer 8,22)."[24]

Die neue Schöpfung hat ebenfalls Fixpunkte der Hoffnung: die Wiederkunft Christi; die erste und zweite Auferstehung; das messianische Friedensreich auf der Erde; das Endgericht und das Ende von Tod und Teufel. Schließlich lesen wir vom „neuen Himmel und der neuen Erde". Eine exakte zeitliche Zuordnung dieser Fixpunkte der Hoffnung wird in der Kirchengeschichte bis hinein in die Gegenwart unterschiedlich wahrgenommen. Wann geschieht die Wiederkunft Jesu, und wann wird es das messianische Friedensreich (Millennium) auf dieser Erde geben?

Ökologische Theologie ohne diese eschatologische Ausrichtung ist kraftlos. So gilt es, über das Reich Gottes in seiner Gleichzeitigkeit des „schon jetzt" und „noch nicht" nachzudenken und die wertvollen Impulse aus dem ökumenischen Dialog hierzu zu sichten und zu werten. Hoffnung ist ein ausschlaggebendes Motiv bei allem Bemühen um die Zukunft und für eine konkrete ökologische Ethik im persönlichen und gemeindlichen Kontext.

Eschatologische Perspektiven einer ökologischen Theologie

Bevor wir in den weiteren Abschnitten die Gegenwartsform der neuen Schöpfung für eine ökologische Theologie und Ethik konkreter bedenken, sollen zunächst einige eschatologische Perspektiven bedacht werden. Die Eschatologie ist die Lehre von den letzten Dingen. Ich bin der Auffassung, dass alle Theologie letztendlich an den eschatologischen

Eckdaten orientiert ist. Wenn es nach dem Tod keine Zukunft mehr gibt, wenn es keine messianische Zukunft auf dieser Erde gibt oder gar kein großes Finale mit einem neuen Himmel und einer neuen Erde, dann wird auch die Hoffnung blasser und das Evangelium von Christus auf ein ethisches Programm der Gegenwart reduziert. Ich bin der Überzeugung, dass durch eschatologische Hoffnungsperspektiven der Dialog mit umweltbewussten Menschen und Generationen an Substanz gewinnt. Allerdings sind gerade die theologischen Positionierungen in Sachen Eschatologie oft zum Streitthema geworden. Wenn ich allerdings mit der *Fridays-for-Future*-Generation ins Gespräch komme, so sind gerade diese Themen wesentlich. Dabei rede ich nicht von einem Land „Utopia", da das „Angeld" der neuen Schöpfung von mir und von ungezählten Christen erfahrbar geworden ist. Der christliche Glaube bewirkt zum einen eine Resilienz, eine ausdauernde Lebenskraft, zum andern eine von Hoffnung überfließende Überwinderkraft. Die christliche Hoffnung hat nicht nur das Ziel des Überlebens, einer Subsistenz (Erhaltung der Existenz), sondern sie orientiert sich an einer Zunahme der Reich-Gottes-Qualität auf der Erde. Sie erwartet eine zukünftige Existenz, in welcher der Gott allen Lebens vereint ist mit seiner Schöpfung, einen Zustand ohne Leid, Tränen und Schmerz. Diese Hoffnung bewährt sich in Zeiten größter Not und Verzweiflung. Es ist die fließende Lebenskraft des Heiligen Geistes, die Gegenwart des Christus in dem Christenmenschen, welche diese Hoffnungskompetenz in allen Bedrängnissen aufrechterhält. Aufgrund dieser Erfahrung bezeugen Christen mit dem Apostel Paulus:

„Wir rühmen uns aufgrund der Hoffnung der Herrlichkeit Gottes. Nicht allein aber das, sondern wir rühmen uns auch in den Bedrängnissen, da wir wissen, dass die Bedrängnis Ausharren bewirkt, das Ausharren aber Bewährung, die Bewährung aber Hoffnung, die Hoffnung aber lässt nicht zuschanden werden, denn die Liebe ist ausgegossen in unsere Herzen durch den Heiligen Geist, der uns gegeben ist." (Römer 5,2–5)

Für die Ausrichtung einer ökologischen Theologie, Ethik und Spiritualität sind das Geschichtsverständnis und die Sicht von der zu erwartenden Zukunft maßgeblich. Geht es letztlich um das Überleben oder geht es um mehr? Wird es so sein, dass die neue Schöpfung lediglich tröpfelnd diese Erde berührt, dass die Salz-und Lichtkraft des Evangeliums (Matthäus 5,13–16) gleichwohl zeichenhaft wahrnehmbar ist in einer Welt, die jedoch mehr und mehr von Chaosmächten geprägt zu sein scheint? Doch was wäre das für ein Gott, der dabei schon sein Ziel erreicht hätte? Der fade Geschmack der Salzarmut und die funzelnde Ausstrahlung der Gemeinde Jesu Christi in dieser Welt stehen in einem offenbaren Zusammenhang mit einer reduzierten Lehre von der Erlösung (Soteriologie) und der Vollendung (Eschatologie). Eine Kirche, die sich in ungezählten Appellen zur Weltverbesserung und zur Besinnung auf die christlichen Grundwerte artikuliert, dabei jedoch die finalen Perspektiven der Eschatologie als Randnotizen der Theologie betrachtet, darf sich nicht wundern, wenn sie in der Gesellschaft kaum noch Einfluss hat.

Der neue Himmel und die neue Erde

Beginnen wir mit dem großen Finale, welches in den Offenbarungstexten der biblischen Schriften aufleuchtet. Es geht um den „neuen Himmel und die neue Erde".

„Denn siehe, ich schaffe einen neuen Himmel und eine neue Erde. Und an das Frühere wird man nicht mehr denken, und es wird nicht mehr in den Sinn kommen. Vielmehr freut euch und jauchzt allezeit über das, was ich schaffe!" (Jesaja 65,17–18)

„Den Tod verschlingt er auf ewig, und der Herr wird die Tränen abwischen von jedem Gesicht, und die Schmach seines Volkes wird er von der ganzen Erde hinwegtun. Denn der Herr hat geredet. An jenem Tag wird man sagen: Siehe da, unser Gott, auf den wir hofften, dass er uns rette! Da ist der Herr, auf den wir hofften!" (Jesaja 25,8–9)

„Und ich sah einen neuen Himmel und eine neue Erde; denn der erste Himmel und die erste Erde waren vergangen, und das Meer ist nicht mehr. Und ich sah die heilige Stadt, das neue Jerusalem, aus dem Himmel von Gott herabkommen, bereitet wie eine für ihren Mann geschmückte Braut. Und ich hörte eine laute Stimme vom Thron sagen: Siehe, das Zelt Gottes bei den Menschen! Und er wird bei ihnen wohnen, und sie werden sein Volk

sein, und Gott selbst wird bei ihnen sein, ihr Gott. Und er wird jede Träne von ihren Augen abwischen, und der Tod wird nicht mehr sein; denn das Erste ist vergangen. Und der, welcher auf dem Thron saß, sprach: Siehe, ich mache alles neu! Und er spricht: Schreibe! Denn diese Worte sind gewiss und wahrhaftig. Und er sprach zu mir: Es ist geschehen. Ich bin das Alpha und das Omega, der Anfang und das Ende (telos). Ich will dem Dürstenden aus der Quelle des Lebens geben umsonst." (Offenbarung 21,1–6)

„Wir erwarten aber nach seiner Verheißung neue Himmel und eine neue Erde, in denen Gerechtigkeit wohnt." (2. Petrus 3,13)

Dieser neue Himmel und die neue Erde werden in den biblischen Texten nur mit wenigen, aber ausdrucksstarken Worten beschrieben. Zudem geben sie prophetische Rede wieder, die sich nicht an der Logik unserer Zeit allein orientiert. Es bleiben Fragen offen, wie das Zusammenleben in einer solchen vollendeten Existenz konkret wird. Dennoch gibt es einige Grundzüge, die klar benannt werden: Das Negative wird negiert; der Tod, die Vergänglichkeit, alles Leiden hat ein Ende. Gott wird wohnen bei seiner neuen Schöpfung und zwar in einer vollkommenen Einheit, denn die diabolischen Todes-und Lügenmächte sind vollkommen entmachtet. Alles, was im Reich Gottes bereits unter der Herrschaft Jesu Christi an Neuem gegeben wurde, wird ebenso eins sein mit Gott, denn der wiederkommende Christus wird „das Reich dem Gott und Vater übergeben", sodass der dreieine Gott alles in allem sein wird.

„Denn wie in Adam alle sterben, so werden auch in Christus alle lebendig gemacht werden. Jeder aber in seiner Ordnung: der Erstling Christus; sodann die, welche Christus gehören bei seiner Ankunft, dann das Ende, wenn er das Reich dem Gott und Vater übergibt; wenn er alle Herrschaft und alle Gewalt und Macht weggetan hat. Denn er muss herrschen, bis er alle Feinde unter seine Füße gelegt hat. Als letzter Feind wird der Tod weggetan. Wenn ihm aber alles unterworfen ist, dann wird auch der Sohn selbst dem unterworfen sein, der ihm alles unterworfen hat, damit Gott alles in allem sei." (1. Korinther 15,22–26.28)

Wenn wir bei Paulus lesen, dass die ganze Schöpfung sehnsüchtig auf dieses große Finale wartet (Römer 8,19), so dürfen wir davon ausgehen, dass in dieser Vollendung der neuen Schöpfung die Pflanzen- und Tierwelt ebenfalls im Licht der Gegenwart Gottes aufstrahlen wird. Die Herrlichkeit und Schönheit der ersten Schöpfung wird angesichts der Ausstrahlung und Schönheit dieser vollkommenen neuen Schöpfung wie eine Vorahnung sein. Die Farben und der Glanz werden mit symbolischen Bildern in den Offenbarungstexten beschrieben. Diese vollkommene neue Schöpfung wird Strukturen und Ausmaße haben, jedoch in anderen Dimensionen, als es je mit den Maßstäben der ersten Schöpfung zu messen wäre. Aus diesem Grund ist es ratsam, die verschlüsselte Sprache der Johannesoffenbarung nicht vorschnell zu deuten.[25]

Die leidvolle Seite gehört allerdings zu dem Zwischenzustand, der mit dem ersten Kommen Jesu auf die Erde und der Ausgießung des Heiligen Geistes begonnen hat. Einige sprechen von der Endzeit. Es sei noch einmal daran erinnert, dass das griechische *telos* nicht nur eine Beendigung, sondern ein Ziel bezeichnet. Diese Übergangs- bzw. Endzeit wird gleichzeitig einerseits von Gottes anhaltender Geduld und aufsuchenden Liebe geprägt sein (Anbruch des Reiches Gottes), und andrerseits werden noch die wütenden, diabolischen Chaosmächte in Agonie hineinbrüllen in diese zunehmend dramatische Vor-Final-Zeit. Doch es gibt keinen Zweifel an der klaren Aussage der biblischen Texte, dass Christus alle Feindschaft gegen Gott beenden wird. Christus wird vorgestellt als das Alpha und Omega, der Anfang und das Ende. Er ist *„der Anfänger und der Vollender des Glaubens"* (Hebräer 12,2). Der Punkt Omega ist ein Fixpunkt der Hoffnung, es ist der Glaubenszielpunkt der Weltgeschichte.[26]

Wiederkunft und Weltgericht

Das große Finale der Vollendung der neuen Schöpfung wird bereits durch die „Wehen" der Endzeit angekündigt. Diese werden in den Endzeitreden Jesu (Matthäus 24,3.8; Markus 13,3; Lukas 21,7) thematisiert. Besonders in der Johannesoffenbarung werden die zunehmend intensiveren Zyklen in der apokalyptischen Symbolsprache in ihrer kosmischen Dimension aufgezeigt. Wenngleich die satanischen

Agitationen dabei thematisiert werden, so steht außer Frage, dass alles, auch die furchterregendsten Szenen, sich niemals an dem vorbeimogeln können, dem alle Autorität (*exousia*) im Himmel und auf der Erde gegeben ist. *„Jesus Christus ist derselbe, gestern, heute und in Ewigkeit"* (Hebräer 13,8). Der da kommt, ist der, der war und der sein wird (Offenbarung 1,8). Es ist der Messias Jeshua. Ich verstehe die Endzeitworte Jesu und die Aussagen mit Blick auf den „großen Tag des Herrn" als eine Ermahnung zu einer geistlichen Wachsamkeit einerseits, aber auch als tiefgreifenden Trost Gottes für eine bedrängte Christenheit und Welt andrerseits. Denn durch Christus hat Gott *„alles mit sich versöhnt, indem er Frieden gemacht hat durch das Blut seines Kreuzes durch ihn, sei es, was auf der Erde oder was in den Himmeln ist"* (Kolosser 1,19–20).

Was Gott anfängt, das bringt er auch zum Ziel. Der Friede auf Erden, den die Engel schon beim ersten Kommen Jesu in Bethlehem besungen haben, geht einher mit dem Friedefürsten. Dieser Friede wird mit der Wiederkunft (Parusie) des Messias zur Vollendung geleitet. Jesus selbst spricht davon, wenn es heißt: *„Von nun an werdet ihr den Sohn des Menschen sitzen sehen zur Rechten der Macht und kommen auf den Wolken des Himmels."* (Matthäus 26,64)

Sicher wäre es angemessen, diesem großen Thema der Eschatologie mehr Aufmerksamkeit zu geben, als es im Rahmen dieser Ausführungen möglich ist.[27] Wenn ich mich nicht täusche, so haben die Wiederkunft Jesu Christi und das Weltgericht in den meisten Verlautbarungen, ethischen Denkschriften und Thesenpapieren zu einer ökologischen Theologie und Ethik kaum Beachtung gefunden. Gott aber geht der Atem nicht aus. Er ist nicht nur der Gott des Trostes und der Hoffnung, sondern auch der Gott der Geduld, der wachsenden Erwartung (vgl. Römer 15,4–13). Er ist der Kommende! Der wiederkommende Christus ist sogleich der Weltenrichter. *„Wenn aber der Sohn des Menschen kommen wird in seiner Herrlichkeit und alle seine Engel mit ihm, dann wird er auf seinem Thron der Herrlichkeit sitzen; und vor ihm werden versammelt werden alle Nationen, und er wird sie voneinander scheiden, wie der Hirte die Schafe von den Böcken scheidet."*

(Matthäus 26,31) Im Weltgericht werden nicht nur Individuen, sondern auch die Völker sich im Licht Gottes sehen. Der Weltenrichter ist aber auch der Weltenversöhner! Das Weltgericht entscheidet darüber, wer in Gottes neuem Himmel und der neuen Erde aufgenommen wird (Offenbarung 19,11–15). Die biblischen Texte verweisen auf einen doppelten Gerichtsausgang (Matthäus 7,13 f.; 13,32; 25,31–46; Markus 9,45–48; 16,16; Lukas 16,23; Johannes 3,16; Philipper 3,19; 1. Korinther 1,18; 2. Korinther 2,15; Offenbarung 20,15). Demnach gibt es eine ewige Rettung für die Christuszeugen und eine ewige Verlorenheit für jene, die Jesus nicht als Herrn bekennen. So heißt es zum Beispiel in dem lutherischen Bekenntnis, der *Confessio Augustana*, im Artikel 17: „Auch wird gelehrt, dass unser Herr Jesus Christus am jüngsten Tag kommen wird zu richten und alle Toten auferwecken, den Gläubigen und Auserwählten ewiges Leben und ewige Freude geben, die gottlosen Menschen aber und die Teufel in die Hölle und ewige Strafe verbannen."

Allerdings gibt es nicht wenige Bibelstellen, die den Gedanken einer sogenannten „Allversöhnung" unterstützen. Sie betonen das Übergewicht der Gnade Gottes gegenüber dem Zorn, denn *„wo Sünde mächtig geworden ist, da ist die Gnade noch viel mächtiger"* (Römer 5,20). Das umfassende Heilsgeschehen wird in der kosmischen Christologie verankert (Epheser 1,10; Kolosser 1,20). Namhafte prägende Theologen sprechen in diesem Zusammenhang von der „Heimkehr des Alls zu Gott" oder einer „Apokatastasis", der „Wiederbringung aller Dinge" (Irenäus, Augustinus). Was bedeutet es, wenn es am Ende vom Philipperhymnus heißt: *„ damit in dem Namen Jesu jedes Knie sich beuge, der Himmlischen und Irdischen und Unterirdischen, und jede Zunge bekenne, dass Jesus der Herr ist, zur Ehre Gottes, des Vaters"* (Philipper 2,10-11)? Namhafte evangelische und pietistische Theologen haben den Gedanken der Allversöhnung aufgenommen, ohne dass sie deshalb die Evangelisation vernachlässigt hätten (Johann Christoph Blumhardt; Johann Albrecht Bengel, Friedrich Christoph Oetinger oder auch Karl Barth). Wenngleich die Evangelisation dringlicher auftritt, wenn eine Allversöhnungsperspektive ausgeschlossen oder als unbiblisch abgewiesen wird, so halte ich die vermittelnde Position von Paul Althaus junior für hilfreich, da sie dem Gesamtzeugnis der biblischen Schriften Rechnung tragen möchte. Althaus schreibt: „Wir müssen beide Gedanken, den des doppelten Ausgangs und den der Apokatastasis (Allversöhnung), denken."[28]

Es stellt sich allerdings die Frage, inwieweit das Weltgericht für unsere Diskussion für eine ökologische Theologie und Ethik relevant ist. Wie viele Generationen wurden durch eine Ausmalung des Jüngsten Gerichtes in Angst versetzt! Angst ist jedoch keine tragende Motivation für eine ökologische Ethik, wir brauchen Hoffnung. Ich verstehe das Weltgericht als die Aufrichtung der Gerechtigkeit Gottes, die im Reich Gottes bereits ihre Konturen zeigt. Alles Unrecht, das des aktiven Handelns und das des Unterlassens des offenbar Guten, wird in das Licht der Gerechtigkeit geführt. In diesem Licht sind Opfer und Täter zugleich. Der Richtende auf dem Thron ist identisch mit dem Christus, der das A und das O ist. Allein diese Wahrheit zeigt die schmerzliche Dimension einer sich hingebenden Gnade Gottes. Im Gericht geht es jedoch nicht nur um die Vergehen, die Menschen oder Nationen aneinander begangen haben, sondern auch um die Vergehen an Gottes geliebter Schöpfung. Christus hat die Sünden der ganzen Welt auf sich genommen (Johannes 1,29).

Das neue Leben, das Leben von der Qualität der Ewigkeit (Römer 6,23) ist das Ur-Charisma. Es bleibt, auch wenn alles andere uns verurteilt. Ebenso wird das, was vom Reich Gottes hier auf der Erde bereits Gestalt gewonnen hat, Bestand haben. Warum sollte Gott sein eigenes Reich zerstören, um einen neuen Himmel und eine neue Welt zu schaffen? Dennoch wird es eine Verwandlung geben. Wenn wir an den „neuen Menschen" in Christus denken, der die Erstlingsgabe des Heiligen Geistes empfangen hat, so räumt der Apostel Paulus ein, dass diese neue Kreatur gleichsam mit der gesamten Schöpfung seufzt und auf die Erlösung des Leibes wartet (Römer 8,23). Durch die Auferstehung erwarten wir einen anderen Leib, wenngleich unsere Identität bestehen bleibt. Vergleichbar gehe ich davon aus, dass alles, was in Gottes Schöpfung schon vom Reich Gottes und seiner Gerechtigkeit geprägt und durchwirkt ist, auch in der vollendeten Schöpfung verwandelt sein wird.

Doch wie geschieht nun diese Verwandlung des Neuen? Handelt es sich nur um eine Umformung der Gestalt des Alten oder ist die neue Schöpfung substanziell neu? Setzt die Schaffung der neuen Erde und des neuen Himmels die vollkommene Vernichtung der ersten Schöpfung voraus oder handelt es sich um eine Verwandlung? Der sterbende Christenmensch gibt seinen alten Leib der Erde wie einen Samen zurück und empfängt in der neuen Welt Gottes einen Auferstehungsleib (1. Korinther 15,42). Wird eine analoge Verwandlung auch mit der vom Reich Gottes geprägten Schöpfung vollzogen? Auch in dieser Frage sind die theologischen Positionen prominent besetzt: Irenäus, Augustinus, Thomas von Aquin und die gesamte mittelalterliche Theologie sowie die gegenwärtige Lehre der Römisch-katholischen Kirche gehen von einer „Verwandlung" aus. Die lutherische Orthodoxie hingegen betont die Vernichtung der alten Welt als Voraussetzung der neuen Welt Gottes. Die ostkirchlich-orthodoxe Vorstellung spricht in Anlehnung an Athanasius von der „Vergöttlichung (*theosis*) der Welt"[29]. Der pietistische Theologe Johann Tobias Beck betont, dass es sich weder um eine Vernichtung noch eine Verwandlung handle, sondern um einen vom Ziel (*telos*) geführten Prozess: „Es ist nicht bloß Wiederherstellung des anfänglichen Weltzustandes, des paradiesischen Zustandes, sondern der Anfang hat nun sein Endziel gefunden."[30]

Messianische Zustände im Millennium

Besondere Beachtung im Diskurs um eine ökologische Theologie kommt einer kurzen Bibelpassage zu, die allerdings einen größeren geschichtlichen Abschnitt dieser Erde kennzeichnet, bevor das Weltgericht und die Vollendung in der Schöpfung des neuen Himmels und der neuen Erde kommen. Es handelt sich um das sogenannte Tausendjährige Reich bzw. das Millennium und um die daraus entstandene Lehre vom Chiliasmus.

„Und ich sah einen Engel aus dem Himmel herabkommen, der den Schlüssel des Abgrundes und eine große Kette in seiner Hand hatte. Und

er griff den Drachen, die alte Schlange, die der Teufel und der Satan ist; und er band ihn tausend Jahre und warf ihn in den Abgrund und schloss zu und versiegelte über ihm, damit er nicht mehr die Nationen verführe, bis die tausend Jahre vollendet sind. Nach diesem muss er für kurze Zeit losgelassen werden." (Offenbarung 20,1–3)

Bei aller Diskrepanz und Verwirrung in diesem Punkt plädiere ich allerdings nachdrücklich dafür, die Lehre vom Millennium neu in den Blick zu nehmen.[31] Nicht nur, weil sie uns als Christenheit mit der Erwartung des Judentums auf den Messias verbindet, sondern weil der Chiliasmus sogleich ein enormes Hoffnungspotenzial für diese Erde aufzeigt. Das messianische Friedensreich ist eine begrenzte Zeit. Die Zahl 1.000 ist nicht numerisch, sondern im Sinn einer Vollzahl der von Gott festgesetzten Zeit zu verstehen. Es ist eine Zeit hier auf der Erde, bei der messianische Zustände herrschen. Auch die Tiere kommen unter den Einfluss des Messias, so wie es bereits angedeutet wird, als Jesus sich zu Beginn seines öffentlichen Auftritts in die Wüste zurückgezogen hat. Dort war er bei den „wilden Tieren", und die Engel dienten ihm (Markus 1,13). Jesaja beschreibt dieses messianische Reich unter anderem wie folgt:

„Und der Wolf wird beim Lamm weiden und der Leopard beim Böckchen lagern. Das Kalb und der Junglöwe und das Mastvieh werden zusammen sein, und ein kleiner Junge wird sie treiben. Kuh und Bärin werden miteinander weiden, ihre Jungen werden zusammen lagern. Und der Löwe wird Stroh fressen wie das Rind. Und der Säugling wird spielen an dem Loch der Viper und das entwöhnte Kind seine Hand ausstrecken nach der Höhle der Otter. Man wird nichts Böses tun noch verderblich handeln auf meinen ganzen heiligen Berg. Denn das Land wird voll von Erkenntnis des Herrn sein wie von Wasser, das das Meer bedeckt." (Jesaja 11,6–9)

Christen beten heute in den Gottesdiensten: „Dein Reich komme, wie im Himmel so auf Erden". Doch haben wir eine Vorstellung, wie dieses messianische Reich hier auf der Erde konkret werden kann? In der evangelikalen Christenheit sprechen wir häufig von einer „Erweckung" und verstehen darunter, dass viele Menschen sich bekehren und in die Nachfolge Christi gerufen werden. Das Reich Gottes, seine Königsherrschaft, hat bereits seit dem ersten Kommen Jesu ihren Lauf genommen. Das messianische Reich ist immer gebunden an Christus, den Messias. Zeichenhaft soll in allen Zeiten vor diesem Millennium die Wirklichkeit des angebrochenen Reiches Gottes aufleuchten. Diese Zeichen (*semeia*) dürfen Christen erbitten und erwarten. Sie stützen die Hoffnung auf die Zeit, die noch kommen wird, wenn der Christus mit seinen Heiligen hier auf der Erde sein messianisches Reich vollenden wird. Dann aber wird Christus dieses Reich dem Vater übergeben, sodass der dreieine Gott „alles in allem" sein wird.

Für die ökologische Theologie, Ethik und Spiritualität haben diese Fixpunkte der zukünftigen Hoffnung eine enorme Auswirkung. Wenn hingegen kein Wachstum des Reiches Gottes wird, geschweige denn ein Friedensreich auf der Erde (Millennium), die Parusie Jesu und das Weltgericht mehr oder weniger ignoriert werden, so sind wir geprägt von einem Zukunftspessimismus, der sich auf die Untergangsszenarien oder gar auf die Agitationen des Bösen fixiert. Wenn Hoffen und Denken zusammenkommen bzw. christlicher Glaube und eschatologische Theologie, dann tragen wir „der Vergangenheit nicht die Schleppe hinterher, sondern der Zukunft die Fackel voraus" (Immanuel Kant)[32].

Die Gemeinde Jesu Christi – Labor und Modell des Reiches Gottes

In welchem Verhältnis steht die Gemeinde Jesu Christi zum Reich Gottes? Lange Zeit lebte ich mit der Vorstellung, dass sich das Königreich Gottes auf die Gemeinde Jesu hier auf der Erde konzentriert oder womöglich auch beschränkt. Die Welt (*kosmos*) stand im Gegensatz zu der Gemeinde. Die Gemeinde war Licht in einer dunklen Welt und Salz in einer faden Erde. Da gibt es die klare biblische Aussage: *„Wenn ein Mensch nicht von neuem geboren wird, so kann er das Reich Gottes nicht sehen"* (Johannes 3,3). *„Mein Reich ist nicht von dieser Welt"*

(Johannes 18,36), sagt Jesus. Allerdings wurde mir zunehmend bewusst, dass die Liebe und Gegenwart Gottes nicht auf die Gemeinde (*ekklesia*) begrenzt sein kann. Immerhin sendet Jesus seine Jünger in die Welt, um zu verkündigen: *„Das Reich Gottes ist nahe*!“ (Matthäus 10,7). Der Auferstandene segnet und sendet seine Jüngerschaft *„zu allen Nationen“* (*etnei*) bzw. *„in die ganze Welt“* (*kosmos*) zur Verkündigung des Evangeliums an die ganze Schöpfung (*ktisis*) – (Matthäus 28,19; Markus 16,15). Die Königsherrschaft Gottes ist verortet, da wo Jesus Christus und der Heilige Geist gegenwärtig und wirksam sind. So berichtet Lukas in der Apostelgeschichte, dass der Auferstandene seinen Aposteln über 40 Tage lang erschien und mit ihnen *„über die Dinge redete, die das Reich Gottes betreffen“* (Apostelgeschichte 1,3).

Das Reich Gottes auf der Erde

Christen aller Konfessionen und in allen Generationen beten *„Dein Reich komme; dein Wille geschehe, wie im Himmel, so auch auf Erden!“* (Matthäus 6,10). Jesus betont in seinem Sendungswort als Auferstandener: *Mir ist alle Macht gegeben im Himmel und auf Erden. (Matthäus 28,18a)*. Die Autorität des Herrn (*kyrios*) ist keineswegs nur auf seine Gemeinde begrenzt, sondern sie umfasst „Himmel und Erde“. Das kosmische Himmelsgewölbe (*ouranoi*) ist gemeinsam mit der Erde (*ge*) Geschöpf Gottes (1. Mose 1,1). Der auferstandene und der erhöhte Christus hat eine kosmische Vollmacht. Das Königreich Gottes lässt keine Dimension der geschaffenen Welt aus, es umfasst den sichtbaren und unsichtbaren Teil des Kosmos (Kolosser 1,15). „Die Erlösung reicht bis in den hintersten Winkel des ‚Physischen‘ hinein. Den Sanftmütigen wird das Erdreich verheißen, und dieses Erdreich ist nichts anderes als das ‚Himmelreich‘; die Welt des kommenden Äons, der kommenden erlösten Kreatur (Römer 8,21).“[33] Die neue Wirklichkeit des Himmelreiches kennt andere Gesetzmäßigkeiten als die Realität einer Welt, die nach naturwissenschaftlichen Maßstäben beurteilt werden kann. Diese beschreibt Jesus nachdrücklich in der Bergpredigt (Matthäus 5–7). Da gilt nicht mehr das Prinzip der neidischen Konkurrenz, sondern das der versöhnten Kooperation. Feindesliebe tritt an die Stelle von Feindschaft; Unscheinbares gewinnt Relevanz und Hohes wird erniedrigt. Eine neue Lebensweise und Versöhnungsqualität sollen sich in der *ekklesia*, der Gemeinde Jesu, erweisen und wie „Salz der Erde" bzw. „Licht der Welt" sein. Neid, Bosheit und Lüge gehören nicht zu Gottes neuer Welt.

Allerdings ist eine Ausbreitung der Königsherrschaft Gottes nur möglich in der Kraft des Heiligen Geistes. So weist Jesus seine Jünger nach seinem Leiden und seiner Auferstehung darauf hin, dass sie auf die Ausgießung des Heiligen Geistes warten sollen.

„Ihr werdet die Kraft empfangen, wenn der Heilige Geist auf euch gekommen ist; und ihr werdet meine Zeugen sein in Jerusalem als auch in Judäa und Samaria und bis an das Ende der Erde." (Apostelgeschichte 1,8)

Ohne die pneumatologische Dimension ist das Reich Gottes theologisch nicht erfassbar. Der Geist Gottes vergegenwärtigt die Freude, die Herrlichkeit, die Kraft des Christus und seines Reiches in seinen Nachfolgerinnen und Nachfolgern. Sie schmecken bereits durch den Empfang der Gabe des Heiligen Geistes die *„Kräfte des zukünftigen Zeitalters"* (Hebräer 6,4). Dazu gehören auch die Gaben des Geistes (1. Korinther 12,1–11; Römer 12,6–8). Das Wesen Christi soll wie die „Frucht des Geistes" in allen Christenmenschen erkennbar werden (Galater 5,22). Es kommt zur Heiligung durch den Heiligen Geist. Wo viel Heiliger Geist ist, da ist viel Christus; wo Christus ist, da ist der Vater. Wo Gott ist, da ist das Reich Gottes ebenso gegenwärtig. Es geht um nichts Geringeres als um die „Teilhabe an der göttlichen Natur", wie sie unter anderem in der orthodoxen Theosis-Lehre reflektiert wird.[34] Die biblischen Briefe sprechen von den „Heiligen", den Menschen, die dem Herrn (*kyrios*) gehören. In Anlehnung an diese Begrifflichkeiten verwenden wir auch die Bezeichnung Kirche (Kyrios-Zugehörige) oder *ekklesia* (Herausgerufene).

„Da seine göttliche Kraft uns alles zum Leben und zur Gottseligkeit geschenkt hat durch die Erkenntnis dessen, der uns berufen hat durch seine eigene Herrlichkeit und Tugend, durch die er uns die kostbarsten und größten Verheißungen geschenkt hat, damit ihr durch sie Teilhaber (koino-

noi) der göttlichen Natur werdet, eben deshalb wendet allen Fleiß auf und reicht in eurem Glauben die Tugend dar, in der Tugend die Erkenntnis, in der Erkenntnis die Enthaltsamkeit, in der Enthaltsamkeit aber das Ausharren, in dem Ausharren aber die Gottseligkeit (eusebeia), in der Gottseligkeit aber die Bruderliebe, in der Bruderliebe aber die Liebe! Denn so wird euch reichlich gewährt werden der Eingang in das ewige Reich unseres Herrn und Retters Jesus Christus." (2. Petrus 1,3–7.11)

Das Reich Gottes wird konkret in der christlichen Ethik und Frömmigkeit (*eusebeia*). Diese sind initiiert durch die Verheißungen und die Erfahrung der Kraftwirkungen Gottes. In einer Welt, die noch von den diabolischen Mächten beeinflusst ist, leuchtet die neue Realität des Reiches Gottes in der Verkündigung und durch mitfolgende Zeichen auf. Das öffentliche Auftreten Jesu war begleitet von jenen Wundern, die offenbar nicht mit der Logik dieser Weltzeit erklärbar sind. Die Zeichen (*semeia*) sind die Erkennungsmerkmale für das messianische Reich Gottes auf Erden. Sie sind nicht verfügbar, aber bestätigen die Verkündigung vom Reich Gottes (Markus 16,17–18). Das Reich Gottes besteht nicht in Worten, sondern in Kraft (1. Korinther 4,20).

Ökologische Theologie, Ethik und Spiritualität stehen in einer Korrelation zueinander. Eine biblisch fundierte Theologie ist nicht nur durch den Auftrag der Menschen zur Bewahrung der Schöpfung begründet, sondern sie weist auf das umfassende Schöpfungs- und Erlösungswerk Jesu Christi, auf das Reich Gottes und auf die Kraftwirkungen des Heiligen Geistes hin. Genauso wie das Reich Gottes nicht von dieser Welt ist, aber ganz auf Erden anbricht, genauso ist eine christliche Frömmigkeit spirituell beheimatet in Gottes Wirklichkeit, aber dennoch ganz geerdet. Sie hat Hand und Fuß. Sie führt zur Bruderliebe (*philadelphia*) und zur allumfassenden Agape-Liebe Gottes. Christliche Frömmigkeit verliert sich nicht in religiösen Spekulationen oder mystischen Erfahrungen, aber sie ist verwurzelt in der Gottesliebe.[35] In der Weinstock-Rede spricht Jesus von dieser innigen Verbindung: „*Bleibt in mir und ich in euch! Wer in mir bleibt und ich in ihm, der bringt viel Frucht, denn getrennt von mir könnt ihr nichts tun.*"

(Johannes 15,4.5) Wer im Reich Gottes zu Hause ist, findet gleichsam sein Zuhause in der Schöpfungsgemeinschaft, denn Christus sendet die Glaubenden in die Welt, zur Verkündigung des Evangeliums der ganzen Schöpfung. „An das Reich Gottes glauben kann nur, wer die Erde und Gott in einem liebt." (Dietrich Bonhoeffer)[36]

Die Sendung der Gemeinde Jesu Christi in die Welt

Wozu ist die Kirche, die Gemeinde Jesu da? Diese Frage stellt sich für viele Menschen nicht erst, seitdem es sehr einschränkende Versammlungsrichtlinien in der Corona-Pandemie gibt, die das gewohnte Gemeindeleben erheblich reduziert haben. Es ist eine Frage, die immer dann auftaucht, wenn Christen sich nur noch partiell oder gar nicht mehr mit der gegenwärtigen Form der *ekklesia* identifizieren können oder wollen. Eine Mitgliederapathie breitet sich aus. Im digitalen Netz öffnet sich die Möglichkeit, täglich 24 Stunden Gottesdienste, Predigt und Lehre, Beratung und geistliche Musik „herunterzuladen". Spirituelle Angebote wie Seelsorge, Gebetszeiten können wahrgenommen werden. Die in den sozialen Medien vernetzte Christenheit erfährt auf ihre Weise Gemeinschaft und zwar weltweit. Es gibt „Kirche im Netz".

Die bedrohliche Bedeutungslosigkeit der vorherrschenden Gestalt der *ekklesia* in unserer Zeit äußert sich im rapiden Rückgang der Mitgliederzahlen, nicht nur in den großen Volkskirchen, sondern auch in vielen freikirchlichen Gemeinden und Gemeinschaften. Die Glaubwürdigkeit des christlichen Zeugnisses ist nach den Worten Jesu allerdings gekoppelt an die offenbare Liebe. Jesus weist darauf hin, wenn es heißt: *„Ein neues Gebot gebe ich euch, dass ihr einander liebt, damit, wie ich euch geliebt habe, auch ihr einander liebt. Daran werden alle erkennen, dass ihr meine Jünger seid, wenn ihr Liebe untereinander habt."* (Johannes 13,34–35) Wie aber liebt Jesus? Ist diese sich hingebende, leibhaftige Liebe digital möglich? Bei aller Wertschätzung einer ergänzenden digitalen Gestalt von Kirche in einer digitalen Welt bleibt die Konkretion der Liebe in der leiblichen Präsenz auf der Strecke. Immer mehr Christen ziehen sich in ihre kleinen Gemeinschaften oder auch digitalen Netze zurück und genügen sich damit selbst.

Es ist eine Form von Selbst-Ghettoisierung; sie sind Selbstversorger, was geistliche Nahrung anbelangt. Aber geht es im Reich Gottes allein darum? Sicher nicht! „Kirche ist Kirche für andere" – auf diese Formel brachte es Dietrich Bonhoeffer in den Wirren und Trümmern der damaligen Zeit.

Gemeinde Jesu ist eine in die Welt gesandte Gemeinde. Sie hat eine gemeinsame Mission von Christus bekommen. Der einzelne Christenmensch wird nur einen schwachen Unterschied machen, wenn diese Welt nach einer neuen Qualität von Gemeinschaft sucht. Die coronabedingte aufgezwungene Isolierung ist sogleich gepaart mit einer bedrohlichen Weltsituation, die Solidarität und Gemeinsinn erfordert. Die individualisierte Frömmigkeit – „ich und mein Heiland" –, wie wir sie in vielen christlichen Gemeinden antreffen können, blockiert nicht nur die Evangelisation, sondern die gesamte *missio Dei*. Es braucht eine neue Bekehrung zur Welt hin, weil Christus uns in die Welt gesandt hat.[37]

Die vorliegende Studie zeigt, wie wenig die guten Impulse aus dem ökumenischen Missionsdialog in den einzelnen Gemeinden aufgenommen wurden. Wo ist das ökologische Thema im missionarischen Gemeindeaufbau überhaupt verwurzelt? Gott sei Dank haben viele Kirchengemeinden den grundlegenden Impuls der Missiologie aufgenommen: Die Kirche treibt nicht Mission, sondern die Mission treibt die Kirche. „Wer von der Kirche ausgeht, dem wird wahrscheinlich die Mission verloren gehen. Wer von der Mission ausgeht, wird vermutlich die Kirche finden." Mit diesen Worten führte der derzeitige Erzbischof von Canterbury, Rowan Williams, die anstehende missionarische Neuorientierung der Anglikanischen Kirche zu einer „Mission Shaped Church" ein.[38] Einige sprechen auch von einer missionalen Existenz der Gemeinde Jesu Christi. „Missional" bezeichnet in einer umfassenden, ganzheitlichen Weise die von Gottes Mission geprägte christliche Existenz, während der Terminus „missionarisch" eher auf die Mission als Aktion konzentriert ist.[39]

Was beinhaltet aber eine solche umfassende, ganzheitliche Sendung der Gemeinde Jesu Christi? In den 1950er-Jahren (Georg

Friedrich Vicedom) konzentrierte sich das Nachdenken an vier Ausrichtungen der *missio Dei*: Anbetung/Gottesdienst (*leiturgia*); Evangelisation/Zeugnis (*martyria*); Diakonie (*diakonia*) und Gemeinschaft (*koinonia*). Durch die Impulse der Ausbildungsgänge zur Gemeindepädagogik (*Christian Education*) und dem neuen Augenmerk auf die Jüngerschaftsbildung kam in den letzten Jahren eine weitere Missions-Komponente hinzu: Jüngerschaft (*didaskalia*). Diese fünf Grundkomponenten einer missionarischen Gemeinde spiegeln sich in den Leitbildern vieler Kirchen und Gemeinschaften.[40] Evangelisation ist demnach nicht identisch mit Mission, aber sie ist ein wesentlicher Teil der *missio Dei*. Die Fragestellung, ob Evangelisation nicht vor allen anderen Missions-Komponenten den Vorrang haben müsse, stellt sich heute nicht mehr so wie einst in den 1970er-Jahren zur Gründungszeit der Lausanner Bewegung. Immerhin hat es zwischen der Theologie des Ökumenischen Rates der Kirchen (ÖRK) und den von Evangelikalen geprägten theologischen Stellungnahmen der Lausanner Bewegung viele Annäherungen gegeben. Ich erinnere an die wegweisende Erklärung der Vollversammlung des ÖRK (Busan/Korea 2013) „Gemeinsam für das Leben: Mission und Evangelisation in sich wandelnden Kontexten", aber auch an die verbindenden Themen der letzten ökumenischen Missionskonferenzen in Athen (2005 – Heilung) und Arusha/Tansania (2018 – Vom Heiligen Geist bewegt – zur verwandelnden Nachfolge berufen).[41]

Wo aber wird die Schöpfungsverantwortung in einem missionarischen Gemeindeaufbau eingebracht? Gehört sie zur Diakonie, zur Gottesdienstgestaltung (*leiturgia*) oder zum Bildungsauftrag im Sinn der Jüngerschaft? Ich plädiere für die Einführung von zwei weiteren Missions-Komponenten in der *missio Dei*: Frieden und Gerechtigkeit (*dikaiosyne*) und Bewahrung der Schöpfung (*diatherese*), um zu verdeutlichen, dass *missio Dei* ohne diese Akzente in Zukunft nicht auskommen wird.[42] Gleichwohl wird sich eine ökologische Theologie und Mission auch in den bereits bekannten fünf Missions-Komponenten niederschlagen. Die Gottesdienste, die Liturgie und die Gebete wie auch die Diakonie, die Glaubwürdigkeit des christlichen Zeugnisses in der Evangelisation und die Jüngerschafts-Bildung werden das Thema berühren. Es ist sinnvoll, die Schöpfungsspiritualität im gesamten Gemeindeleben zu berücksichtigen. Dazu ermutigen beispielsweise die Einladungen zu einem „Ökumenischen Pilgerweg der Gerechtigkeit und des Friedens“. Dabei geht es um die Einbeziehung der Thematik in den Gottesdiensten und im Gebet (*via positiva*), um die Betroffenheit angesichts der Not und Dringlichkeit des Handelns in einer bedrohten Schöpfung (*via negativa*) und schließlich um das konkrete vorbildliche Engagement in Kirche und Gesellschaft (*via transformativa*). „Die Pilgerreise der Öko-Gerechtigkeit und des Friedens mit der Erde wird von einer Hoffnung für die Geburt einer neuen Erde getragen, eines neuen Reiches. Diese Hoffnung wurzelt in der tiefen Überzeugung, dass Gott die Schöpfung liebt und nicht aufgibt.“(Olav Fykse Tveit)[43].

Heilige Affekte: Compassion und Freude

Die vorliegende Studie hat unter anderem die Umweltaffekte in den Blick genommen, die für ein engagiertes Handeln, eine Umweltethik auslösend sind. Affektionen bezeichnen im geisteswissenschaftlichen Sprachgebrauch eine ganzheitliche Betroffenheit des Menschen. Affekte können zu einer grundlegenden Verhaltensänderung führen. Sie werden durch Konfrontation mit einer Situation, einem Thema oder einer Begegnung ausgelöst. Es gibt negative Affekte (zum Beispiel Lebensmüdigkeit, Schock, Trauer, Sprachlosigkeit, zerstörerische Wut und Gewalt, Beziehungslosigkeit, Überforderung) oder auch positive (zum Beispiel Erleuchtung, Freude, Mut, Vertrauen, Freiheit, Heilung, Dankbarkeit, Liebe und Barmherzigkeit).

Die biblischen Texte bezeugen eine solche transformative Kraft des Evangeliums und der Wirkungen des Wortes und Geistes Gottes. Gotteserfahrungen werden so zu Selbsterfahrungen. Es kommt zur *metanoia*, zum Umdenken, aber auch zum „Umfühlen“. Der ganze Mensch ist „betroffen“ in seinen somatischen, mental-psychischen, sozialen und seinen spirituellen Bezügen. Eine solche auslösende und verändernde Erfahrung kann beglückend sein, aber auch die eigene Armseligkeit des Daseins verdeutlichen. Wenn der Geist Gottes wirkt, so nimmt sich der Mensch in seiner Gottesbeziehung, in seiner Beziehung zum Nächsten und zur Umwelt sowie in seiner Selbstbeziehung wahr. Es geht um eine Grunderfahrung der Liebe Gottes. So spreche ich auch von „heiligen Affekten", einer von Gott ausgelösten und zielführenden Betroffenheit, die nicht nur zu einzelnen Aktionen führt, sondern dem gesamten Sein eine neue Ausrichtung gibt.

Die meisten Denkschriften und Umwelt-Appelle verweisen auf Fakten, auf ökologisch-relevante Transformationsdaten. Sie verwenden allerdings auch Begriffe, die eine außerordentliche Dringlichkeit herausstellen und somit Affekte erzielen wollen. Dann geht es um „analogielose Lösungswege"; die „Weltenuhr" steht kurz vor null; es geht nicht nur um eine Verbesserung der Lebensqualität, sondern um das „Überleben" auf diesem Planeten Erde. Eine erdrückende Faktenlage motiviert jedoch vielfach nicht; sie führt nicht zu den erwarteten Affekten. Nicht selten wird sie mit alternativen Denkweisen und Argumentationsmustern und angeblich alternativen wissenschaftlichen Daten verdrängt, ignoriert, geleugnet oder bekämpft. Auch die Frage, was eine einzelne Person, eine einzige Kirchengemeinde oder eine einzelne Nation angesichts einer globalen Bedrohung ausrichten kann, spielt eine Rolle.

Als Christenheit bekennen wir, dass das Evangelium sich an die ganze Welt (an alle Schöpfung) richtet. Auch das Evangelium hat eine globale Dimension, gleichwohl haben wir in der Jesusnachfolge persönlich die Stimme des guten Hirten gehört, eine Bekehrung und andere tiefgreifende Glaubenserfahrungen machen dürfen, die unser gesamtes Leben verändert haben. Die transformative Kraft des Evangeliums wird vom Apostel Paulus zum Beispiel mit folgenden Worten beschrieben: *„Ist jemand in Christus, so ist er eine neue Schöpfung, das Alte ist vergangen, siehe, Neues ist geworden."* (2. Korinther 5,17) Das Neue der Schöpfung in Christus führt zu einer neuen Ethik, die ebenfalls das gesamte Leben betrifft, denn der Apostel argumentiert wie folgt: *„Denn die Liebe Christi drängt uns, da wir zu diesem Urteil gekommen sind, dass einer für alle gestorben ist und somit alle gestorben sind.*

Und für alle ist er gestorben, damit die, welche leben, nicht mehr sich selbst leben, sondern dem, der für sie gestorben und auferweckt worden ist." (2. Korinther 5,14–16) Diese neue christliche Existenz ist geprägt von dem „Sinn Jesu Christi" (Philipper 2,5). Sie erneuert nicht nur das Denken; *metanoia* umfasst das ganze Sein. Ein derartiger Heiligungsprozess ist nicht das Ergebnis von quälenden oder bedrückenden Gedanken. Er ist geprägt von der Freude des Daseins, von dem Glück des Lebens, das Gott schenkt. Wenn die Existenz der *ekklesia* lediglich mit ihrer Funktionalität, sprich mit ihrer Missionstätigkeit, begründet wird, so ist es um sie schlecht bestellt. Jesus wies in seinen Abschiedsreden nicht nur auf die Sendung der Gemeinde hin, sondern nachdrücklich auf die „Herrlichkeit" (*doxa*) und auf die „Freude" (*chara*), die Christen von ihm empfangen.

„Dies habe ich zu euch geredet, damit meine Freude in euch sei und eure Freude völlig werde." (Johannes 15,11)

„Die Herrlichkeit (doxa), die du mir gegeben hast, habe ich ihnen gegeben, dass sie eins seien, wie wir eins sind – ich in ihnen und du in mir –, dass sie in eins vollendet seien, damit die Welt erkenne, dass du mich gesandt und sie geliebt hast, wie du mich geliebt hast. Vater, ich will, dass die, welche du mir gegeben hast, auch bei mir seien, wo ich bin, damit sie meine Herrlichkeit schauen, die du mir gegeben hast, denn du hast mich geliebt vor Grundlegung der Welt." (Johannes 17,22–24)

Angesichts der bedrückenden ökologischen Situation kann einem angst und bange werden, aber wir sehen diese Welt im Licht Gottes, ja, mehr noch, wir sind von dem Licht erfüllt und werden so selbst zum Licht der Welt! Wo Licht ist, da ist Orientierung, da wird es hell. Die krisengeschwängerte Menschheit braucht diese Illumination, die nicht nur wortgewaltig zu einem anderen Verhalten, einer anderen Ethik zwingt, sondern dieses helle, transformative Lebenselixier hervorbringt. Freude (*chara*) ist die Schwester der Gnade (*charis*). Die Herrlichkeit (*doxa*) ist jene lichtdurchflutende Kraft, die Würde und Mut verleiht, weil sie auch die niedrigste Kreatur mit dem Schöpfer und Retter verbindet. Bereits Friedrich Schleiermacher wies in seinen „Reden über die Religion" im Jahr 1799 darauf hin, dass Religion ihre Existenz nicht darin begründen solle, dass sie als „Sinnstifterin für eine bessere Moral“ auftritt. Religion hat ihren Sinn in der Gottesgemeinschaft, die sich dann allerdings auf das gesamte Leben auswirkt. Die Konzentration der protestantischen Theologie auf die Soteriologie (Erlösungslehre) führt allzu häufig dazu, dass Gott selbst nur noch als „Nothelfer“, als Problemlöser und Retter des Lebens verstanden wird. Auch der Kirchenvater Augustin wusste von einer solchen einseitigen Gotteserfahrung, die jedoch befreit werden müsse „zur Freude Gottes und zur Freude in Gott“ (*frutitio Dei et se invicem in Deo*). Eine zweckfreie Freude an Gott kann so an die Stelle einer verzweckten Spiritualität gelangen. Jürgen Moltmann weist auf diese Freude als Grundmotiv des christlichen Lebens und der christlichen Ethik hin, wenn er von den „ersten Freigelassenen der Schöpfung“[44] spricht. Diese freudige Spiritualität ist verankert in der Gewissheit der Liebe Gottes, in einem Grundvertrauen. Sie kann auch in unsicheren Lebenszeiten dominieren und im Leiden zu einer geistlich gewirkten Resilienz führen. Sie hat etwas heilig Kindliches, sie „singt und spielt“ Gott im Herzen (Epheser 5,19). Geiko Müller-Fahrenholz begründet eine solche „lebensfrohe, lebensbejahende, mutige und schöpferische Frömmigkeit“ unter anderem darin, dass es ein bewunderndes Staunen geben kann, unabhängig von der Ratio.

Eine ökologische Spiritualität ist eine staunende, strahlende und anbetende Frömmigkeit, welche die Schönheiten der Schöpfung erkennt und Gottes Wirken darin wahrnimmt. Zugleich stimmt sie ein in das Lob der Schöpfung, die auf ihre Weise auf Gott ausgerichtet ist und das Gotteslob anstimmt. So sollen die Himmel die Ehre Gottes verkündigen und die Erde seiner Hände Werk (Psalm 19,3). Die ganze Schöpfung soll Gott loben; Psalm 104; 148). Ich spreche von einer „grünen Kanzel“, denn die Natur, der ganze geschaffene Kosmos ist auf Christus ausgerichtet: *„Alles ist durch ihn und zu ihm hin geschaffen, und er ist vor allem, und alles besteht durch ihn.“* (Kolosser 1,16) Jesus hat in seiner Verkündigung häufig die Natur erwähnt, wie sie ihm Vorlagen gibt für das Grundverständnis einer vertrauensvollen Gottesbeziehung und für das Reich Gottes (Matthäus 6,26–30; 13,31–33; Markus 4,26–34; Johannes 15,1–8). Der vom NS-Regime im Jahr 1945 hingerichtete Jesuit Alfred Delp schrieb als bereits zum Tode Verurteilter folgende Zeilen: „Das Eine ist mir so klar und spürbar wie selten: Die Welt ist Gottes so voll. Aus allen Poren der Dinge quillt er gleichsam uns entgegen. Wir aber sind oft so blind. Wir bleiben in den schönen und den bösen Stunden hängen und erleben sie nicht durch bis an den Brennpunkt, an dem sie aus Gott herausströmen. Das gilt für alles Schöne und auch für das Elend. In allem will Gott Begegnung feiern und fragen und will die anbetende Antwort.“[45]

Bei aller erschreckenden Erkenntnis über die Auswirkungen des Klimawandels bleibt das tragende Bekenntnis, dass Gott diese Erde liebt. Als Christen gehen wir in Ehrfurcht mit dem um, was Gott uns anvertraut hat. Wir starren nicht nur auf das Unvollkommene, das Zerstörte, sondern wir erkennen in allem Zerbruch die Herrlichkeit eines Gottes, der sich selbst in alle Zerbrochenheit dieser Welt hineingeliebt hat. Freude und Herrlichkeit, die Christus uns gibt, sind gepaart mit Demut und mit Dankbarkeit. Beides sind Grundvoraussetzungen für eine Menschheit, die sich allzu oft in hochmütigen Prognosen und Selbsteinschätzungen in einer spröden Besserwisserei verliert oder sich auf Kosten anderer erhöhen möchte. Christus hat dieses Wesen der Demut, der Sanftmut, diese Freude und Herrlichkeit durch seinen Geist in Christenmenschen veranlagt. Wer sich in einer staunenden, kosmisch demütigen Dankbarkeit übt, wird weniger Energie im Klagen verlieren. Nicht das Lamento dominiert in einer ökologischen Spiritualität, sondern die Laudatio.

Doch nicht eine alle Not übertünchende Heiterkeit ist dabei gemeint, sondern eine anbetende Freude. Diese steht auch nicht im Widerspruch zu der Klage, dem „Seufzen der Schöpfung“, denn selbst ein solches Seufzen wartet auf das Offenbarwerden der Söhne Gottes, auf die Vollendung der neuen Schöpfung. So werden wir auf eine weitere Dimension einer ökologischen Spiritualität hingewiesen: Es geht um die Sympathie der Seufzenden, um das Leiden in und mit der Schöpfung, um die Compassion.

„Denn wir wissen, dass die ganze Schöpfung zusammen seufzt und zusammen in Geburtswehen liegt bis jetzt. Nicht allein aber sie, sondern auch wir selbst, die wir die Erstlingsgabe des Geistes haben, auch wir selbst seufzen in uns selbst und erwarten die Sohnschaft: die Erlösung unseres Leibes. [...] Der Geist selbst verwendet sich für uns in unaussprechlichen Seufzern. Der aber die Herzen erforscht, weiß, was der Sinn des Geistes ist, denn er verwendet sich für Heilige Gott gemäß." (Römer 8,22–23.26)

Das Seufzen der nichtmenschlichen Kreatur wird in dieser Zeit immer hörbarer, weil die Menschheit der Erde unbeschreiblichen Schaden zufügt. Es geht bei der nichtmenschlichen Kreatur keineswegs um leblose Materie, sondern um ein lebendiges Gegenüber, das der Apostel Paulus hier seufzen hört. Hören wir die Schmerzensschreie einer Natur im Klimawandel, die Todesseufzer der aussterbenden Arten? Die Redeweise vom Seufzen der Schöpfung stellt der Verdinglichung der Kreatur etwas entgegen. Rohstoffe der Erde, Pflanzen und Tiere, ja, sogar Menschen werden heutzutage wie Ware angesehen. Gott sei es geklagt! Es braucht in einer christlichen Spiritualität eine enorme Kraft, diesem Trend der Verdinglichung und Vermarktung etwas entgegenzuhalten. Es braucht eine vom Heiligen Geist gewirkte einfühlsame Intelligenz, Affektivität, Sorge, Aufmerksamkeit, eine Leidenschaft, ein Mitleiden! Wie kann man jenes Seufzen der Schöpfung noch überhören, ignorieren oder gar leugnen? Sind die „Wehen der Endzeit" zugleich mit den „Geburtswehen" der neuen Schöpfung verbunden? Die nichtmenschliche Kreatur wird in ihrem geduldigen Gehorsam zu einer geistlichen Begleiterin des Menschen. Denn alle Menschen sind von der Vergänglichkeit des Lebens betroffen. Selbst Christinnen und Christen, die durch den Empfang der Gabe des Geistes eine partielle Einwohnung Gottes schon erleben, erwarten die Befreiung von einer Leiblichkeit, welche noch vom Tod und der Vergänglichkeit geprägt ist. Es ist eine doppelte Seufzerei oder genauer gesagt ein Seufzen im Dreiklang, denn der Geist Gottes vertritt uns mit „unausprechlichen Seufzern". Der Geist artikuliert sich in uns nicht nur in verständlichen Worten, sondern es geht um ein Ergriffensein durch das Mitleiden und das Mitseufzen des Geistes Gottes. Es geht auch um das Leiden Christi.

Paulus spricht von der *„Gemeinschaft der Leiden Christi"* (Philipper 3,20) bzw. dass er sein Leiden als verlängertes, ergänzendes Leiden Christi deutet (Kolosser 1,24). Damit wird keineswegs zum Ausdruck gebracht, dass das Geschehen von Kreuz und Auferstehung nicht ausreichen würde, sondern dass es sich fortsetzt bis hin zur Vollendung des neuen Himmels und der neuen Erde. Eine ökologische Spiritualität ist maßgeblich von einer solchen Teilhabe (*koinonia*) an diesem Leiden Christi in unserer unfertigen Welt geprägt. Sie kennt die Tränen Gottes, sie weint die Tränen Christi, sie fühlt sein Erbarmen, sie ist durchdrungen von seiner Liebe und Treue zu allen seinen Geschöpfen. Diese Sinfonie der Seufzenden verliert sich nicht in einer Agonie (Ratlosigkeit), sondern sie mündet in eine Hoffnung. Gott will uns als „Mitliebende und Mitleidende" (Johannes Duns Scotus). In einem solchen Mitleiden Christi äußern sich die Tränen und das Stöhnen einer nicht-menschlichen Kreatur; das unsagbare Leid der Tiere, die wie Ware behandelt werden; das Leiden der Pflanzen, die ignoriert werden; das Leiden der Erde, die erschöpft ist. Der Heilige Geist führt uns in ein Mitgefühl, eine „Compassion". So sehr uns auch die Segnungen erfreuen, die wir in der Natur empfangen und genießen, so tief empfinden wir ebenfalls die Wunden, die ihr geschlagen wurden. Johann Baptist Metz scheibt dazu: „Es gibt in der deutschen Sprache kein Wort, das die elementare Leidempfindlichkeit unmissverständlich zum Ausdruck bringt. ‚Mitleid' steht im Verdacht, die herrschende Ungerechtigkeit durch Sentimentalität zu verschleiern. So verwende ich das Fremdwort als Schlüsselwort für den Aufbruch der Kirche aus ihrer drohenden Selbstprivatisierung. Diese ‚Compassion' ist teilnehmende Wahrnehmung fremden Leids."[46]

Eine derartige Compassion ist keine moralische Pflicht oder erlernbar; sie ist auch nicht mit einer Hochsensibilität des Menschen zu verwechseln. Es handelt sich um eine vom Geist Gottes initiierte Affektion, ein sympathisches Bewusstsein, das zu einer ökologisch-christlichen Ethik führt. Die Massivität des globalen Leides würde uns Menschen sonst nicht nur belasten, sondern seelisch vernichten. Der Heilige Geist leitet jedoch zu einer Sicht, die befreit, einer Compassion, die aus der überfließenden Barmherzigkeit Gottes gespeist ist. Eine solche geistliche Compassion äußert sich auf vielfältige Weise. Sie führt zu einer Buße, einem Umdenken und Neudenken, zu einem Mitfühlen eines Schmerzes, den wir nicht nur der Erde durch ein ökologisches Fehlverhalten zugefügt haben, sondern ebenfalls Christus. Buße im Sinn einer biblischen *metanoia* holt alle Lebensbereiche zurück in die Gemeinschaft mit Gott, sie legt den Grund zur Versöhnung, zum Frieden.

Die Compassion in einer ökologischen Spiritualität führt ebenfalls zu einer Fürbitte. Dabei geben wir jenen eine Stimme vor Gott, die selbst nicht beten können oder im Gebet Unterstützung brauchen. Da, wo die nichtmenschliche Kreatur Verlorenheit und Vergänglichkeit erfährt und sich nach dem Offenbarwerden der Kinder Gottes sehnt, da gilt es, dieser sehnenden Kreatur auch eine Stimme vor Gott zu geben. In die Fürbitte gehört allerdings auch das Gebet für Verantwortliche in der Gesellschaft, in Politik und Wirtschaft, in den Parlamenten und Betrieben. Im Beten beschweren wir uns nicht bei Gott über andere Menschen, sondern allenfalls klagen wir unsere Not. In der Fürbitte bringen wir diese Menschen in die Gegenwart Gottes im Vertrauen auf sein Eingreifen. In diesem Zusammenhang sei auf die große Kraft des Segnens hingewiesen. Wenn wir Menschen, Tiere oder Gottes Schöpfung segnen, so tun wir es im Namen des Vaters, des Sohnes und des Heiligen Geistes. Wir „signieren" – sprich kennzeichnen – mit unseren Worten Gottes Geschöpfe und erbitten, dass er seine Kraft und Zuwendung schenke. Ein segnender Lebensstil ist ein heilsamer Gegenpol in einer Welt, die von Gier und Fluch gekennzeichnet ist. Christen haben in Christus allen Segen des Himmels empfangen (Epheser 1,3) und sollen als Gesegnete zu Segnenden werden. Von ihrem Leib sollen *„Ströme des lebendigen Wassers fließen"* (Johannes 7,38).

Eine Compassion äußert sich vor allen Dingen auch dadurch, dass die Barmherzigkeit Jesu Christenmenschen erfüllt. Barmherzigkeit ist jedoch nicht auf ein Gefühl zu beschränken, sondern sie ist begründet in einem Mitleiden Christi, das zu einer konkreten ethischen Hilfsleistung oder Zuwendung führt. Ein solches Erbarmen soll alle Christen leiten. Es will als Frucht des Heiligen Geistes ein ganzes Leben lang in uns heranreifen. Es kann sich auch in der Geistesgabe der Barmherzigkeit äußern, wenn Menschen diese christliche Compassion in einem außergewöhnlichen Maß erfahren (Römer 12,8). Es vollzieht sich dann allerdings in der durchtragenden Freude, die uns immer begleitet, wenn wir in den Spuren Jesu bleiben. Wenn wir unsere Barmherzigkeit lediglich aus unserem menschlichen Vermögen herauswringen, so kommen wir schnell an unsere Grenzen, wenngleich ich diese Compassion-Fähigkeit des natürlichen Menschen keineswegs in Missgunst bringen will.

In einer gemeinsam verantwortlichen Erdenbürgerschaft bringen wir als Christen diese Barmherzigkeit ein, als Frucht und Gabe des Heiligen Geistes, des Christus in uns. Eine vom Geist Gottes gewirkte heilige Affektion bestimmt maßgeblich unsere christliche ökologische Ethik. Es geht dabei jedoch nicht nur um einzelne Aktionen, sondern um eine Seinsweise, um eine missionale Existenz. Christus soll aus Christen hervorleuchten: Mitten im Alltagsgeschehen, in der Familie, im Beruf und im Freizeitleben, in allen Beziehungen. Die Christuszugehörigkeit äußert sich beim Einkaufen und Konsumieren, beim Reden, Zuhören und Schweigen. Sie ist gefragt in Momenten der Intimität und der Öffentlichkeit. Tiere, Pflanzen, der geschaffene Himmel und die Erde: Alle Menschen sind einbezogen in einem Christenleben. Eine in Christus verankerte Spiritualität verbreitet Hoffnung, Trost, Lebenskraft und Freude. Christen sind im wahrsten Sinn des Wortes Enthusiasten, Menschen, die „in Gott“ zu Hause sind. Und doch sind sie ganz Realisten, ganz auf der Erde daheim und engagiert. Ihr Leben ist geprägt von den „heiligen Affekten“.

Kirchliche Handlungsempfehlungen, Arbeitshilfen und Vernetzungen

Die vorliegende Studie weist darauf hin, dass es ein zunehmendes Interesse an der ökologischen Fragestellung gibt, allerdings werden auch Gründe für ein zurückhaltendes Engagement aufgezeigt (vgl. „Wie lassen sich die Unterschiede zwischen den Gemeindeverbänden erklären?“, S. 66). Gegen ein ökologisches Engagement der Gemeinden sprechen theologische und praktische Gründe. Um niemanden in der Christengemeinschaft auszugrenzen, wird das Thema der Bewahrung der Schöpfung häufig in die Verantwortung des Einzelnen verschoben bzw. delegiert. Die Befürchtung besteht, man könnte sich in ökologischen Aktivitäten gleichsam verlieren und somit den wichtigen ekklesiologischen Auftrag der Evangelisation, das Engagement für „die Verlorenen“, vernachlässigen. Diese Befürchtungen sind in den evangelikal geprägten Freien evangelischen Gemeinden und den Gemeinschaften des Gnadauer Verbandes, welche bei der Erstellung der Studie maßgeblich votiert haben, wahrscheinlich dominanter als in den evangelischen Landeskirchen. Ich plädiere dafür, die ermutigenden theologischen Annäherungen aus dem ökumenischen Dialog nicht zu ignorieren und die theologischen Überzeugungen am biblischen Wort neu auszurichten. Eine ökologisch-christliche Ethik ist immer in einer christlichen Frömmigkeit (Spiritualität) verwurzelt und in einer ökologisch orientierten Theologie. Gemeinde Jesu bildet sich aus Christenmenschen, die Christus erfahren haben und ihm nachfolgen. Dementsprechend ist das Thema der ökologisch-christlichen Ethik verknüpft mit dem Thema der Nachfolgeethik. Es sollte jedoch nicht auf individualethische Konzepte begrenzt werden. Vielmehr kann die *ekklesia* als Vorhut des Reiches Gottes ein Labor, ein Experimentier-und Ermutigungsfeld in der persönlichen und gemeinsamen Nachfolge Jesu werden. Die umweltbewussten Christinnen und Christen sollten sich keineswegs in ihre persönlichen Nischen des Engagements zurückziehen, sondern sich in der Gemeinde einbringen können und die Chancen des gemeinsamen Handelns neu erfassen. Wird hingegen das Umweltthema weiterhin als zweitrangig oder quasi als Fußnote zum eigentlichen Missionsauftrag der Gemeinde Jesu angesehen, so ist zu befürchten, dass sich eine ganze Generation lauthals oder womöglich schleichend von Gemeinden verabschiedet. Umso wichtiger ist es, dass das biblisch-theologische Gespräch nicht abbricht und gemeinsame, tragfähige Positionen zum Thema gefunden werden, die sodann eine Gemeindeethik und das gesellschaftliche Engagement der jeweiligen Ortsgemeinde unterstützen. Dabei ist es ratsam und hilfreich, die theologischen und ethischen Stellungnahmen aus dem ökumenischen Dialog der letzten Jahrzehnte zu berücksichtigen. Wir fangen nicht am Punkt null an und dürfen dankbar zur Kenntnis nehmen und davon profitieren, was andere schon zuvor dazu gesagt, geschrieben und in die Wege geleitet haben.

Globale Krisen erfordern ökumenisches Handeln

Die ökologische Krise, die in den letzten Jahrzehnten immer mehr erkennbar wird, ist eine globale Krise. Alle Menschen, ja die gesamte Schöpfung, sind davon betroffen. Sie ist zudem gekoppelt mit einer Krise der Ökonomie, der gerechten Haushalterschaft in der Weltgemeinschaft. Gerechtigkeit, Frieden und Bewahrung der Schöpfung sind große Themen der Menschheit des 21. Jahrhunderts. Sie müssen dementsprechend ökumenisch bedacht werden. Im Wortsinn ist die „Ökumene" die Erdbevölkerung: Alle Menschen, unabhängig von ihrer religiösen oder politischen Einstellung, sind hier mit „im Boot". Der Slogan „Denk global – handle lokal!" weist auf diese Erkenntnis hin; er könnte allerdings auch missverstanden werden. Denn ein globales Handeln, etwa das Eintreten für die Rechte der Erde, kann in einer demokratischen Denkweise nicht an die Parlamente ausgelagert werden, sondern allenfalls verantwortungsvoll delegiert werden. Doch konzentrieren wir uns auf einen sektoralen Ausschnitt der Weltökumene: auf die Ökumene aller Christenmenschen, aller Menschen und Gemeinden, die sich in der Nachfolge Jesu verstehen.

Der christliche Beitrag, das christliche Zeugnis, die Salz-und Leuchtkraft des Evangeliums stehen in einem nicht aufzulösenden

Zusammenhang mit der Einheit der Christenheit. Dabei denke ich nicht an eine Einheitskirche als Organisation, sondern an eine organische Einheit der Christen in einer multilateralen Zusammensetzung der verschiedenen Kirchen und Gemeindebewegungen. Erst im 19./20. Jahrhundert kam es zu den heute bekannten Zusammenschlüssen der „Evangelischen Allianz" (1848) oder des „Ökumenischen Rates der Kirchen" (1948) bzw. der „Arbeitsgemeinschaft Christlicher Kirchen in Deutschland" (1948). Die vorliegende Studie hat auf die unterschiedlichen und die gemeinsamen ekklesiologischen Positionen hingewiesen, die bei der Auswertung der Befragung mit bedacht worden sind („Wie lassen sich die Unterschiede zwischen den Gemeindeverbänden erklären?", S. 66).

Die Katastrophen der beiden Weltkriege und das neue Nachdenken über die weltweite Mission der Kirche Jesu Christi führten zu intensiven Kontakten und Gesprächen. In der ersten Hälfte des 20. Jahrhunderts gab es die ersten Weltmissionskonferenzen (Edinburgh 1910; Jerusalem 1928; Tambaram 1938; Whitby 1947). Im Jahr 1948 wurde der Ökumenische Rat der Kirchen (ÖRK) gegründet. Schon bald erkannte man, dass es keinen wirklichen Fortschritt in der Einheit machen könne, wenn die verschiedenen Vorstellungen vom Wesen und Auftrag der Kirche thematisiert würden. „Es hat sich wiederum gezeigt, dass wir einander näherkommen, indem wir Christus näherkommen." (Lund 1952)[47] In der christologischen Konzentration erfahren sich Kirchen weltweit als Leib des erhöhten Christus und in seine messianische Sendung sowie in das kommende Reich Gottes hineingerufen. So lesen wir in den theologischen Positionspapieren der 1960er-Jahre von der „Vorwegnahme des Reiches Gottes", von der „sichtbaren Seite der Neuschöpfung, die Christus an seinem Tag vollenden wird" (Uppsala 1968). Bereits 1964 positionierte sich die Römisch-katholische Kirche im II. Vatikanum in ähnlicher Weise: „Das Ende der Zeiten ist also bereits zu uns gekommen und die Erneuerung der Welt ist unwiderruflich schon begründet und wird in dieser Weltzeit in gewisser Weise wirklich vorausgenommen."[48] – In den 1970er-Jahren prägte die Auseinandersetzung zwischen ÖRK und der neu entstandenen Lausanner Bewegung (1974) die Thematik. Bereits 1982 legte der ÖRK eine Art Konvergenzdokument mit dem Titel „Mission und Evangelisation" vor. Es kam zur thematischen und missionstheologischen Annäherung auch auf evangelikaler Seite durch das „Manifest von Manila" (1989), welches das Verhältnis von Evangelisation und sozialer Verantwortung neu auszuloten versuchte. Die weitere Entwicklung wurde geprägt durch die „Internationalen Kongresse für Weltevangelisation" und die vom ÖRK verantworteten „Weltkongresse für Weltmission und Evangelisation".[48] Der jahrzehntelange Dialog zum Verhältnis von Evangelisation und Mission hat aus meiner Sicht dazu geführt, dass beide Seiten lernend aufeinander zugegangen sind. – In den 1980er-Jahren wurden die Fragen nach der zunehmend bedrohten Schöpfung und nach Frieden und Gerechtigkeit neu in den Blick genommen. Ein deutlicher und nachhaltiger Akzent zur Schöpfungsverantwortung wurde von der Vollversammlung des ÖRK in Vancouver (1983) gesetzt. Der „konziliare Prozess der Gerechtigkeit, des Friedens und der Bewahrung der Schöpfung" wurde dort initiiert. Unter Beteiligung des Vatikans als Repräsentant der Römisch-katholischen Kirche verabschiedete die „Ökumenische Weltversammlung" von Seoul im Jahre 1990 schließlich „Zehn Grundüberzeugungen". Auszugsweise zitiere ich daraus jene Passagen, die sich auf die „Bewahrung der Schöpfung" beziehen.[49]

Grundüberzeugung VII

„Wir bekräftigen, dass Gott die Schöpfung liebt. Gott, der Schöpfer, ist der Ursprung und der Erhalter des ganzen Kosmos. Da die Schöpfung von Gott ist und seine Güte die ganze Schöpfung durchdringt, sollen wir alles Leben heilig halten. Wir bekräftigen, dass die Welt als Gottes Werk eine eigene Ganzheit besitzt und dass Land, Wasser, Luft, Wälder, Berge und alle Geschöpfe, einschließlich des Menschen, in Gottes Augen gut sind."

Grundüberzeugung VIII

„Wir bekräftigen, dass die Erde Gott gehört. Das Land und die Gewässer bedeuten Leben für die Menschen. Der Mensch soll Boden und

Gewässer so nutzen, dass die Erde regelmäßig ihre lebensspendende Kraft wiederherstellen kann, dass ihre Unversehrtheit geschützt wird und dass die Tiere und Lebewesen den Raum zum Leben haben, den sie brauchen. Wir werden jeder Politik widerstehen, die Land als bloße Ware behandelt. Wir verpflichten uns außerdem, den ökologisch notwendigen Lebensraum anderer Lebewesen zu achten."

Ein weiterer Akzent für die schöpfungstheologische Verankerung der Ökumene wurde von der Dritten Ökumenischen Versammlung in Europa (Sibu/Graz 2007) gesetzt. Sie nahm den Vorschlag des Ökumenischen Patriarchen von Konstantinopel Dimitrius I. aus dem Jahr 1989 auf, dass die gesamte Christenheit „einmal im Jahr gemeinsam zum Schöpfer der Welt betet: mit Dankgebeten für die große Gabe der geschaffenen Welt und mit Bittgebeten für ihren Schutz und für ihre Erlösung".[50] So wurde auf der europäischen ökumenischen Ebene der Zeitraum zwischen dem 1. September und 4. Oktober eines jeweiligen Jahres dem „Gebet für den Schutz der Schöpfung und der Förderung eines nachhaltigen Lebensstils gewidmet, um den Klimawandel aufzuhalten".[51] Erstmalig wurde ein solcher „Tag der Schöpfung" im Rahmen des 2. Ökumenischen Kirchentages (München 2010) in Deutschland gefeiert. Ungezählte Basisgruppen, Umweltbeauftragte und Sachausschüsse in den Kirchengemeinden haben allerdings schon vor Einführung eines solchen Tages und unter Aufnahme der Impulse von Vancouver (1983) und Seoul (1990) einen wichtigen Beitrag zur Bewahrung der Schöpfung geleistet. Leider sind diese Impulse in den meisten Freikirchen kaum aufgenommen worden.

Ein wegweisender Impuls wurde hingegen auf der 10. Vollversammlung des ÖRK in Busan/Korea (2013) durch die Erklärung „Gemeinsam für das Leben: Mission und Evangelisation in wandelnden Kontexten (Together Towards Life – TTL) gegeben. Einige Auszüge aus dieser Erklärung unterstreichen die hohe Relevanz einer ökologischen Neuorientierung[52]:

„Gott, unser Schöpfer, ist die Quelle allen Lebens. In der Liebe Jesu Christi und durch die Barmherzigkeit des Heiligen Geistes gehen wir als Gemeinschaft der Kinder Gottes gemeinsam den Weg zur

Verwirklichung seines Reiches. Wir suchen nach Gottes Gnade und sind aufgerufen, in unserer Verschiedenheit gerechte Haushalterinnen und Haushalter der Schöpfung Gottes zu sein. Dies ist die Vision des neuen Himmels und der neuen Erde, in der Gott *‚über alles und in allem'* herrscht (1. Korinther 15,28; Epheser 1,23).

Wir leben in einer Zeit globaler Krisen. Wir sind konfrontiert mit wirtschaftlichen, ökologischen, soziopolitischen und spirituellen Herausforderungen. In der Dunkelheit und im Schatten des Todes, im Leiden und in der Verfolgung – wie kostbar ist da die Gabe der Hoffnung unseres auferstandenen Herrn! Durch die Flamme des Geistes in unseren Herzen beten wir zu Christus, dass er die Welt erhellen möge, damit sein Licht unser ganzes Sein dazu wandle, für die Schöpfung Sorge zu tragen und zu bekräftigen, dass alle Menschen zum Bilde Gottes geschaffen sind. Im Hören auf Stimmen, die oft von den Rändern der Gesellschaft kommen, lasst uns das miteinander teilen, was Hoffnung und Beharrlichkeit uns lehren. Wir wollen uns neu dazu verpflichten, für Befreiung zu arbeiten und in Solidarität zu handeln. Möge das erleuchtete Wort Gottes uns auf dieser Reise leiten.

Wir wollen den Weg gemeinsam fortsetzen. Herausgefordert durch unsere Erfahrungen in Busan rufen wir alle Menschen guten Willens dazu auf, ihre von Gott gegebenen Gaben für Handlungen einzusetzen, die verwandeln."

Eine Weiterführung des engagierten Statements von Busan erfolgte ein Jahr später, als der Zentralausschuss des ÖRK alle Menschen guten Willens zur Teilnahme an einem „Pilgerweg der Gerechtigkeit und des Friedens" aufforderte. Man versuchte dadurch, das Anliegen von Busan möglichst nah mit dem konkreten Leben in den Kirchengemeinden regional und vor Ort zu verbinden. Diese Aufforderung hat allerdings auf evangelikaler Seite nur wenig Aufmerksamkeit und Beachtung erhalten.

Schließlich sei auf die wegweisende Umwelt-Enzyklika von Papst Franziskus „Laudato sí"[53] aus dem Jahr 2015 hingewiesen. Auch in diesem Lehrschreiben wendet sich das Oberhaupt der Römisch-katholischen Kirche an die gesamte Weltbevölkerung, an „alle Menschen guten Willens". Es fand nicht nur in der katholischen Kirche, sondern auch in anderen Konfessionen eine hohe Beachtung. Christinnen und Christen bringen sich ein in die Dialoge, die gemeinsamen Bemühungen und Absprachen als durch Christus Versöhnte und im Namen des Friedefürsten.

Kirchliche Stellungnahmen, Arbeitshilfen und Initiativen

In der empirischen Studie werden einige konkrete Handlungsfelder in den Ortsgemeinden benannt, sodass sich ökologische Ethik auch in der Gemeindeethik wiederfindet: Es geht um die Reduzierung des Energiebedarfs, um sorgfältige Trennung von Müll im Sinn der Nachhaltigkeit, um die Nutzung von Fair-Trade-Produkten, um einen ökologisch-orientierten Einkauf der Kirchengemeinden, um Fahrgemeinschaften und Kooperationen oder um eine bessere Nutzung der Grundstücke und Immobilien. Die großen Volkskirchen und einige Freikirchen haben zudem Stellungnahmen, Materialien und Programme zur Unterstützung der Ortsgemeinden entwickelt und zur Verfügung gestellt. Auch hier können die einzelnen Gemeindebünde und Kirchen voneinander profitieren, indem sie voneinander wissen und Informationen und gute Erfahrungen austauschen.

„Umkehr zum Leben. Nachhaltige Entwicklung im Zeichen des Klimawandels". Unter diesem Titel veröffentlichte der Rat der Evangelischen Kirche in Deutschland (EKD) 2009 eine Denkschrift. Darin werden unter anderem folgende Schritte in Richtung eines schöpfungsbewussten Lebensstils aufgezeigt:[54]

- Gerechtigkeit und Umweltfragen in der kirchlichen Agenda sind inhaltlich und strukturell eine höhere Priorität zu geben;
- Fragen des Klimawandels und der Armutsbekämpfung sollen stärker miteinander in Beziehung gesetzt werden;
- genügend Personal und Ressourcen sollen in den Gliedkirchen und Werken bereitgestellt werden;
- Umweltmanagement soll in allen kirchlichen Häusern verpflichtend werden;

- Anreize zu einem klimafreundlichen Mobilverhalten sollen überprüft und gefördert werden;
- die Reduzierung des Energieverbrauchs und Bevorzugung klimafreundlicher Beschaffungsweisen sind anzustreben;
- der Aufbau eines ökofairen Beschaffungswesens soll berücksichtigt werden.

Die Anregungen werden unterschiedlich stark aufgenommen. Die Kammer für nachhaltige Entwicklung der EKD weist auf zahlreiche Materialhefte und Arbeitshilfen hin, die von „Umweltbeauftragten" der Gliedkirchen entwickelt und zusammengestellt wurden. Zudem veröffentlicht sie 2018 das Impulspapier „Geliehen ist der Stern, auf dem wir leben: Agenda 2030 als Herausforderung für die Kirchen"[55]. Einige Initiativen und Konkretionen werden im dritten Teil dieses Buchs ausführlicher beschrieben. An dieser Stelle sei lediglich ein kurzer Hinweis darauf gegeben: So gibt es im Blick auf ökofairen Einkauf und Beschaffung der Kirchengemeinden und ihrer angegliederten Werke (zum Beispiel Kindergärten, Sozialeinrichtungen) gute Anregungen und Überblicke für ein nachhaltiges Einkaufen.[56] Ebenso werden „Best-Practice"-Projekte vorgestellt. Gleichfalls sind Vorschläge für die Gestaltung von Gottesdiensten und seit 2008 für Predigten zu finden bei der Initiative „Nachhaltig predigen". Die Predigtanregungen orientieren sich am Kirchenjahr und sind von katholischen und evangelischen Autorinnen und Autoren verfasst worden.[57] Weitere Ideen und Vorschläge sind zu finden in der 2014 veröffentlichten Studie der Kammer der EKD für nachhaltige Entwicklung „Auf dem Weg der Gerechtigkeit ist Leben. Nachhaltige Entwicklung braucht Global Governance". Und in dem Impulspapier „Geliehen ist der Stern, auf dem wir leben. Die Agenda 2030 als Herausforderung für die Kirchen".[58]

Das in der Evangelischen Landeskirche in Württemberg entwickelte Umweltmanagement-System *Grüner Gockel* ermöglicht es Kirchengemeinden, ein Zertifikat für ein systematisches, nachvollziehbares und kontinuierliches Handeln zur Entlastung der Umwelt zu bekommen. Zu Beginn eines solchen Zertifizierungsprozesses werden Umweltleitlinien erarbeitet und Verbrauchsdaten von Wasser, Energie, Abfallentsorgung etc. dokumentiert. Ziel ist es, Einsparungen vorzunehmen. Ein autorisierter kirchlicher Umweltrevisor überprüft und zertifiziert. Alle vier Jahre erfolgt dann eine neue Überprüfung. Ein vergleichbares Umweltmanagement-System wurde in der Evangelischen Kirche von Westfalen unter dem Titel *Der Grüne Hahn* auf den Weg gebracht. Beide Umwelt-Zertifizierungsprogramme werden von Gemeinden unterschiedlicher Konfessionen genutzt und angenommen.[59]

Eine breite Annahme findet auch die vergleichbare Initiative „Siegel Faire Gemeinde", das aus dem Bereich Berlin-Brandenburg entwickelt wurde.[60]

Ein eigenes Umweltzertifikat hat auch die Evangelisch-methodistische Kirche in Deutschland (EmK) unter dem Namen „Schöpfungsleiter"[61] entwickelt. Es ist stärker auf die freikirchliche Gemeindesituation ausgerichtet.

Im Bund Evangelisch-freikirchlicher Gemeinden in Deutschland (BEFG) gibt es einen „Arbeitskreis Evangelium und gesellschaftliche Verantwortung", der das Anliegen der Bewahrung der Schöpfung aufnimmt. Siegfried Großmann hat hierzu mit seinem Buch „Hoffnung gewinnen. Glauben und Leben in der Jahrtausendkrise"[62] bereits 1986 wertvolle Impulse gesetzt. Die Bildung von Basisgruppen bzw. Arbeitskreisen sind meiner Einschätzung nach kein optimaler Weg, um das Umweltthema in einer Gemeinde wachzuhalten und angesichts der umfassenden Relevanz der Thematik angemessen zu verankern. Häufig werden durch die Gründung derartiger Arbeitskreise die Themen aus den öffentlichen Gottesdiensten bzw. dem sonstigen Gemeindeleben herausgehalten, anstatt sie aufzunehmen.

Im Bund Freier evangelischer Gemeinden gibt es seit einiger Zeit erfreulicherweise ein zunehmendes Interesse an dem Thema[63]. Besonders der „Gesprächskreis für soziale Fragen" beschäftigt sich damit.

Es sei darauf hingewiesen, dass das Thema der Weltverantwortung in weiteren Freikirchen schon früh aufgenommen und für die

Gemeindepraxis vertieft wurde (zum Beispiel bei der Freikirche der Siebenten-Tags-Adventisten[64] und den Mennoniten[65]).

Die Vereinigung Evangelischer Freikirchen in Deutschland (VEF) hat sich in ihrer Mitgliederversammlung vom November 2017 den Zielen für nachhaltige Entwicklung (Sustainable Developement Goals/SDG) der Vereinten Nationen (UN) gestellt und den „Weg der Würde bis 2030" empfohlen. Konkret werden darin die Gast- und Mitgliedskirchen ermutigt,[66]

- in ihren Publikationen die SDG bekanntzumachen und dafür zu werben, sie als Kompass zu nutzen;
- in ihren Curricula zur Schulung von Mitarbeitenden und in den Unterrichtsmaterialien für den Gemeinde- und Religionsunterricht den SDG einen festen Platz zu geben;
- in ihren Jugendwerken die SDG zum Thema zu machen und Stundenentwürfe dafür zu erstellen;
- das Material von „Micha Deutschland e. V." zu nutzen und die Organisation ideell und finanziell zu unterstützen.

Für die 27 katholischen (Erz)Diözesen in Deutschland gibt es eine sehr kompakte und konkrete „Handlungsempfehlung zu Ökologie und nachhaltiger Entwicklung" (2018)[67]. Einige Auszüge daraus zeigen, dass das Thema konfessionsübergreifend relevant ist:

Schöpfungsspiritualität in Verkündigung und Liturgie

„Schöpfungsverantwortung ist eine wesentliche Dimension des kirchlichen Lebens auch in der Pastoral. Schöpfungsverantwortung sollte deshalb noch bewusster zu einem Gegenstand kirchlicher Verkündigung und Katechese gemacht und ihr sollte regelmäßig ein Platz in der Feier der Gottesdienste eingeräumt werden."

Schöpfungsbewusstsein innerkirchlich verankern

„Wir empfehlen für kirchliche Mitarbeiterinnen und Mitarbeiter in der Seelsorge, der Bildung und der Verwaltung diözesane Leitlinien für schöpfungsbewusstes Handeln zu etablieren und in Aus- und Weiterbildung der Mitarbeiterschaft zu integrieren, insbesondre gilt dies für die Ausbildung der Priester."

Sodann werden in dieser Empfehlung weitere konkrete Handlungsfelder aufgezeigt: Bildung; Einbeziehung bewährter spiritueller Traditionen (zum Beispiel Fasten); schöpfungsbewusstes Gebäudemanagement; nachhaltige Beschaffungs- und Wirtschaftsprinzipien; umweltfreundliche Mobilität und die partnerschaftliche Zusammenarbeit mit anderen Akteuren in einer „konstruktiven Anwaltschaft für die Armen und für die bedrohte Schöpfung".

In allen diesen unterschiedlichen Stellungnahmen, Denkschriften und Handlungsanweisungen zeigt sich die Überzeugung der unterschiedlichen Kirchen, Freikirchen und Gemeinschaften, dass die Bewahrung der Schöpfung zu einer vordringlichen Aufgabe der Gemeinde Jesu Christi in unserer Zeit gehört.

Christliche Netzwerke und die Solidarität der „Erdlinge"

Eine globale ökologische Krise erfordert ein globales Zusammenwirken aller Menschen. Konfessionelle oder gar religiöse Unterschiede treten angesichts des Engagements für Frieden, Gerechtigkeit und Bewahrung der Schöpfung in den Hintergrund. „Alle Menschen guten Willens" werden aufgerufen, sich aktiv einzubringen und in einer gemeinsamen Schöpfungsverantwortung zusammenzustehen. Geiko Müller-Fahrenholz verwendet in seinem wegweisenden Werk „Heimat Erde" den Ausdruck „Erdlinge", um anzuzeigen, dass die Erde sich nicht um den Menschen dreht, sondern dass sie alle Erdenbewohner trägt. Eine nachhaltige Schöpfungsverantwortung setzt voraus, dass es zu einer bewussten Verabschiedung aus dem Anthropozän, dem Zeitalter des Menschen, kommen muss. Dennoch ist ein solcher Abschied keineswegs mit einem Abschied aus der Verantwortung des Menschen in dieser Schöpfungsgemeinschaft gleichzusetzen. Die guten Programme, Handlungsempfehlungen und unterstützenden Materialien der einzelnen Kirchen für die konkrete Gemeinde- und Missionsarbeit vor Ort werden häufig konfessionsübergreifend aufgenommen. Sicher gibt es hie und da konfessionelle Spezifika, die jedoch nicht verhindern sollten, dass wir als Christengemeinden voneinander lernen. Je stärker der Zusammenhalt in der christlichen Ökumene ist, umso stärker kann der christliche Beitrag zur Bewahrung der Schöpfung in der weltweiten Ökumene sein. Es geht darum, dass christliche Gemeinden vor Ort zu Zentren der Zuversicht und zu Agenturen der Gerechtigkeit und des Friedens werden. Es braucht neben einer theologischen Verankerung des Themas gleichfalls einen ethischen Entschluss zum Handeln, zur konkreten Ethik einer Hoffnung. Die Fähigkeit zur Solidarität, zu einer Gemeinschaftsfähigkeit, ermöglicht neue Dialoge und Synergien im Zusammenwirken. Als Christenmenschen bringen wir uns bei allen Wirksamkeiten dieser Welt „in der Kraft des Heiligen Geistes" ein, und wir handeln „im Namen Jesu Christi". Durch die Energie des Heiligen Geistes werden wir auch als Christen zu einer „Gemeinschaft der Hoffenden".

„Befleißigt euch, die Einheit des Geistes zu bewahren durch das Band des Friedens. Ein Leib und ein Geist, wie ihr auch berufen worden seid in einer Hoffnung eurer Berufung." (Epheser 4,4).

Ein Großteil der vorliegenden Studie bezieht sich auf Christen und Gemeinden, die der Deutschen Evangelischen Allianz nahestehen. Im Jahr 2004 entstand das Netzwerk „Micha-Initiative" (Micah Challenge)[68], um das Anliegen von Gerechtigkeit, Frieden und Bewahrung der Schöpfung aufzunehmen und zu koordinieren. Die Micha-Initiative entwickelt Material und Hilfestellungen für Basisgruppen und lokale christliche Gemeinden. Hervorragend ist der „Just-People"-Kurs oder auch das Material zur Kampagne „Einfach leben – Nachfolge in der Konsumgesellschaft". Ebenso gilt die Empfehlung der Vereinigung Evangelischer Freikirchen, mit der Micha-Initiative zusammenzuarbeiten. Die Micha-Initiative hat nicht nur die Bewahrung der Schöpfung im Fokus der Aktivitäten, sondern gleichfalls Programme, die sich im Sinn der Gerechtigkeit um Frieden und Menschenrechte bemühen.

Die Umweltorganisation „A Rocha" agiert ebenfalls auf der Grundlage des christlichen Ethos. Der anglikanische Theologe P. Harris und seine Gattin haben dieses Netzwerk bereits im Jahr 1983 in Portugal gegründet, um Umweltschutz auf der Basis von Gemeinwesenarbeit zu unterstützen. Es geht demnach nicht um spezifische kirchliche Gemeindeaufbau-Programme, sondern um die Förderung von sogenannten „Living lightly“-Projekten, damit Menschen Nachhaltigkeit konkret in ihrer Existenz umsetzen. Im „Climate-Stewards“-Programm werden lokale Aufforstungsprojekte initiiert und unterstützt. Der „Freundeskreis A Rocha Deutschland“ wurde kürzlich gegründet. Die Organisation ist eine hervorragende Partnerin für lokale Gemeinden und alle kirchlichen Entwicklungshilfe-Initiativen, die nicht unter dem Stichwort der „Mission“ auftreten.[69]

Das 2018 gegründete „Ökumenische Netzwerk Klimagerechtigkeit“ (ÖNK) hat über 90 Mitglieder aus katholischen, evangelischen, freikirchlichen Gemeinden und Kirchenverbänden. Ebenso sind Basis-Initiativen eingebunden. Es bietet gute Informationen zu aktuellen Fragen und Projekten und eine Fülle von Materialien zum Thema globale Klimagerechtigkeit. Um die Anliegen der jüngeren Generation von *Fridays for Future* zu unterstützen und kirchliche Gemeinden und Gruppen für die Teilnahme an sogenannten Klimastreiks zu mobilisieren, wurde 2019 im Rahmen des ÖNK das Netzwerk *Churches for Future* gegründet.[70]

Ähnlich wie die Initiativen *Der Grüne Hahn/Grüner Gockel*, jedoch in ökumenischer Trägerschaft, hat sich das ökumenische *Netzwerk kirchliches Umweltmanagement* gebildet. Es verbindet über 70 Kirchen und kirchliche Verbände, bei dem sich über 800 kirchliche Gemeinden und Einrichtungen in Deutschland installiert haben.[71] Auf eine umweltgerechtere Mobilität konzentrieren sich die Angebote und Aktivitäten des 2021 gegründeten ökumenischen Netzwerks „Kirche und Mobilität“.[72]

Andere ökumenische Netzwerke fokussieren sich weniger auf konkrete Projekte, sondern fördern die notwendigen Orientierungsprozesse für ein verantwortliches Schöpfungshandeln, und sie unterstützen die Kommunikationsprozesse. Als eine Art „Think-Tank“ und spirituelle Suchbewegung und Zukunftswerkstatt für Kirche und Gesellschaft versteht sich das bereits 2013 gegründete und von gegenwärtig etwa 30 Kirchen und kirchlichen Einrichtungen getragene ökumenische Netzwerk „Umkehr zum Leben - den Wandel gestalten“. Das Oekumenische Netz in Deutschland (OeNiD) verbindet Basis-und Initiativgruppen zu Gerechtigkeit, Frieden und Bewahrung der Schöpfung. Es organisiert in unterschiedlichen Zeitabständen einen Ökumenischen Ratschlag für Beratungen und Absprachen. Die Initiative „anders wachsen“ wurde 2011 gegründet, um eine kirchliche Kampagne zum Thema „Wirtschaft braucht Alternativen zum Wachstum“ auf den Weg zu bringen. Dabei kommen Fragestelllungen von Ökologie, Ökonomie und Ökumene zusammen, um eine gerechte Zukunft im Einklang mit Gottes Schöpfung durch ein gerechtes Wirtschaftssystem zu fördern.[73]

Fazit

Es gibt eine wachsende Anzahl von kirchlichen und christlich motivierten ökumenischen Netzwerken, welche sich die Bewahrung der Schöpfung vorgenommen haben. Wie aber bringen sich Christen in eine Verantwortungsgemeinschaft der Weltbevölkerung ein? Es geht um eine Welteinmischung, aber nicht um eine Vermischung des Evangeliums! Christen können sich nicht aus der Solidarität mit dieser Erde bzw. der Menschheit verabschieden, da Christus diese Welt, diese Erde noch nicht zu ihrem Ziel geführt hat. In Ehrfurcht vor dem Gott der Gerechtigkeit und des Friedens, in Demut und Dankbarkeit erheben wir unsere Stimme, wo immer Gott uns hinstellt. Wir gestalten eine ökologische Ethik nicht nur *für* die Schöpfung, sondern *mit* der Schöpfung und vor allen Dingen *in* und *durch* Christus, unseren Herrn.

Um als Christin und Christ beziehungsweise gemeinsam als Kirche Jesu Christi auf dieser Erde Verantwortung zu übernehmen, bedarf es einer tiefverwurzelten Liebe zu Gott und einer weitreichenden Hoffnung, die sich nicht in den Diesseitigkeiten verliert, die aber auch nicht in eine Jenseitserwartung flüchtet. Gott will mit dieser Erde zu seinem Ziel kommen. Das Friedensreich, das messianische Reich, hat bereits begonnen. Es wird sich weiterentwickeln auf den großen Tag des Herrn hin. In der Tat haben wir als Christen einen transzendenten Hoffnungshorizont. In diesem Glaubens- und Lebenshorizont verlassen wir uns darauf, dass uns nichts von der Liebe Gottes trennen kann (Römer 8,39). Aus dieser Liebe heraus, sind wir bereit, Verantwortung zu übernehmen, nicht nur mit Worten, sondern mit einer konkreten christlichen Ethik der Hoffnung[74].

„Seid aber jederzeit bereit zur Verantwortung jedem gegenüber, der Rechenschaft von euch über die Hoffnung in euch fordert, aber mit Sanftmut und Ehrerbietung!“ (1. Petrus 3,15)

Der christliche Beitrag zur Zukunft dieser Welt wird gewiss nicht von überheblichen Apellen und einer moralingetränkten Gesetzlichkeit geprägt sein, sondern von Leuchtturm-Projekten und von dem vitalen Zeugnis von einem Todesüberwinder, von dem Anfänger und Vollender unseres Glaubens, von dem Alpha und Omega allen Lebens, von Jesus Christus.

1 Ich verweise auf die Publikationen des Bundesministeriums für Umwelt, Naturschutz und nukleare Sicherheit: www.bmu.de/themen. Eine gute Zusammenfassung der Berichte der Weltklimagipfel und weiterer Fakten bietet das Onlinemagazin www.klimareporter.de.
2 Meyer-Abich, Klaus Michael 1984. *Wege zum Frieden mit der Natur*. München.
3 Moltmann, Jürgen 1985. *Gott in der Schöpfung. Ökologische Schöpfungslehre*. München; Link, Christian 1991: *Schöpfung. Schöpfungstheologie angesichts der Herausforderung des 20. Jahrhunderts*. Gütersloh; Kehl, Medard 2005. *Und Gott sah, dass es gut war. Eine Theologie der Schöpfung*. Freiburg i .B.; Müller-Fahrenholz, Geiko 2013. *Heimat Erde. Christliche Spiritualität unter endzeitlichen Bedingungen*. Gütersloh; Rust, Heinrich Christian 2021. *Zuhause in der Schöpfungsgemeinschaft. Dimensionen einer ökologischen Spiritualität*. Cuxhaven.
4 Papst Franziskus 2015. *Enzyklika Laudato sí. Die Umwelt-Enzyklika des Papstes. Mit einer Einführung von Gerhard Kardinal Müller*. Freiburg i .B.
5 Biehl, Michael; Kappes, Bernd; Wartenberg-Potter, Bärbel (Hrsg.) 2017. *Grüne Reformation. Ökologische Theologie*. Hamburg. S. 8.
6 Zitiert nach: Moltmann, Jürgen 1982². *Kirche in der Kraft des Geistes. Ein Beitrag zur messianischen Ekklesiologie*. München:27.
7 Lausanner Bewegung – Deutscher Zweig (Hrsg.) 1999. *Das Manifest von Manila*. Stuttgart.
8 Arbeitsgemeinschaft Christlicher Kirchen in Deutschland (Hrsg.) 2015. *Gottes Schöpfung feiern. Tag der Schöpfung*. Frankfurt a. M.
9 Moltmann, Jürgen 2006. Gegen die Verächter des Leibes. In: *Zeitzeichen Evangelische Kommentare zu Religion und Gesellschaft. Nr. 1/2006*. Frankfurt a. M.
10 Link, Hans-Georg; Raiser, Konrad; Rudolph, Barbara (Hrsg.) 2014. *Busan 2013. Offizieller Bericht der Zehnten Vollversammlung des Ökumenischen Rates der Kirchen*. Leipzig.
11 EKD 2014: *Auf dem Weg der Gerechtigkeit ist Leben. Nachhaltige Entwicklung braucht Global Governance. Eine Studie der Kammer der EKD für nachhaltige Entwicklung. EKD-Texte 117*. Hannover; Sekretariat der Deutschen Bischofskonferenz 2018. *Schöpfungsverantwortung als kirchlicher Auftrag. Handlungsempfehlungen zu Ökologie und nachhaltiger Entwicklung für die deutschen (Erz)Diözesen*. Bonn. www.vef.de, Download: VEF-Erklärung zu den Zielen für nachhaltige Entwicklung (26.4.2019). www.nachhaltig-predigen.de (10.5.2021).
12 Ausführlicher: Rust, Heinrich Christian 2021: *Zuhause in der Schöpfungsgemeinschaft. Dimensionen einer ökologischen Spiritualität. Kirchliche Handlungsempfehlungen, Arbeitshilfen und Vernetzungen*, S.178–189.
13 Steffens, Dirk; Habekus, Fritz 2020: *Überleben. Zukunftsfrage Artensterben. Wie wir die Ökokrise überwinden*. München: 232–233.
14 Dürr, Hans-Peter; Zimmerli, Walter Christoph (Hrsg.) 1989. *Geist und Natur. Über den Widerspruch zwischen naturwissenschaftlicher Erkenntnis und philosophischer Welterfahrung*. München. Heisenberg, Werner 1994. *Ordnung und Wirklichkeit*. München.
15 Jonas, Hans 2004. *Braucht der Mensch Religion? Über Erfahrungen der Selbsttranszendenz*. Freiburg i. B. Comté-Sponville, André 2008. *Woran glaubt ein Atheist? Spiritualität ohne Gott*. Zürich.
16 Als „signifikante Diskrepanzen" und „hochgradig toxisches Denkmaterial" bezeichnet Brigitte Kahl einige gängige Auslegungen der Genesistexte. Kahl, Brigitte 2017. Herrschaftsmandat als Herrschaftskritik. Grüne Hermeneutik im ersten Schöpfungsbericht der Genesis. In: Biehl. *Grüne Reformation*. S. 58, 61.
17 Kahl, Brigitte: Herrschaftsmandat, S. 79.
18 Lovelock, James E. 1982. *Unsere Erde wird überleben*. München.

19 Ausführlicher dazu: Rust, Heinrich Christian 2021. *Zuhause in der Schöpfungsgemeinschaft*. Cuxhaven. S.91-97.
20 *Institutio* I,13–14.
21 Siehe dazu: Beinert, Wolfgang 1974. *Christus und Kosmos. Perspektiven einer Theologie der Schöpfung*. Freiburg i. B. Moltmann, Jürgen 1989. *Der Weg Jesu Christi. Christologie in messianischen Dimensionen*. München.
22 Rohr, Richard 2019. *Alles trägt den einen Namen. Die Wiederentdeckung des universalen Christus*. Gütersloh. S. 44.
23 Moltmann, Jürgen 2017. Die ökologische Wende in der christlichen Theologie. In: Biehl. *Grüne Reformation*. S. 35.
24 Gabriel, Ingeborg 2017. Die Ökologie als Frage nach dem „neuen Menschen". Anthropologische und sozialethische Überlegungen. In: Biehl. *Grüne Reformation*. S. 95–96.
25 Dazu ausführlicher: Rust, Heinrich Christian 2020. *Tröstungen. Ein Gebetsweg durch die Johannesoffenbarung*. Witten.
26 Darauf weist der Philosoph und Jesuit P. Teilhard de Chardin in seiner Lehre über das Verhältnis von Kosmologie und Eschatologie hin. Teilhard de Chardin, Pierre 1973. *Mein Universum*. Olten.
27 Siehe dazu: Stuhlhofer, Franz 1992: *„Das Ende naht!" Die Irrtümer der Endzeitspezialisten*. Gießen. Afflerbach, Horst; Ebeling, Rainer; Meier, Elke (Hrsg.) 2014. *Reich Gottes. Veränderung. Zukunft. Theologie des Reiches Gottes im Horizont der Eschatologie*. Gummersbach. Moltmann, Jürgen 1995. *Das Kommen Christi. Christliche Eschatologie*. Gütersloh. Dziewas, Ralf 2021: Christliche Hoffnung – zwischen himmlischer Herrlichkeit und Reich Gottes auf Erden. In: Haubeck, Wilfried; Heinrichs, Wolfgang (Hrsg.): *Christen zwischen Weltflucht und Weltverantwortung. Theologische Impulse Bd. 3*. Witten. S.31–62.
28 Althaus, Paul 1961. *Die letzten Dinge*. Gütersloh. S. 187.
29 Stanislao, Dumitru 1985. *Orthodoxe Dogmatik I*. Gütersloh. S. 359 ff.
30 Beck, Johann Tobias 1887. *Die Vollendung des Reiches Gottes. Sonderdruck: Aus der christlichen Glaubenslehre*. Gütersloh. S. 95.
31 Ausführlich dazu: Moltmann, Jürgen 2016. Die Geburt der Neuzeit aus dem Geist chiliastischer Theologie. In: *Hoffen und Denken. Beiträge zur Zukunft der Theologie*. Neukirchen-Vluyn.
32 Janowski, Christine 2016. Biblische Spuren und Motive in der Eschatologie I. Kants. In: Matern, Harald; Heit, Alexander; Popkes, Enno Edzard (Hrsg.). *Bibelhermeneutik und dogmatische Theologie nach Kant*. Tübingen. S. 143 f.
33 Morgenthaler, R. 1965. Artikel „Erde" in: Coenen, Lothar; Beyreuther, Erich; Bietenhard, Hans (Hrsg.): *Theologisches Begriffslexikon zum Neuen Testament*. Wuppertal. S. 236.
34 Weber, Körg 2012. *Von der Teilhabe des Menschen als Teilhaber der Gottheit*. Hamburg.
35 Müller-Fahrenholz, Geiko 2013. Mystische Suche nach Gott und Friedensfähigkeit. In : Ders. *Heimat Heimat Erde. Christliche Spiritualität unter endzeitlichen Lebensbedingungen*. Gütersloh. S.69–93. Rust, Heinrich Christian 2021: *Zuhause in der Schöpfungsgemeinschaft*. Cuxhaven. S.139–148.
36 Bonhoeffer, Dietrich 1958. *Dein Reich komme*. Hamburg. S. 6.
37 Reimer, Johannes 2009. *Die Welt umarmen. Theologie des gesellschaftlichen Gemeindeaufbaus. Transformationsstudien. Bd. 1*. Marburg.
38 Church House Publishing (Hrsg.) 2004. *Mission-Shaped Church*. London. S. 116. Deutsche Übersetzung zitiert nach Herbst, Michael 2008. *Mission bringt Gemeinde in Form*. Neukirchen-Vluyn.

39 Bosch, David J. 2003. *Mission im Wandel. Paradigmenwechsel in der Missionstheologie.* Gießen.

40 Vgl. Warren, Rick 2003. *Kirche mit Vision. Gemeinde, die ihren Auftrag lebt.* Aßlar.

41 Link, Hans-Georg; Heller, Dagmar; Raiser, Konrad; Rudolph, Barbara (Hrsg.) 2014. *Busan 2013. Offizieller Bericht der Zehnten Vollversammlung des Ökumenischen Rates der Kirchen. Im Auftrag der Arbeitsgemeinschaft Christlicher Kirchen in Deutschland (ACK).* Leipzig/Paderborn. Rust, Heinrich Christian 2021. *Zuhause in der Schöpfungsgemeinschaft.* S. 160–172.

42 Rust, Heinrich Christian 2017. *Dynamische Gemeinde. Bewegt. Befähigt. Beauftragt.* Kassel.

43 Tveit, Olav Fykse 2017. Pilgerreise des Friedens und der Gerechtigkeit – mit der Erde. In: Biehl. *Grüne Reformation.* S. 139.

44 Moltmann, Jürgen 1971. *Die ersten Freigelassenen der Schöpfung. Versuche über die Freude an der Freiheit und das Wohlgefallen am Spiel.* München.

45 Alfred Delp, zitiert bei: Fuchs, Gotthard: „Die ganze Welt, Herr Jesu Christ in deiner Urständ fröhlich ist." Thesen zur christlichen Schöpfungsspiritualität. In: Voges, Stephan (Hrsg.) 2020. *Christlicher Schöpfungsglaube heute. Spirituelle Oase oder vergessene Verantwortung?* München.

46 Metz, Johann Baptist (Hrsg.): *Zum Welttag des Friedens.* Bonn 2005.

47 Lange, Ernst 1972. *Die ökumenische Utopie oder: Was bewegt die ökumenische Bewegung?* Stuttgart. S. 45.

48 Rahner, Karl; Vorgrimmler, Herbert 1966. *Kleines Konzilskompendium.* Freiburg i. B. S. 181.

49 Herbst, Michael; Winterhoff, Birgit 2011. *Von Lausanne nach Kapstadt. Der dritte Kongress für Weltevangelisation.* Neukirchen-Vluyn. Wrogemann, Henning 2013. *Missionstheologie der Gegenwart. Globale Entwicklungen, kontextuelle Profile und ökumenische Herausforderungen.* Gütersloh.

50 Schmitthenner, Ulrich (Hrsg.) 1990. *Ökumenische Weltversammlung in Seoul 1990. Arbeitsbuch für Gerechtigkeit, Frieden und Bewahrung der Schöpfung.* Frankfurt a. M./Essen.

51 Zitiert in: Arbeitsgemeinschaft Christlicher Kirchen in Deutschland (Hrsg.) 2015. *Gottes Schöpfung feiern. Tag der Schöpfung.* Frankfurt a. M.

52 www.oikomene.org/de/resources/documents/assembly/2013-busan. Vgl. Link, Hans-Georg u. a. 2013. *Busan.* Leipzig/Paderborn.

53 Papst Franziskus 2015. *Enzyklika Laudato sí. Die Umweltenzyklika des Papstes. Mit einer Einführung von Kardinal Müller.* Freiburg i. B.

54 EKD 2009. *Umkehr zum Leben. Nachhaltige Entwicklung im Zeichen des Klimawandels. Eine Denkschrift des Rates de EKD.* Gütersloh. S. 158.

55 Arbeitsgemeinschaft der Umweltbeauftragten der Gliedkirchen der EKD: www.ekd.de/agu (10.11.2021).

56 www.zukunft-einkaufen.de bzw. www.wir-kaufen-anders.de.

57 http://www.nachhaltig-predigen.de.

58 EKD 2018. *Auf dem Weg der Gerechtigkeit ist Leben. Nachhaltige Entwicklung braucht Global Governance. Eine Studie der Kammer der EKD für nachhaltige Entwicklung.* EKD-Texte 117 2018. *„Geliehen ist der Stern, auf dem wir leben": Die Agenda 2030 als Herausforderung für die Kirchen.* www.ekd.de/ekd_de/ds_doc/ekd_texte_130_2018. Hannover.

59 www.gruener-gockel.de; www.gruener-hahn.net.

60 www.faire-gemeinde.org.

61 www.schoepfungsleiter.de.

62 Großmann, Siegfried 1986. *Hoffnung gewinnen. Glauben und Leben in der Jahrtausendkrise*. Kassel.Vgl. Großmann, Siegfried 2013. *Und es war sehr gut. Die Schöpfungsbotschaft der Bibel als Herausforderung für uns heute*. Gießen.

63 Haubeck, Wilfried; Heinrichs, Wolfgang (Hrsg.) 2021. *Christen zwischen Weltflucht und Weltverantwortung. Theologische Impulse. Bd. 33*. Witten.

64 Vgl. Heinz, Hans 2015. *Triumph der Hoffnung. Auf der Suche nach einer gerechten Welt*. Wien.

65 Vgl. Sider, Ronald J. 1978. *Der Weg durchs Nadelöhr. Reich Christen und Welthunger*. Wuppertal. Yoder, John Howard 2011. *Die Politik des Leibes Christi. Als Gemeinde zeichenhaft leben*. Schwarzenfeld. Ders. 2012. *Die Politik Jesu*. Schwarzenfeld. Amstutz, Lukas; Jecker, Hanspeter (Hg.) 2017. *Fit für die Welt!? Beiträge zu einer friedenskirchlichen Theologie und Gemeindepraxis*. Schwarzenfeld.

66 www.vef.de.Download 2017. *VEF-Erklärung zu den Zielen für nachhaltige Entwicklung*.

67 Sekretariat der Deutschen Bischofskonferenz 2018. *Schöpfungsverantwortung als kirchlicher Auftrag. Handlungsempfehlung zu Ökologie und nachhaltiger Entwicklung für die deutschen (Erz)Diözesen*. Bonn.

68 www.micha-initiative.de.

69 A Rocha International: www.arocha.org.en.

70 www.kirchen-fuer-klimagerechtigkeit.de.

71 www.kirum.de.

72 https://www.mobilitaet-und-kirche.de.

73 www.umkehr-zum-leben.de; www.ecunet.de; www.anders-wachsen.de.

74 Vgl. Moltmann, Jürgen 2010. *Ethik der Hoffnung*. Gütersloh.

Teil 3:

Was wir tun können

Im folgenden Praxisteil finden Sie viele Verweise auf Online-Angebote. Um Ihnen das Nachschlagen zu erleichtern, können Sie den folgenden QR-Code scannen. Der Link (www.neukirchenerverlage.de/fromm+gruen) führt Sie zu einer Liste der aufgeführten Websites und weiterem Material zum Thema.

Naturschutz und Nachhaltigkeit als Themen im Gottesdienst (Walter Faerber in Zusammenarbeit mit Michael Rentz)

Wie im zweiten Teil dieses Bandes dargestellt, ist der Grundsatz der Nachhaltigkeit in der Bibel angelegt. Nachhaltigkeit schließt den Naturschutz ein, umfasst darüber hinaus aber auch das soziale Miteinander, das über das Liebesgebot ein Kernpunkt der christlichen Botschaft ist. Weil es in der Bibel verwurzelt ist, gehört das Thema selbstverständlich in die christliche Gemeinde.

Warum im Gottesdienst?

Der Gottesdienst – ob volks- oder freikirchlich – ist heute nur noch selten eine Plattform, die in die Gesellschaft hineinwirkt. Versammelt ist hier in der Regel vor allem die Gruppe der Hochverbundenen, die sich mit der Gemeinde traditionell identifizieren und sie häufig durch ihr Engagement tragen. Er ist also eine Gelegenheit, um diese zentrale Trägergruppe der Gemeinde anzusprechen und ihr Verständnis für die Bewahrung der Schöpfung zu vertiefen. Daneben gibt es Gottesdienstbesucher, die sich nicht aktiv in der Kirchengemeinde einbringen. Auch für sie kann die Predigt ihre Aufgabe erfüllen, neue Impulse für die Lebensgestaltung zu vermitteln.

Der Gottesdienst gehört denn auch – so ein Ergebnis der empirischen Erhebung im ersten Teil des Buches – zu den drei Gelegenheiten, durch die das Anliegen, verantwortlich mit der Natur und der Schöpfung umzugehen, in den Gemeinden am häufigsten sichtbar wird. Während die anderen beiden Anlässe – sparsame Nutzung von Energie und Verwendung nachhaltiger Produkte – eine eher pragmatische Ausrichtung haben und wohl eher generell auf das Thema aufmerksam machen, bietet der Gottesdienst die Gelegenheit, das Verständnis der Gemeinde für das Thema zu vertiefen und es mit den zentralen christlichen Glaubensinhalten zu verbinden.

Bedenkt man, dass laut der Erhebung in manchen Gemeinden das Thema nicht besonders präsent ist und auch vereinzelt auf Ablehnung oder Desinteresse stößt, dann erscheint es umso notwendiger, den Gemeinden einen auch biblisch fundierten Zugang dazu zu eröffnen. Das kann sicherlich nicht durch einen einzigen Gottesdienst geschehen. Aber wenn die Bedrohung der menschenfreundlich angelegten Schöpfung immer wieder als Kontext biblischer Auslegung sichtbar wird, gewöhnt das die Gemeinde daran, diese Perspektive selbstverständlich mitzudenken. Dadurch kann und sollte es gelingen, zu den eigenen Wurzeln und dem Verwurzeltsein in der Schöpfung zurückzufinden.

Biblisch-theologische Impulse für Predigtthemen

Welche biblisch-theologischen Bezüge bieten sich an, um Naturschutz und Nachhaltigkeit im Gottesdienst zu thematisieren? Die Themen sind biblisch-theologisch zunächst und vor allem im Liebesgebot verortet – die Liebe zum Schöpfer geht mit der Liebe zur Schöpfung und zu den Geschöpfen einher. Zentrale Ansätze sind hier außerdem in der Schöpfungstheologie verortet.

Alle Schöpfungstexte beider Testamente können deshalb geeignete Grundlagen sein. Speziell sei hier aber der 104. Psalm genannt. Er stellt mit seiner bunten Schilderung der vielfältigen, vernetzten Schöpfungsgemeinschaft, in der auch der Mensch seinen Platz hat, so etwas wie ein mit Worten gemaltes Wimmelbild dar. Die Freude Gottes an der unüberschaubaren Vielfalt seiner Geschöpfe lugt hier quasi aus allen Knopflöchern, wird im Schlussteil explizit und dann hoffentlich auch auf die Gemeinde abfärben. Wir haben es bei unseren Mitgeschöpfen nicht nur mit stummem oder irrelevantem Mobiliar der Schöpfung zu tun. Gott setzt sich vielmehr auch zu ihnen in ein sehr persönliches Verhältnis: Sie leben unter seinem freundlichen Blick, empfangen ihre Nahrung nicht weniger als die Menschen aus Gottes Hand, und auch mit ihnen teilt Gott seinen Lebensatem. Und nach dem Zeugnis vieler anderer Bibelstellen beteiligt sich auch die Schöpfung am Gotteslob; selbst die Bäume klatschen in die Hände, und die Berge brechen in Jubel aus (Jesaja 45,12). Welchen Christen kann da die Natur noch gleichgültig bleiben?

Die Wertschätzung der nichtmenschlichen Kreatur setzt sich im Neuen Testament fort. Die Schöpfung hat nach Paulus (Römer 8,19–22) eine Stimme, kann leiden und hat Hoffnung. Das ist ein dialogisches Prinzip, das auf die Fähigkeit des ebenbildlichen Menschen abstellt, diese Stimme zu hören und darauf angemessen zu reagieren. Das weiß der Rabbi Paulus selbstverständlich aus den alttestamentlichen Schöpfungstexten, die er nun für die neue Situation nach Tod und Auferstehung Jesu fruchtbar macht. Das ebnet die Sonderstellung des Menschen keineswegs ein, begründet aber unsere besondere Rolle im Schöpfungsgefüge in Solidarität mit der leidenden Kreatur.[1] Jesus selbst sah in der Schöpfung überall Spuren der Vatergüte und Weisheit Gottes. Pflanzen und Tiere wurden ihm immer wieder zu Gleichnissen des Reiches Gottes. Die Güte des Vaters im Himmel, der es regnen lässt über Gerechte und Ungerechte (Matthäus 5,45), ist das Fundament der Feindesliebe und damit tragender Grund der Bergpredigt und für das unermüdliche christliche Engagement auch im Naturschutz.

Auch das Friedensthema eröffnet einen wichtigen Zugang zu Naturschutz und Nachhaltigkeit – der Frieden mit der Schöpfung und den Geschöpfen, auch den derzeit ausgebeuteten und unterdrückten indigenen Völkern in Amazonien oder den Coltanminen im Kongo. Zum Thema Frieden hat die Ökumenische Friedensdekade 2020 das Liederbuch „Schwerter zu Pflugscharen – 100 Friedenslieder" herausgegeben.[2]

Das Anliegen der Bewahrung der Schöpfung und das Prinzip der Nachhaltigkeit können uns zu einem neuen, umfassenderen und tieferen Verständnis unserer elementaren christlichen Überlieferungen führen. Dabei können die Gedanken zur Weisheit aus dem AT ebenso wie diejenigen zum Umgang mit Geld aus dem NT an vielen Stellen in die heutige Zeit übertragen werden. Dies sind einige Anregungen für Predigtthemen. Darüber hinaus gibt das Internetportal „nachhaltig predigen" regelmäßig eine Fülle von Denkanstößen, die in der Predigt aufgegriffen, verworfen oder weiterentwickelt werden können.

Liturgische Gestaltung
Im Hinblick auf die liturgische Gestaltung sind zwei Ebenen zu unterscheiden. Da ist zum einen der besondere Anlass bzw. die Stellung im Kirchenjahr, etwa in der Adventszeit der Gedanke des Ankommens und der Chance auf einen Neubeginn, der sich gut auf die Zerstörung der Natur und der Umwelt, aber auch der Beziehungen zu nahen und fernen Nächsten übertragen lässt. Zum anderen kommt die Liturgie selbst in den Blick, die je nach Kirche unterschiedlich gestaltet wird, aber in der Regel verschiedene Ansatzpunkte bietet.

Traditionell ist besonders der Erntedanktag mit dem Thema der Schöpfung verbunden. Darüber hinaus wird – insbesondere im katholischen Bereich – inzwischen auch mancherorts der ganze September als ökumenischer Schöpfungsmonat gestaltet.[3] Auch die Friedensdekade im November kann Bezüge zum Thema haben. Hier würde es sich anbieten, in mehreren Gottesdiensten oder einer ganzen Predigtreihe dem Thema nachzugehen.

Naturschutz und Nachhaltigkeit verbinden theologische Gedanken mit materiellen, konkreten Umständen. Das macht es leicht, viele Sinne anzusprechen, indem etwa die Gottesdienstbesucher ein greifbares Stück Natur in die Hand gedrückt bekommen: Saatkörner, Blumen oder auch einen Pflanzensetzling. Man erkennt, dass gerade am Erntedanktag der Fantasie kaum Grenzen gesetzt sind.

Der mit Erntegaben geschmückte Altar gehört schon lange zu den „Medien“, mit denen die Sinne der Gottesdienstbesucher erreicht werden sollen. Wer einen Projektor zur Verfügung hat, kann auch während des Gottesdienstes Bilder zum Thema zeigen. Vielleicht gibt es auch Musiker, die solche Bilder in Echtzeit begleiten können. Alternativ kann man mit Musik unterlegte Naturvideos einspielen. Bei YouTube und ähnlichen Portalen findet man eine enorme Auswahl, auch mit großen kirchenmusikalischen Werken. Oder man bebildert eins der alten oder neuen schöpfungsorientierten christlichen Lieder beim Gemeindegesang. Die vielen, die Schöpfung beschreibenden Strophen von „Geh aus mein Herz“, die sonst selten vollständig gesungen werden, können da zu einem richtigen Erlebnis werden.

Denkbar sind auch sommerliche Open-Air-Gottesdienste; allerdings sollte man den logistischen Aufwand nicht unterschätzen, und ein Plan B für schlechtes Wetter müsste auch in der Hinterhand sein. Eine spezielle Form solcher Gottesdienste ist die »Wald-und-Wiesen-Kathedrale«, die im Kontext der Jesus Freaks entwickelt worden ist.

Neben der Predigt bieten sich die Fürbitten an, um Schöpfungs- oder Nachhaltigkeitsthemen aufzugreifen. Aber auch die Einführung und der Abschluss des Gottesdienstes geben Gelegenheiten, die geläufigen Wortmuster aufzubrechen und der Gemeinde einen Impuls, einen Gedanken oder eine Einstellung mitzugeben. Warum soll ein solcher Impuls nicht auch einmal zu einem inspirierenden Gesprächsanstoß im Alltag werden können?

Ein nächster Ansatzpunkt ist selbstverständlich auch die Auswahl der Lieder. Das evangelische Gesangbuch (EG) und das katholische „Gotteslob“ bieten zahlreiche Lieder, die die Schöpfung thematisieren.[4] Daneben können moderne christliche Lieder verwendet werden.[5] Mit Musik wird das Bewusstsein für das eigene Sein angesprochen und nicht nur kognitiv appelliert. Damit können fast nebenbei die Anliegen der Achtsamkeit und der Nachhaltigkeit in der Verkündigung ihren festen Platz finden.

Im christlichen Umfeld, aber auch darüber hinaus, ist die keltische Tradition des christlichen Glaubens für viele attraktiv. Beliebt sind vor allem die irischen Segensworte, die vielfach mit Naturfotografie kombiniert werden. Man müsste sich aber auch etwas mit der Geschichte des keltischen Christentums beschäftigen, um nicht nur gefällige – möglicherweise noch nicht einmal originale – Sinnsprüche zu verbreiten. In der keltischen Linie des christlichen Glaubens liegen theologische und liturgische Schätze verborgen, die noch einmal einen ganz anderen Zugang zu den Geschöpfen eröffnen können.[6] Das kann die Ahnung von der spirituellen Dimension wecken, die in modernen Industriegesellschaften eher unterentwickelt ist.

Insgesamt sollte – neben Glauben und Schöpfungswissen – der Aspekt der Stärkung nicht unterschätzt werden. Predigende werden an ihren eigenen spirituellen Hintergrund erinnert, eine tiefe Sehnsucht nach Heilung und Versöhnung und vielleicht auch an die Spiritualität einer Hildegard von Bingen, die aus der Verbundenheit mit der Natur nicht nur körperliche, sondern auch seelische Heilung vermittelte. Nicht zu vergessen ist die Idee des Schöpfungstages, zu dem der Ökumenische Patriarch von Konstantinopel, Dimitrios I., bereits im Jahr 1989 den 1. September erklärte.[7]

Die Verkündigung lebt auch im Raum, das heißt, das räumliche Ambiente der Kirche oder des Raums, in dem der Gottesdienst stattfindet, muss stimmen (zum Bespiel Heizung und Umgang mit Energie) und darf den Aussagen der Verkündigung nicht widersprechen.

Informationsquellen und Material

- *nachhaltig-predigen.de* ist ein ökumenisches Kooperationsprojekt. Auf der Website wird die Lese- bzw. Perikopenordnung für die Sonntage danach hinterfragt, was die betreffenden Bibelstellen mit Nachhaltigkeit zu tun haben. Außerdem werden jährlich aktuelle Fragen mit christlich-biblischer Brille betrachtet.
- Menke, Jörg 2008. *Die Vielfalt der Schöpfung feiern. Ökumenische Arbeitshilfe für den Gottesdienst*. Heidelberg: FEST.

Naturschutz und Nachhaltigkeit als Thema in der Arbeit mit Konfirmanden (Walter Faerber)

In den meisten christlichen Konfessionen gibt es für Jugendliche im Alter von etwa 14 Jahren das Angebot einer intensiveren Auseinandersetzung mit dem christlichen Glauben: Konfirmationsunterricht in den evangelischen Landeskirchen, biblischer Unterricht und ähnliches in den Freikirchen, Firmunterricht in der katholischen Kirche. In diesem Unterricht geht es in der Regel auch um das Thema Schöpfung, zum Beispiel bei der Beschäftigung mit dem ersten Artikel des Glaubensbekenntnisses. Für jüngere Kinder wird die Schöpfungsgeschichte im Kindergottesdienst oder bei ähnlichen Angeboten meist spielerisch und kreativ behandelt. Vierzehnjährige Jugendliche erwarten eher eine reflektierte Behandlung des Themas.

Pädagogische Überlegungen

Auch wenn die kritischen Anfragen an den Schöpfungsglauben heute nicht mehr dieselbe Dringlichkeit haben wie noch vor einigen Jahrzehnten, so muss doch mit den Jugendlichen das Verhältnis von Glaube und Naturwissenschaft geklärt werden. Da ist es hilfreich, wenn sie die Fruchtbarkeit des biblischen Schöpfungsglaubens zunächst einmal in der aktuellen Anwendung auf Naturschutz und Nachhaltigkeit kennenlernen, ohne sich sofort in – vielleicht ganz unnötigen – Konflikten positionieren zu sollen.

Durch die Einbeziehung des Naturschutz- und Nachhaltigkeitsthemas kann das theologische Thema der Schöpfung neu zum Leuchten kommen, zu welchen Sichtweisen und Entscheidungen der biblische Schöpfungsglaube einlädt und was das konkret bedeutet. Außerdem lässt sich das gemeinsame Nachdenken hier gut mit praktischen Arbeitsphasen verbinden. Das erleichtert den Jugendlichen den Zugang und macht Spaß – kein unwichtiger Gesichtspunkt in diesem Alter.

Im deutschen Freundeskreis der internationalen christlichen Artenschutzorganisation *A Rocha*[8] ist das Modell eines Schöpfungstages „Artenreich" entwickelt worden, der – jeweils mit kleinen Modifikationen – mit vielen unterschiedlichen Gruppen durchgeführt werden kann und auch schon mit Konfirmandinnen und Konfirmanden erprobt worden ist.

Das grundlegende Konzept ist die Untersuchung verschiedener Lebensräume und Ökosysteme im Umfeld der Gemeinde mit Methoden der Bürgerwissenschaft und in Zusammenarbeit mit lokalen naturkundlichen Experten. Die Ergebnisse werden mit biblischer Schöpfungstheologie verbunden und in einem Gottesdienst oder einer Andacht präsentiert.

Ein „Artenreich"-Tag kann als Zugang zum Thema Schöpfung Teil des regulären Konfirmandenunterrichts (KU) werden. Wichtig und frühzeitig anzugehen ist dabei die Auswahl der zu untersuchenden

Lebensräume und der hierfür vorhandenen Experten. Am günstigsten ist dabei ein Zeitpunkt im Frühjahr, weil dann in der Natur am meisten passiert. Aber auch im Herbst gibt es noch genügend Entdeckungen zu machen.

Lebensräume

Um in der Auswertung die Vernetzung und Vielfalt der Schöpfung thematisieren zu können, sollten möglichst ganze Lebensräume als Beobachtungsfeld ausgewählt werden (nicht nur zum Beispiel Tier- oder Pflanzenarten). Solche Lebensräume könnten je nach den örtlichen Verhältnissen zum Beispiel „Wald“, „Garten“, „Park“, „Kirchengelände“, „Bach“ oder „Wegränder“ sein. Der Lebensraum „Feld“ ist weniger günstig, da er besonders stark menschenbeeinflusst ist und möglicherweise Grundsatzdebatten über ökologische bzw. konventionelle Landwirtschaft provoziert – was im hier zur Debatte stehenden Zusammenhang nicht Lernziel ist.

Es sollten mindestens zwei, besser mehr Lebensräume ausgewählt werden, um Vergleiche zu ermöglichen. Jeder Lebensraum wird von einer Kleingruppe untersucht.

Experten

In der Regel gibt es lokale Experten, die über die heimische Pflanzen- und Tierwelt gut Bescheid wissen und sich freuen, wenn dieses Wissen abgerufen wird. Für eine Kirchengemeinde können sich durch ein Artenreich-Projekt Möglichkeiten ergeben, mit diesen Experten in Kontakt zu kommen, möglicherweise sogar gemeinsame Projekte zu starten. Es ist ratsam, solche Experten rechtzeitig zu suchen und den Termin frühzeitig abzusprechen. Die Auswahl der Lebensräume sollte auch unter Berücksichtigung der örtlich vorhandenen Expertise geschehen.

Naturkundliche Experten müssen nicht immer auch gute Kommunikatoren und Pädagogen sein. Deshalb sollte man mit ihnen das Projekt gründlich vorbereiten, damit sie um den inhaltlichen Kontext und die Weiterarbeit mit den Ergebnissen der Exkursion wissen. Den

Experten muss klar sein, dass es nur um die Vermittlung von Grundkenntnissen gehen kann.

Der Expertenphase wird aber zunächst eine begleitete Entdeckerphase vorgeschaltet, in der die Jugendlichen ohne mögliche Informationsüberflutung eigene Entdeckungen machen. Danach können sie die (gelegentlich sehr detaillierten) Ausführungen der Experten besser einordnen.

Exkursion und Bericht

Aufgabe der Kleingruppen ist es, anhand eines Arbeitsblattes (siehe Anlage) einen Lebensraum zu entdecken. Hierbei ist keine Vollständigkeit zu erwarten und auch nicht nötig! Es kann nur um eine erste beobachtende Annäherung an die konkreten Phänomene gehen. Mit einfachen Methoden der Bürgerwissenschaft wie Beobachten, Messen, Zählen und Protokollieren können aber schon genügend Zusammenhänge entdeckt werden. In der Auswertung kommen Bestimmungsbücher und -Apps[9] zum Einsatz.

Alle Gruppen dokumentieren ihre Erfahrungen und Entdeckungen und präsentieren sie den anderen. Das kann zunächst durch Erzählen geschehen. Darüber hinaus sollten aber auch schematische, kommentierte Darstellungen des untersuchten Lebensraums als Plakat oder – bei entsprechender technischer Ausstattung – Präsentation entstehen. Zu diesem Zweck werden die Teilnehmenden ermutigt, mit ihren Smartphones Aufnahmen von Pflanzen, Tieren, Bodenproben und besonderen biologischen Phänomenen oder Szenarien zu machen und sie für ihre Berichte und Präsentationen zu verwenden.

Theologische Auswertung

Im Rahmen des Konfirmandenunterrichts geht es um biblisch-theologische Lernprozesse. Der Artenreich-Tag ist inhaltlich auf die Themen „Vernetzung der Schöpfung“ und „Vielfalt der Schöpfung“ ausgerichtet. Daraus folgt ungezwungen ein schonender und nachhaltiger Umgang mit der Schöpfung. Als biblischer Bezug dazu eignet sich besonders gut der 104. Psalm, in dem die Erde mit Flora und Fauna detailliert als vielfältiges Netzwerk des Lebens beschrieben wird. In den Versen 27–30 wird auch Gott eingeführt, wie er in dieses Netzwerk eingebunden ist – mit seinem eigenen Lebensodem. Das ist ein gut nachvollziehbarer Zugang zum Schöpfungsglauben; gleichzeitig lehrt es eine weisheitlich beobachtende und wertschätzende Haltung gegenüber den Mitgeschöpfen.

Es bietet sich an, die Jugendlichen in mehreren Gruppen diesen Psalm interpretieren oder gestalten zu lassen. Mögliche Methoden sind – neben dem Sammeln von Beobachtungen am Psalmtext – eine Gestaltung durch eigene oder im Internet gefundene Bilder oder Videos, das Verfassen eines Psalms mit eigenen Formulierungen oder die Gestaltung von symbolisch-schematischen Grafiken zum Thema „Netzwerk des Lebens" oder „Vielfalt der Schöpfung". Die Ergebnisse fließen dann in den Abschlussgottesdienst ein – in den evangelischen Landeskirchen könnte das auch der Vorstellungsgottesdienst der Gruppe vor der Konfirmation sein.

Gottesdienstliche Gestaltung

Der Artenreich-Tag wird durch gottesdienstliche Einheiten strukturiert. Er beginnt mit einer Morgenandacht, die den Rahmen setzt. Nach der Arbeitsphase am Vormittag und vor dem Mittagessen hat ein kurzes Mittagsgebet seinen Ort. Die Ergebnisse des Tages fließen in einem Schlussgottesdienst zusammen, der entweder ein Gemeindegottesdienst oder ein spezieller Konfirmandengottesdienst sein kann. Zu diesem abschließenden Gottesdienst werden die Eltern gezielt eingeladen.

Weiterarbeit

Aus dem Schöpfungstag können sich weitere Aktivitäten ergeben. Die Gruppe – möglicherweise um interessierte und kundige Eltern verstärkt – kann an einer naturnahen Umgestaltung des Kirchengeländes arbeiten oder dort einen ökologisch durchdachten Garten anlegen. Dabei würden die Beteiligten auch mehr über die Kreisläufe in der Natur erfahren, als es an einem einzigen Tag möglich ist. Behält man dabei die geistliche Rahmung des Artenreich-Tages bei, dann ergeben sich immer wieder Gelegenheiten, um diesen Lernprozess mit biblischen Impulsen zu begleiten. Vielleicht bleibt so eine Gruppe auch über die Zeit des Konfirmationsunterrichts hinaus bestehen.

Auch der Kontakt zu lokalen naturkundlichen Experten kann ausgebaut werden und möglicherweise in gemeinsame Projekte einmünden.

Materialhinweis

Weiteres Material – auch ein Liturgieheft zur Gestaltung der Andachten – ist über den Freundeskreis von *A Rocha* Deutschland erhältlich (deutsche.freunde@arocha.org).

Arbeitsblatt für den Artenreich-Tag

Schaut euch einen Lebensraum an!

Unser Lebensraum ist: ______________________________

A) Was tut sich im Boden?

1) Wie viel organisches Material (abgestorbene Pflanzenteile) ist ungefähr dabei? Ab welcher Tiefe hört das auf?
2) Fingerprobe zur Bestimmung der Bodenart: Ist es Sand? Schluff? Ton? Lehm?
3) Durchwurzelung des Bodens bestimmen: Wie viele feine Würzelchen (weniger als 2 mm Durchmesser) kann man auf einer Fläche von 10 x 10 cm zählen?
(2 mm ist ungefähr die Dicke einer 2 Cent-Münze)
4) Was für Tiere leben im Boden? Welche kennt ihr?
Könnt ihr Fotos oder Bilder von den Tieren machen?

B) Was wächst auf dem Boden?

Skizziert einen Abschnitt eures Gebiets und malt gleiche Pflanzen mit der gleichen Farbe in eure Karte. Versucht anschließend, die einzelnen Pflanzen zu benennen. Vielleicht gibt es Pflanzen, die ihr gut kennt wie Tomaten, Kartoffeln und Möhren? Oder Brennnesseln, Löwenzahn ...?
Könnt ihr Fotos oder Bilder von den Pflanzen machen?

C) Welche Tiere leben auf dem Boden?

Schaut nach den Tieren in eurem Lebensraum! Wo gibt es besonders viele? Welche Stellen bieten Tieren anscheinend eine günstige Umgebung? Wisst ihr die Namen einiger Tiere? Zeichnet die Fundstellen der Tiere in eure Karte ein!
Könnt ihr Fotos oder Bilder von den Tieren machen?

Naturschutz und Nachhaltigkeit als Themen in der Pfadfinderarbeit (Christian Holfeld)

Warum uns Naturschutz und Nachhaltigkeit wichtig sind

Pfadfinder ohne Natur? Das wäre undenkbar. Pfadfinder ohne Naturschutz? Das wäre ebenso undenkbar. Man schützt, was man liebt und braucht. Aus diesem Grund und auch aus dem Verantwortungsbewusstsein für die Umwelt, die weltweiten Zusammenhänge des Klimas und für die nachfolgenden Generationen wird das Thema bei den Pfadfindern, in diesem Fall dem PEC, großgeschrieben.

Wer ist der PEC und was machen wir?

Der PEC ist ein christlicher Pfadfinderbund im Deutschen EC-Verband.[10] 40 Pfadfinder-Stämme in Deutschland mit etwa 900 regelmäßigen Teilnehmenden gehören dazu. Wir treffen uns Woche für Woche zu Gruppenstunden mit erlebnispädagogischen Outdoor-Elementen. Am liebsten veranstalten wir Zeltlager oder gehen auf abenteuerliche Haiks.[11] Auf jeden Fall sind wir Pfadfinder sehr viel draußen, auch bei Wind und Wetter, und lieben das.

Ein Thema von Anfang an

Von Beginn der Pfadfinderbewegung an (Anfang des 20. Jahrhunderts) spielt die Natur und deren Wertschätzung eine Rolle. Tiere wurden beobachtet, die Wälder durchstreift und entdeckt. An schönen, naturnahen Orten wurde gezeltet. Doch der Aufenthalt im Freien ging und geht nicht ohne Regeln. Bereits 1908, im Buch des Pfadfindergründers Robert Baden-Powell, hat dieser den Tierschutz im 6. Pfadfindergesetz verankert. Dort heißt es: „Ein Pfadfinder ist Freund aller Tiere." Später wurde noch ergänzt: „Ein Pfadfinder ist Freund aller Pflanzen und Tiere." In seinem Abschiedsbrief an die Pfadfinder in aller Welt schrieb er: „Das Studium der Natur wird Euch all die Schönheiten und Wunder zeigen, mit denen Gott die Welt ausgestattet hat. Euch zur Freude. [...] Versucht, die Welt ein bisschen besser zurückzulassen, als Ihr sie vorgefunden habt."[12]

Dies ist gelebte Nachhaltigkeit: Das Staunen über die Schöpfung soll dazu führen, dass wir Menschen uns daran erfreuen und wir die Welt besser zurücklassen, als wir sie vorgefunden haben. Diese Haltung gegenüber der Natur zieht sich seitdem durch die Pfadfindergruppen jeder Generation. Kein Pfadfinder würde auf die Idee kommen, Müll in den Wald zu werfen oder brütende Vögel zu vertreiben. Das würde der innersten Überzeugung von Pfadfindern widersprechen und ist so selbstverständlich, dass es niemand versuchen wird.

Wir prägen eine Kultur, eine innere Haltung in unseren Pfadfindergruppen. Und diese Kultur oder Haltung ist von tiefer Ehrfurcht vor Lebewesen und Gottes Schöpfung geprägt.

Wow, ist das schön!

Man schützt nur, was man kennt. Deshalb machen wir Kindern und Jugendlichen die Natur bekannt. Wir nehmen sie in unsere Begeisterung für das Draußensein mit hinein. Doch welche Kinder kennen schon die Natur? Viele, die zu uns kommen, sind es nicht gewohnt, sich in Wald und Wiese zu bewegen, da ihr Lebensmittelpunkt die elterliche Wohnung und die Schule ist. Manche spielen draußen Fußball oder üben andere Sportarten aus, aber das war es schon mit Frischlufterlebnissen. Von echten Naturerfahrungen können die wenigsten berichten.

Darum fangen wir damit an, dass unser regelmäßiger Treffpunkt draußen ist. Eltern und Kinder werden sensibilisiert, für wetterfeste Kleidung zu sorgen. Bei Kälte gilt das Mehrschichtenprinzip: Wie eine Zwiebel kann man, je nachdem ob einem warm ist oder kalt, eine Schicht an- oder eben wieder ausziehen. Bei Sonnenschein steht der Sonnenschutz im Vordergrund. Je mehr Erlebnisse sie draußen haben, desto selbstverständlicher wird die Wahl der passenden Kleidung. Bei unserem aktionsorientierten Programm ist einiges an Abwechslung und Bewegung enthalten. So wird den Kindern schnell warm und sie lernen ganz automatisch, dass es einfach ist, Wind und Wetter auszuhalten.

Im Laufe der Zeit lernen die Kinder die Natur als ihr zweites Zuhause kennen. Sie spielen draußen, sie essen am Lagerfeuer und lernen neue Kinder in der Pfadfindergruppe kennen. Hinzu kommen noch all die Fertigkeiten, die an der frischen Luft erlernt werden:

- Blätter, Bäume und Tiere bestimmen,
- das Wetter beobachten und vorhersagen,
- Orientierung mit einfachen Mitteln,
- Biwak- und Zeltplätze finden und errichten.

Mit der Zeit kommen die Kinder immer besser in der Natur zurecht. Sie verlieren nach und nach die Angst, sich zu verlaufen, vor Tieren und vor der Dunkelheit. Dadurch fühlen sie sich immer mehr als Teil der Natur und nicht als deren Beobachter.

Von geschriebenen und ungeschriebenen Gesetzen

Pfadfinder sind werteorientiert. Unsere Werte sind in den Pfadfindergesetzen verankert. Eines davon lautet: *„Ein Pfadfinder schützt Pflanzen und Tiere.“* Uns ist wichtig, dass es nicht nur irgendwo steht, sondern wir es auch leben. Dazu muss es natürlich jeder erst einmal wissen. Aus diesem Grund sind die Pfadfindergesetze regelmäßig Thema in unseren Gruppenstunden.

Sie sind auch Bestandteil unserer Proben. Proben sind altersgerechte Challenges, die freiwillig abgelegt werden. Doch Kopfwissen allein reicht nicht aus. Pfadinder leben das Prinzip „learning by doing“. Ganz praktisch wird es erst draußen. Zum Beispiel wenn es darum geht einen Lagerplatz zu verlassen. Hier gilt das ungeschriebene Gesetz: Ein Lagerplatz wird besser hinterlassen, als man ihn vorgefunden hat! Müll wird komplett aufgesammelt, auch wenn er von anderen ist.

Wenn unsere Pfadfinder solches Verhalten früh erlernen, werden sie auch später, wenn die aktive Zeit vorbei ist, diese Verhaltensweise nicht ablegen.

Nachhaltige Lagerorganisation

Auch die Mitarbeiter und Organisatoren tun eine ganze Menge für Umweltschutz und Nachhaltigkeit. Folgende Punkte, die wir bei der Lagerorganisation beachten, sind an sich kleine Maßnahmen, aber in der Summe haben diese große Auswirkungen:

1. Autokilometer sparen – Die Anreise wird so geplant, dass Fahrgemeinschaften gebildet werden oder die Bahn genommen wird.
2. Plastikarme Freizeit – Beim Essenskauf wird auf plastikarme bzw. -freie Verpackung geachtet.
3. Saisonale Produkte sind nichtsaisonalen vorzuziehen.
4. Regionale Produkte sind denjenigen mit weitem Transportweg vorzuziehen.
5. Wenige Einkaufsfahrten während eines Lagers durch gute Planung.
6. Der Wasserverbrauch wird so gering wie möglich gehalten.
7. Wasserverschmutzung wird durch den Einsatz von ökologischen Spülmitteln vermindert.
8. Es geht auch mal ohne Fleisch. Und das ist sogar richtig lecker.

Projekte aus der Pfadfinderpraxis

1. Umweltpatenschaft

Man kann versuchen, den zuständigen Förster für dieses Umweltprojekt zu gewinnen. Er kann der Pfadfindergruppe ein Gebiet in der Nähe des Geländes zuweisen. Die Ausdehnung sollte zwischen 500 Metern und einem Kilometer sein. Als Erstes legt man eine selbstgezeichnete Karte in großem Format an, damit viele Einzelheiten darauf Platz haben. Dann zeichnet man alles ein: Wege, Obstbäume, Sträucher, Ameisenhaufen, Orte, wo Vögel brüten. Erkundet alles ganz genau.

Anschließend beobachtet man das Gebiet in regelmäßigen Abständen und spricht darüber, wie sich die Natur im Laufe der Jahreszeiten verändert. Die Pfadfinder stellen fest, ob es eine Schonzeit gibt, in der man das Unterholz besser nicht betritt. Später versuchen die Kinder herauszufinden, ob Zerstörung oder Verschmutzung drohen, zum Beispiel durch wilde Müllkippen.

Wenn sich die Gruppe schon besser auskennt, kann sie nach Tierspuren suchen oder auch das Thema Neophyten[13] behandeln und ob man sie bekämpfen sollte. Oder ob Schädlinge wie der Eichenprozessionsspinner aktiv sind und ob man sich dagegen schützen muss. Alles wird mit Fotos dokumentiert und nach und nach ausgewertet.

2. Pflanzenbuch/Herbarium anlegen

Die Gruppe sammelt Pflanzen und Blätter an den Orten, wo sie Zeltabenteuer erlebt hat. Idee: Man kann einen Bilderrahmen mit den gesammelten, gepressten Teilen bestücken. Zum Beispiel: „Pfingstfahrt 2022" mit drei getrockneten Blättern, fünf Pflanzen und einem Foto der Teilnehmer, zusammengestellt in einem Bilderrahmen an der Wand des Gruppenraums.

3. Leichtes Gepäck

Positives Verzichten ist ein Thema, das in Bezug auf Nachhaltigkeit angesprochen werden sollte. Das kann in der Fastenzeit sein oder auch sonst im Jahr. Worauf können wir verzichten? Ganz praktisch auf dem nächsten Zeltlager? Man braucht weniger mitzuschleppen, es geht weniger kaputt und man spart Geld. Die Umwelt wird geschont, weil weniger Ressourcen verbraucht werden.

4. Reparieren statt wegwerfen

Warum nicht Nähen lernen? Das ist nachhaltig, denn man repariert etwas und kann ein Kleidungsstück länger tragen. Besonders ärgerlich ist es, wenn auf einem Haik oder einem Zeltlager die Kleidung reißt. Ist keine Ersatzhose oder Ersatzjacke zur Hand, sind die Kinder und Jugendlichen schnell den Tränen nahe. Das sind Situationen, in denen es Gold wert ist, nähen zu können. Ruckzuck nimmt man Nadel und Faden und verbindet die Stoffenden mit einem einfachen Kreuz- oder Zickzackstich. Dabei ist es in Pfadfindersituationen gar nicht wichtig, dass es besonders schön oder perfekt aussieht. Das

Wichtigste ist, dass die Hose hält und der Stoff nicht noch weiter einreißt. Auch Knöpfe annähen ist nicht besonders schwer. Diese Fertigkeit zu erlernen, spart so manches Geld und die Teilnehmer lernen, wie einfach es ist, etwas wieder instand zu setzen.

5. Sippenbaum pflanzen

Bei der Gründung einer neuen Pfadfindergruppe, einer Sippe, pflanzt diese einen Baum. Auch nach Jahren und Jahrzehnten erinnert er an die schöne Pfadfinderzeit, auch lange über die aktive Zeit hinaus. Die Kinder und Jugendlichen lernen, etwas Bleibendes zu schaffen. Auch die Pfadfindergenerationen nach dieser Sippe können noch die Äpfel vom Baum der Sippe „Feuersalamander" ernten.

6. Upcycling

Recycling, die Wiederverwertung von Rohstoffen, ist allgemein bekannt. Upcycling ist so etwas Ähnliches, hat aber eine andere Intention: Scheinbarer Müll wird beim Upcycling aufgewertet, indem der Kontext des Materials kreativ verändert wird.

So wird zum Beispiel aus mehreren alten Paletten eine Sitzgelegenheit. Aus Mandarinenkisten aufeinandergestapelt ein Regal für den Gruppenraum. Aus kleinen Lebensmitteldosen Stifte- und Scherenhalter, aus Nutellagläsern Spardosen. Das verändert die Perspektive auf Gegenstände und ist ein innerer Ausstieg aus der Wegwerfmentalität.

Upcycling inspiriert Menschen dazu, ihren Umgang mit Abfall zu überdenken. Denn Plastik findet sich mittlerweile überall in unseren Ozeanen. Das Upcycling schärft den Blick auf diese prekäre Situation und auf einen besseren Umgang mit der Natur. Manche Projekte lassen sich auch sehr gut mit Kindern realisieren. Entweder zu Hause oder in der Grundschule als Gruppenarbeit. So werden Kinder schon sehr früh für das Thema Naturschutz sensibilisiert und lernen mit Spaß. Upcycling schafft eine emotionale Bindung zu dem neu produzierten Produkt. Weil sie intensiv in die Produktion eingebunden sind, schaffen Kinder Werte mit eigenen Händen.

7. PITO: Pfadis In – Trash Out

Diese Aktion ist angelehnt an die Geocache-Aktion CITO[14] (Cache in – Trash out). Dieses Prinzip lässt sich leicht auf Pfadfinder übertragen. Wörtlich: „Pfadfinder rein – Müll raus". Das bedeutet: Wo wir hinkommen, nehmen wir erstens unseren eigenen Müll wieder mit und zweitens sammeln wir im Wald auch herumliegenden Müll ein.

Schlussgedanken

Spielerisch und ohne viel Aufwand ist Umweltschutz ein Thema bei den Pfadfindern. Das bedeutet auch, aktiv dafür einzutreten. Denn ohne ein beherztes Eingreifen bei Handlungen, die dem widersprechen, würden Pfadfinder ihren zentralen Aufenthaltsraum, die wunderschöne Natur, preisgeben. Für Pfadfinder ist das Thema Naturschutz und Nachhaltigkeit eine Selbstverständlichkeit, die im Alltag der Gruppenarbeit ihren festen Platz hat.

Informationsquellen und Material

- Im Bund der Pfadfinderinnen und Pfadfinder (https://www.pfadfinden.de/bund/partner/) sind viele Pfadfindergruppen organisiert. Explizit christlich geprägt – aber für alle offen – sind zum Beispiel die PEC, die Pfadfinder im EC (https://pfadfinder.ec.de/), die Royal Rangers (https://royal-rangers.de/) oder die Pfadfinder in der FeG (https://pfadfinder.feg.de/info/) und viele weitere.

Kleingruppen als Motivationszentren für Nachhaltigkeit (Lukas Gerber)

Die Frage nach einem nachhaltigen Lebensstil bewegt große Teile unserer Gesellschaft. Wie die Beiträge in diesem Band zeigen, können Kirchen verschiedene Beiträge dazu leisten. Dazu gehört auch, dass Kirchgemeinden Diskussionsräume bieten, in denen der Glaube und die eigene Weltanschauung im Kontext der ökologischen Herausforderungen reflektiert werden.[15] Besonders in kirchlichen Kleingruppen wie Hauskreisen oder Teams von Mitarbeitenden sind solche Diskussionen möglich, die dann auch zu Verhaltensänderungen und gemeinsamen Aktionen führen können.

Einen Königsweg in der ökologischen Krise finden?

Die Theologie und die Kirchen waren von Anbeginn jeweils zwei gleichgroßen Versuchungen ausgesetzt, die fatal enden konnten. Der erste mögliche Weg war eine radikale Abkoppelung gegenüber dem bestehenden System, wie sie zum Beispiel von den Wüstenvätern der ersten Generation gewählt wurde. Wie der Neutestamentler N. T. Wright aufzeigt,[16] lief Jesu Dienst darauf hinaus, Menschen zu einer neuen Gemeinschaft oder noch pointierter, einer neuen Familie einzuladen, die in gewisser Hinsicht eine Alternative zu dem damaligen religiösen System bilden sollte. Es gibt aber auch zahlreiche Bewegungen, die radikale Wege eingeschlagen haben und sich nicht mehr integrieren ließen und sich selbst und andere zerstörten. Das Gegenteil wäre ein Weg der Überangepasstheit: Theologie und Gemeindeleben unterschieden sich nicht mehr von der „Welt". Das lässt sich beispielsweise an manchen Hilfswerken ablesen, welche in christlicher Tradition stehen, deren theologisches Profil aber nur noch auf äußerst dünnem Fundament steht. Vor dem Hintergrund dieser zwei möglichen Irrwege stellt sich die Frage, wie sich christliche Kleingruppen als Motivationszentren für Nachhaltigkeit herausbilden können. Vereinfacht gefragt: Wenn wir die heutigen Zeichen der Zeit deuten müssen, wäre eher ein Weg der Konfrontation zu wählen oder vielmehr ein Weg der Kompromisse, bei dem das ökologische Anliegen die Hauptsache ist? Laufen wir nicht von Anfang an Gefahr, uns in die ein oder andere Richtung zu verrennen?

Auf den folgenden Seiten möchte ich einen Weg für Kleingruppen aufzeigen, wie sie zu einer Quelle der Hoffnung mitten in der ökologischen Krise werden können. Am Schluss folgen Beispiele für eine konkrete Umsetzung.

Technik, um Nachhaltigkeit voranzutreiben?

Wie lässt sich der schmale Weg der Nachhaltigkeit bestreiten, um weder in die Extreme der Unangepasstheit noch der Überangepasstheit zu gleiten? Anhand eines Beispiels soll verdeutlicht werden, wie komplex Nachhaltigkeit sein kann:

Elon Musk, der Aufsichtsratsvorsitzender von *Tesla*, ist ein Star, dessen Worte Wirkungskraft haben. In seiner Willenskraft hat er längst die Welt hinter sich gelassen und arbeitet für eine neue Welt[17]. Bis aber die neue Welt eingetreten ist, bedient er sich der alten, um die neue vorzubereiten. Da die alte Welt mit stetigem Fortschritt überwunden werden kann – so das dahinterliegende Narrativ –, ist es nur folgerichtig, dass der Bau eines neuartigen, scheinbar nachhaltigen Autos hierarchisch über der ungeplanten, fehlerhaften Natur steht.

Die brandenburgische Regierung wollte wohl zwei Fliegen mit einer Klappe schlagen, als sie sich auf diesen Mann von Welt einließ. Die Probleme Brandenburgs seit der Wiedervereinigung bezüglich der Abwanderung junger Leute und einer schwachen Wirtschaft sind allgemein bekannt. Da kommt ein Mann der Tat, der scheinbar mit nachhaltiger Autoproduktion ein ansehnliches Image verbreitet, Arbeitsplätze schafft und durch seinen Namen Brandenburg der Welt bekannt macht. Leider hat die brandenburgische Regierung die möglichen Kosten nicht in die Waagschale geworfen. Statt sich Zeit zu nehmen, um abzuklären, ob das knappe Wasser eine derartige Fabrik wirklich verträgt, lässt Musk einfach weiter bauen. Warum auch warten?

Das Beispiel zeigt auf dramatische Weise, dass unsere Antwort auf eine scheinbar nachhaltige Technik nicht ein bloßes Dafür oder Dagegen sein kann. Mit anderen Worten: Wir müssen Nachhaltigkeit jenseits der gängigen Kategorien suchen. Gibt es aber dazu eine Alternative?

Eine konviviale Gesellschaft als Alternative?

Der Theologe Ivan Illich (1926–2002) hat bereits in den 1970er-Jahren eine konviviale Gesellschaft vorgeschlagen[18]. Im Zentrum von Illichs Kritik steht das Werkzeug, das den Menschen beherrscht, und nicht mehr der Mensch das Werkzeug. Das Werkzeug, so Illich, muss einer vernünftigen Wachstumsbeschränkung unterliegen[19]. Illich macht zwei verschiedene Kategorien von Organisationen aus: Die eine Kategorie von Institution fördert einen konvivialen (geselligen) Lebensstil, während die andere ihn hindert. Die sogenannten geselligen/konvivialen Institutionen, die *gutes Leben* fördern, zeichnen sich durch ihre spontane Benutzbarkeit aus wie etwa U-Bahnlinien oder Postverbindung, aber auch öffentliche Märkte. Ihre Merkmale sind deren weiche Verkaufsmethoden; Kunden müssen nicht mit Tricks und harter Überredungskunst zum Gebrauch bewegt werden. Als Gegensatz dazu sieht er „manipulative Institution", „häufig Träger höchst komplexer und kostspieliger Produktionsprozesse, bei denen Weiterentwicklung und Ausgabe überwiegend darauf ausgerichtet wird, die Verbraucher davon zu überzeugen, dass sie ohne die von der Institution angebotenen Produkte oder Dienstleistungen nicht leben können."[20]

Greift man Illichs Idee der konvivialen Gesellschaft auf, dann ist die Stärke einer Kleingruppe weder die Förderung einer (scheinbar nachhaltigen) Technik, noch die Abkoppelung von der „Welt". Vielmehr eröffnet eine konviviale Gemeinschaft den Raum für den Nächsten; einen Raum, der den Menschen in seiner Umgebung, zu der unausweichlich eine intakte Natur gehört, wissen möchte. Das Ideal einer konvivialen Gemeinschaft ist die Selbstbegrenzung der Werkzeuge, denn die Maßlosigkeit hat den ökologischen Schlamassel überhaupt erst ermöglicht: Strände mit Plastikmüll übersät. In manchen Städten wie etwa Peking ist das Atmen aufgrund der Luftverschmutzung äußerst mühsam. Sogenannte Hochsee-Trawler fördern das Aussterben der Tiere im Meer und zerstören lokale Fischerei. Pestizideinsetzung findet auf Kosten der Umwelt statt, und so weiter.[21]

Worin könnte das Potenzial einer Kleingruppe für Nachhaltigkeit liegen?

Eine konviviale Gesellschaft will das abhandengekommene Maß wiederfinden, um zu sich selbst, zum Nächsten und der Natur, in der wir leben, aber auch zu Gott selbst zu kommen. Mit Blick auf das Christentum hätten Christinnen und Christen eine mögliche Dimension, die manch einem vorenthalten ist. Es ist ein Schatz, der in der Schrift und in der Tradition der Kirche entdeckt werden kann; es ist eine Quelle, die den Menschen erdet und zu einem *guten Leben* helfen kann. Papst Franziskus nennt es so: „Die christliche Spiritualität schlägt ein anderes Verständnis von Lebensqualität vor und ermutigt zu einem prophetischen und kontemplativen Lebensstil, der fähig ist, sich zutiefst zu freuen, ohne auf Konsum versessen zu sein." [22]

Dahinter steckt eine andere Logik als die einer Welt, in der alles mess-, plan- und machbar ist.

Erstens ist es die Anerkennung einer gewissen Unverfügbarkeit des Lebens und einer Ohnmacht gegenüber der „Welt". Übersetzt in christlicher Terminologie bedeutet es ein Leben, das auf einen Glauben in einen anderen, statt in den Glauben an sich selbst begründet ist, ein Hoffen auf eine bessere Welt statt auf ein faktisches Wissen einer machbaren Welt und auf eine Liebe, die in der „Umsonstigkeit" – die im christlichen Kontext mit Gnade übersetzt werden kann – begründet ist.

Zweitens steckt eine Logik des Nächsten dahinter, der in erster Linie sein Menschsein in der Weltlichkeit hat. In erster Linie geht es nicht um eine zahlenbasierte Politik und Wirtschaft, sondern um den Menschen, der meinen Weg kreuzt und damit mein Nächster ist. Die konviviale Gesellschaft glaubt und hofft auch in eine andere Welt, liebt aber diese Welt und den Nächsten, der in ihr ist.

Auch Kirchen stehen in der Gefahr von gesellschaftlicher und manipulativer Transformierung und dass zahlenmäßiger Fortschritt das Denken und Handeln beherrscht. Kleingruppen können mindestens eine unorthodoxe Form gegenüber den meist fortschritts- und wirkungsbewussten Organisationen einnehmen. In ihrer Schlichtheit und Ohn(e)Macht können sie in der Logik des Nächsten, der in seiner ganzen Weltlichkeit lebt, reagieren. Kleingruppen können als ein „Gleichnis der Gemeinschaft", um Frère Rogers Worte der *Communauté de Taizé* aufzugreifen[23], vorausgehen – wohl eine der besten Weisen, wie sie zu einem Motivationszentrum für Nachhaltigkeit werden können.

Ideen, wie Kleingruppen Nachhaltigkeit fördern können

Es folgen nun ein paar Ideen, die Sie inspirieren können, um Nachhaltigkeit konkret werden zu lassen. Die Beispiele können helfen, eine konviviale Gesellschaft zu fördern und damit den Musks und Konzernen im Alltag zu trotzen. Der Geist der Unterscheidung ist im Zeitalter der Nachhaltigkeit mehr denn je gefragt, um den schmalen Weg im Sinne des Nächsten und der Bewahrung der Schöpfung zu gehen – einen Weg, der jenseits der Un- und Überangepasstheit liegt. Auf diesem Weg können sich gezielt Gruppen von Menschen bilden, die diese Anliegen teilen. Diese Themen können aber auch von schon bestehenden Gruppen wie Hauskreisen oder Teams von Mitarbeitenden aufgenommen werden.

Sich mit dem Thema auseinandersetzen

Kleingruppen sind ein guter Rahmen, um gemeinsam die eigenen Einstellungen und Verhaltensweisen zu reflektieren. Man kann die Themen selbst erarbeiten oder Anregungen wie die *KlimaGespräche* oder den *Just People*-Kurs nutzen. Die *KlimaGespräche* von „Fastenopfer und Brot für alle“ sind eine Handlungsmöglichkeit mit dem Ziel, in kleineren Gruppen geleitete Diskussionsrunden zu führen, die nicht beim Diskutieren stehenbleiben, sondern den eigenen Lebensstil analysieren. Die Veränderung ist zwar vorerst klein, dafür nachhaltig und zielt auf einen langfristigen Erfolg ab. Der *Just People*-Kurs ist ein Kursbuch von „StopArmut“ und „Micha Deutschland“ zum Thema Gerechtigkeit – ein Thema, das unweigerlich zur Frage der Nachhaltigkeit führt. Das Thema Gerechtigkeit wird aus verschiedenen Perspektiven (zum Beispiel Bibel, Gesellschaft, Kirche) beleuchtet und kann vorzugsweise als Gruppe durchgeführt werden.

Beratung und Unterstützung für einen nachhaltigeren Lebensstil

In einer Gruppe kann man Wissen, Erfahrungen und Ressourcen teilen, um im Alltag nachhaltiger zu leben. Anregungen dazu finden sich auch in den anderen Beiträgen dieses Bandes.

„Save our Food“ ist ein Projekt, das von zwei Pfarrern lanciert wurde, um Lebensmittel, die kurz vor dem Ablaufdatum stehen, zu retten. Die Idee ist, gemeinsam etwas gegen die Verschwendung von Lebensmitteln zu tun.

Aktionsgruppe für eine nachhaltige Gemeinde

Viele Kirchen haben Umweltgruppen ins Leben gerufen. Es sind eine gute Handvoll Leute, die sich dort den ökologischen Themen widmen und sie in den Kirchenalltag einbringen. Mit einem Team von drei bis fünf Personen kann eine Selbsteinschätzung bezüglich der Nachhaltigkeit der eigenen Gemeinde vorgenommen werden. Die Plattform *Eco Church Network* bietet eine Online-Selbsteinschätzung an sowie Merkblätter, um die fünf abgefragten Themen zu vertiefen. Ziel von *Eco Church Network* ist es, eine Spiritualität zu fördern, die zu Gott, zur Schöpfung und zum Nächsten hinführt. Auch der Verein *Grüner Fisch* berät Einzelpersonen und Kirchgemeinden zu ökologischen Themen, er organisiert Arbeitseinsätze, um Biodiversität zu fördern, und er unterstützt Projekte in Entwicklungsländern.

Beispiele, wie Menschen dem Thema der Nachhaltigkeit nachgehen, finden sich beispielsweise auch auf der Internetseite der katholischen Kirche im Kanton Zürich.

Gemeinsam an Aktionen beteiligen

In den Regionalgruppen/Lokalgruppen von *StopArmut* bzw. *Micha Deutschland* treffen sich Menschen, denen Gerechtigkeit am Herzen liegt. Beispielsweise organisieren sie ein Repair Café, damit Geräte repariert und wiederverwendet werden können.

Die *Christliche Klima Aktion* sind Christinnen und Christen, die sich angesichts des Klimawandels für verantwortungsbewusstes Handeln einsetzen. Sie organisieren Anlässe der Klimabewegung, sie nehmen an Anlässen der Klimabewegung teil oder organisieren solche selbst, sie geben Vorträge über das Thema Klimawandel, sie vernetzen Christen, denen das Klima ein Anliegen ist oder sie gehen auch in Gemeinden und veranstalten einen Gottesdienst zum Thema Klima und Glaube.

Christians for Future sind ein Teil der *Fridays-for-Future*-Bewegung und engagieren sich für Klimaschutz, Gerechtigkeit, Frieden und die Bewahrung der Schöpfung. Institutionell sind sie ähnlich, aber unabhängig wie die *Christliche Klima Aktion*.

Informationsquellen

- Christians for Future: www.christians4future.org
- Christliche Klima Aktion: https://christianclimateaction.ch
- Eco Church: www.ecochurch.ch
- Grüner Fisch: www.gruenerfisch.ch
- Just People Kurs: https://micha-initiative.de/justpeoplekurs
- Katholische Kirche im Kanton Zürich: www.zhkath.ch/kirche-aktuell/gesellschaft-politik/kirche-und-nachhaltigkeit
- Klima-Gespräche: www.sehen-und-handeln.ch/klimagespraeche
- Lokalgruppen von Micha Deutschland: https://micha-initiative.de/mitmachen/micha-lokalgruppen
- Regionalgruppen von StopArmut: www.stoparmut.ch/aktiv-werden/regionalgruppen
- Save our Food: www.save-our-food.ch

Impulse in die Gesellschaft (Tabea Gutmann)

Wenn wir uns für eine lebenswerte Zukunft und globale Gerechtigkeit einsetzen, haben wir vielfältige Wirkmöglichkeiten. Spenden für Hilfswerke sind wichtig und gut, denn sie lindern akute Not. Den eigenen Ressourcenverbrauch und Konsum zu hinterfragen, ist wichtig und gut, denn es ändert das Bewusstsein für den eigenen Lebensstil und steuert den Markt. Gebet für Menschen in Not ist wichtig und gut, denn es eröffnet einen hoffnungsvollen Horizont im Anblick von menschengemachter Zerstörung und Ausbeutung. Um diese Welt gerechter, klimafreundlicher und lebenswerter für alle zu gestalten, ist es aber genauso wichtig, an großen Veränderungen und einem grundsätzlichen Wandel gesellschaftlicher Systeme mitzuwirken – die Werte und Normen der Wirtschaft, technologischen Entwicklungen und nicht zuletzt die Politik und Gesetzgebung zu verändern.

Die gesellschaftliche und politische Wirkung der Kirche ist Teil ihrer Sendung in die Welt

Als Menschen sind wir unausweichlich Teil der Gesellschaft und als solcher Teil der *polis* (altgriechisch für Stadt), also des Gemeinwesens einer Stadt oder eines Staates. Es gehört zu unserer Existenz, dass unser Leben eine gesellschaftliche und politische Dimension hat.

Auch Kirchen und christliche Gemeinschaften sind per Definition eine Körperschaft mit politischer Bedeutung und können als gesellschaftliche Organisationen nicht wählen, ob sie „politisch" sein wollen oder nicht. Sie sind Teil des gesellschaftlichen, wirtschaftlichen und politischen Systems und gestalten es mit, ob sie nun schweigen oder reden, die Hände in den Schoß legen oder handeln. Als Nachfolgerinnen und Nachfolger Jesu sind wir in besonderer Weise beauftragt und befähigt, „Gerechtigkeit zu üben". Dieser Auftrag ist heute in unserer globalisierten Welt mit ihren herrschenden Wirtschafts- und Lebensparadigmen dringlicher und wichtiger als jemals zuvor. Das Bekenntnis zu Jesus Christus als höchster Autorität über allen „Herren dieser Welt" und unsere Sendung in die Welt, die gute Nachricht von Gottes *Schalom*-Projekt, zu leben, zu bezeugen und zu verkünden, gibt uns gesellschaftspolitische Bedeutung und Verantwortung.

Die Prophetenbücher des Alten Testaments thematisieren besonders stark das Anliegen gerechter gesellschaftlicher Strukturen. In ihnen tritt Gott nicht als Stabilisator des Vorfindlichen auf, sondern als der, welcher in verändernder Absicht eingreift. Dabei beinhaltet die prophetische Rede einerseits den Protest gegen alle Formen von Gewalt und lebensverneinenden Handlungen und Haltungen und andererseits die Suche nach Wegen zur Gerechtigkeit und den solidarischen Einsatz für Benachteiligte. Genauso wie damals die Propheten des Volkes Israel haben wir Christinnen und Christen als Gemeinden einen prophetischen Auftrag. Diesen wiederzuentdecken und auszuführen, ist die Herausforderung unserer Zeit. Dies können wir tun, indem wir uns an ethischen Diskussionen beteiligen, Benachteiligten eine Stimme verleihen und für den Schutz der Schöpfung und für eine Verbesserung von gesellschaftlichen Verhältnissen eintreten.

Das Verhalten der Christen und Christinnen, Kirchen und Gemeinschaften ist daher auch immer eine Frage der Glaubwürdigkeit ihrer Botschaft: Können wir gleichgültig gegenüber der Zerstörung der Welt sein und der Ausbeutung von Mensch und Natur – und gleichzeitig eine „gute Botschaft“ verkünden, in der es darum geht, wie sehr Gott die Welt liebt?

„Think global, act local!“ – die Micha Lokalgruppen

Man muss weder Expertin noch Experte in Sachen Nachhaltigkeit oder Politik sein, um sich für eine gerechtere, klimafreundlichere und lebenswertere Zukunft einzusetzen. Doch es hilft in diesem Vorhaben, nicht allein unterwegs zu sein. Ein leuchtendes Beispiel hierfür sind die *Micha Lokalgruppen*.

Die Micha Lokalgruppen sind Herz, Pulsschlag und Ausdruck der deutschen Micha-Bewegung, deren Namensgeber der alttestamentliche Prophet Micha ist und die sich auf Vers 6,8 bezieht: *„Es ist dir gesagt, Mensch, was gut ist und was Gott von dir erwartet, nämlich: Gerechtigkeit üben, Gemeinschaftssinn lieben und aufmerksam mitgehen mit deinem Gott.“* Dass sich *Micha Deutschland e.V.*[24] und *StopArmut*[25] in der Schweiz als Teil von Micah Global[26] mit Themen wie gerechtem Konsum, Klimagerechtigkeit oder alternativen Wirtschafts- und Gesellschaftsformen auseinandersetzt, ist besonders für viele Menschen aus dem christlichen Milieu eine lang gesuchte Möglichkeit, sich aus ihrem Glauben heraus mit diesen Themen zu beschäftigen, zu vernetzen und zu engagieren.

In den gemeindeübergreifenden Micha Lokalgruppen, die in unterschiedlichsten Städten Deutschlands und der Schweiz zu finden sind, wird deutlich, wie wichtig konkrete und auch lokale Anwendungsbezüge sind, um große Veränderungen voranzutreiben.

Unter dem Motto *„Global denken und lokal handeln“* lassen sie globale Nächstenliebe in den Bereichen „Glaube – Lebensstil – Gemeinwohl“

praktisch werden. Viele der Engagierten sind Studierende, stehen am Berufsanfang oder sind junge Familien. Aber auch die „Kinder der 68er", die sich schon seit Jahrzehnten für Gerechtigkeit einsetzen und heute im Ruhestand sind, finden in den Lokalgruppen einen Ankerpunkt und Fortbestand ihres Engagements und bereichern die Gruppe mit ihren Kompetenzen und Kapazitäten in besonderer Weise.

„Ich sehe mich in der Verantwortung, meinen Kindern eine lebenswerte Zukunft zu ermöglichen – dazu bietet die Micha Lokalgruppe eine Möglichkeit, aktiv zu werden und ganz praktisch etwas zu verändern. Hier tauschen wir uns aus, lernen voneinander und entdecken, wie wir mit unserem Lebensstil Einfluss auf unsere Nächsten weltweit haben." (Sascha, Lokalgruppe Malsfeld)

Vor Ort engagieren sich Micha-Gruppen in ihrem Umfeld auf unterschiedlichste Weise, individuell und selbstorganisiert. Einige Lokalgruppen vernetzen sich schwerpunktmäßig mit Hochschulinitiativen und lokalen ökumenischen Netzwerken oder Gemeinden. Durch Workshops und Bildungsveranstaltungen stärken sie zivilgesellschaftliches und ökologisches Bewusstsein. Andere setzen verstärkt theologische Impulse und organisieren in Kirchengemeinden Micha-Gottesdienste und/oder den Micha-Kleingruppenkurs „Just People?". Wieder andere bieten in ihrer Region faire Stadtrundgänge und Gebetsspaziergänge an oder spezialisieren sich auf Kontakte zu Verantwortlichen aus der Kommunal-, Landes- oder Bundespolitik.

Die Lokalgruppe Oldenburg initiierte beispielsweise einen öffentlichen Gesprächsabend zur Kommunalwahl, welcher von zahlreichen lokalen Initiativen wie *Fridays for Future*, *Verkehrswandel* und dem Ökumenischen Zentrum Oldenburg unterstützt und bereichert wurde. So verbinden sich die Lokalgruppen immer wieder über den eigenen (Gemeinde-)Tellerrand hinaus mit anderen Engagierten und suchen gemeinsam mit vielen anderen *„der Stadt Bestes"* (vgl. Jeremia 29, 4–7).

„Das Thema Klima und Klimagerechtigkeit hat mich bereits in meinem Studium sehr bewegt. Bei Micha Deutschland habe ich gelernt, Themen globaler Gerechtigkeit nicht nur auf einer politischen und gesellschaftlichen Ebene, sondern auch auf einer persönlichen und geistlichen Ebene zu entdecken." (Anne, Lokalgruppe Berlin)

In diesen Lokalgruppen wird eine andersartige Form des Zusammenlebens sichtbar – das dient zur Inspiration und Vorlage für größere Zusammenhänge und gibt Hoffnung, dass es möglich ist, die Schöpfung zu erhalten und würdevolle Lebensperspektiven für alle zu schaffen.

Praktische Prinzipien anhand des Beispiels von Micha Deutschland

In all den gleichsam unscheinbaren Ecken und Nischen der Gesellschaft können Lichter und Leuchtfeuer einer veränderten Lebensweise entzündet werden. Hieraus können Impulse und Modelle in der Gesellschaft entstehen und eine „Und es geht doch!"- Kraft freisetzen. Folgende Prinzipien können hierbei als Orientierung dienen:

1. Den Blick über den eigenen Tellerrand wagen

Der Bewusstseinswandel beim Thema Klima – den wir als ganze Gesellschaft benötigen - fängt bei uns selbst an. Nicht nur unsere Hände, sondern auch unser Herz und Verstand müssen mitgenommen werden. Daher ist es wichtig, sich mit den tiefgreifenden Themen der globalen Weltfürsorge und dem Klimaschutz zu beschäftigen. Ein Werkzeug dieser Auseinandersetzung ist der *Just People*-Kurs. Er lässt Menschen gemeinsam mit anderen Zusammenhänge des heutigen Weltgeschehens besser verstehen und lädt sie dazu ein, Gott als Schöpfer und die Weite unserer menschlichen Gestaltungsmöglichkeiten zu entdecken! Micha Deutschland (und StopArmut in der Schweiz) bietet umfangreiches Material mit vielen hilfreichen Inhalten, Ideen und Anregungen für: Glaube, Lebensstil und Gemeinwohl.

2. Besser gemeinsam als allein

Sich mit der Lokalpolitik vernetzen

In der Lokalpolitik startet die Weltveränderung. Informieren Sie sich über Ihre Stadt und was zum Thema Nachhaltigkeit und Konsum möglich ist. Überlegen Sie als Einzelne, Gruppe oder Gemeinde, wo Sie vor Ort aktiv werden können. Sie können auch auf der Webseite Ihrer Stadt unter den Stichworten Nachhaltigkeit und Umweltschutz oder beim Bürgerbüro nachfragen. Nicht jedes Rad müssen wir neu oder allein erfinden. Oft gibt es schon viele lokale Initiativen, von denen Sie lernen und mit denen Sie zusammenarbeiten können. Das bündelt Kraft und bietet wertvolle neue Kontakte und Beziehungen. Viele Städte bieten zum Beispiel die „Fairen Wochen" im September an (faire-woche.de). Die Gelegenheit lässt sich nutzen, eine Informationsveranstaltung über Menschenwürde, Schöpfungsbewahrung oder die SDGs[27] zu organisieren bzw. jemanden in die eigenen Kreise einzuladen.

Eine Lokalgruppe gründen

Finden Sie Verbündete und Interessierte auf dem Weg. Das geht am besten, indem Sie sich eine gemeinsame Aktion als Startpunkt überlegen. Fangen Sie mit einer Idee an, bei der Sie schon konkrete Schritte vor Augen haben und bei der die Bereitschaft groß ist, aktiv mitzuwirken. Das kann eine politische Demonstration, eine Müllsammelaktion oder die Veranstaltung eines Micha-Gottesdienstes sein. Weitere Informationen über die Micha Lokalgruppenarbeit sowie Beratung hin zur eigenen Lokalgruppengründung bekommen Sie über das Micha Koordinationsbüro: info@micha-deutschland.de.

Die eigene Stimme nutzen

Petitionen und Kampagnen unterstützen

Die einfachste Möglichkeit, politisch mitzumischen, ist an einer Petition oder Kampagne zum Schutz der Umwelt und des Klimas teilzunehmen. Das geht online zum Beispiel unter change.org oder auch bei campact.org. Als Micha Deutschland sind wir immer wieder Teil von Kampagnen wie zum Beispiel der Initiative Lieferkettengesetz (lieferkettengesetz.de) oder Kampagnen unserer Partnerorganisationen wie die Kongo-Kampagne (die-kongo-kampagne.de).

Das Abgeordnetengespräch

Unsere Stimmen als Bürger und Bürgerinnen sind für unseren Zusammenhalt als Gesellschaft und das Gelingen der Demokratie enorm wichtig! Und so gehen Sie am besten vor:

1. Informieren Sie sich über die Abgeordneten. Auf bundestag.de oder abgeordnetenwatch.de können Sie die Abgeordneten ihres Wahlkreises finden.
2. Nehmen Sie Kontakt auf und vereinbaren Sie einen Termin – am besten über das Wahlkreisbüro. In einem kurzen Anschreiben stellen Sie sich, Ihre Gemeinde/Lokalgruppe und Ihr Anliegen vor und bitten um ein Gespräch, um das Anliegen persönlich vortragen zu können.
3. Das Abgeordnetengespräch: Eine ausführlichere „How-to"-Anleitung finden Sie in der Broschüre „Einfach leben – Nachfolge in der Konsumgesellschaft", die über die Micha-Homepage kostenfrei zu bestellen ist.

Die großen globalen Herausforderungen brauchen vielfältige Ideen, das Einbringen und die lokalen Initiativen vieler einfacher Menschen. Wenn wir unsere Möglichkeiten nutzen, über die Bedingungen des gemeinsamen Lebens mitzubestimmen, dann merken wir, dass die Form unseres Zusammenlebens nicht in Stein gemeißelt ist, sondern durch das entsteht, was wir zusammen entwickeln.

Informationsquellen

Bücher & Broschüren

- Einfach leben – Nachfolge in der Konsumgesellschaft. Broschüre zum Aktionsmonat 2018 zum Thema Konsum und Nachfolge 2018.
- Der Just People-Kurs 2020.
- Der Micha Lokalgruppengründungsguide 2021

Websites

- www.abgeordnetenwatch.de
- www.bundestag.de

- www.campact.org
- www.change.org
- www.die-kongo-kampagne.de
- www.faire-woche.de
- www.lieferkettengesetz.de
- www.micahnetwork.org
- www.micha-deutschland.de
- www.stoparmut.ch
- www.stoppauvrete.ch

„Zero Waste" in der Kirche (Martin Horstmann)

In Deutschland nimmt der Verpackungsmüll weiterhin zu. In der Pandemie haben Plastikverpackungen, vor allem beim „to go"-Verzehr, ein Revival erlebt. Dabei ist die Suche nach praktischen Ideen, wie man auf Verpackungsmüll verzichten und Verschwendung reduzieren kann, schon längst kein Nischenprojekt mehr, sondern ist zu einer Bewegung geworden. *Zero Waste* heißt das Schlagwort. Auf einmal werden wieder traditionelle Ideen des Aufbewahrens und Abfüllens entdeckt, und Konsumalternativen wie Reparieren, Leihen oder Gebrauchtkaufen sind wieder gefragt.

Zero Waste ist attraktiv. Es entsteht ein nachhaltiger Lebensstil mit eigener Ästhetik. Das Ganze ist konkret und jeder kann mitmachen. Ausgangspunkt von *Zero Waste*-Bestrebungen ist meist der Privathaushalt, aber natürlich geht dies auch in Betrieben und Schulen – und eben auch in Kirchengemeinden.

Dass Kirchengemeinden ihren eigenen Beitrag zu *Zero Waste* leisten können, zeigt ein Projekt der Melanchthon-Akademie in Köln. Vier Kirchengemeinden aus Köln und dem benachbarten Frechen haben sich gemeinsam auf den Weg gemacht, Müll und Verschwendung zu reduzieren, unter der Leitung von Martin Horstmann, Studienleiter an der Melanchthon-Akademie und mit fachlicher Beratung von Olga Witt, Inhaberin des ersten *unverpackt*-Ladens in Köln.

Auch wenn die Umsetzungen der Projektideen durch die Corona-Pandemie ausgebremst wurden, lassen sich doch einige übertragbare Erfahrungen beschreiben.

Einige „Zero Waste"-Basics

Was heißt eigentlich *Zero Waste*? Null Müll, na klar. Ja und nein. Wenn man *Zero Waste* wörtlich übersetzt, heißt es „kein Müll". Doch wirklich null Müll hat niemand. Bei *Zero Waste* geht es aber nicht darum, *gar keinen Müll* mehr zu machen, sondern ihn stetig weiter zu reduzieren. „Null" ist also die Richtung, in die es sich bewegen soll. Wichtiger, als die Null zu erreichen, ist es, das Gelingende immer weiter zur Routine werden zu lassen.

„Waste" heißt im Englischen aber nicht nur Müll oder Abfall, sondern auch Verschwendung. Darum geht es: die Ressourcen-Verschwendung zu reduzieren! Und dabei ist oft mehr möglich, als es auf den ersten Blick erscheint.

Wer sich mit *Zero Waste* beschäftigt, stößt schnell auf zwei Schaubilder, die es in etlichen Varianten gibt: die „Zero-Waste-R's" und die „Konsum-Pyramide", grafisch meist als Dreieck dargestellt, mal auf dem Kopf stehend, mal auf der Breitseite.

- *Refuse (Ablehnen):* Alles ablehnen, was unnötig ist bzw. was nicht gebraucht wird.
- *Reduce (Reduzieren):* Alles reduzieren, was man nicht ablehnen kann.
- *Reuse (Wiederverwenden):* Alles weiterverwenden, was schon da ist.
- *Recycle (Wiederverwerten):* Was nicht wiederverwendet werden kann, wird recycelt oder kompostiert.
- *Rot (Kompostieren):* Was nicht in ein Recycling-System zurückgegeben werden kann, wird kompostiert (genau genommen ist Kompostieren ein Spezialfall des Recyclings, nämlich organisches Recycling). Und wenn dann doch noch etwas übrigbleibt, handelt es sich in der Regel um Sonder- oder Giftmüll!

Das sind die „Zero-Waste-R's". Zu diesen fünfen gesellen sich noch zwei weitere, nämlich *Rethink (Überdenken):* vermeintliche Normalitäten hinterfragen, denn nicht alles was bei uns normal ist, ist gut und sinnvoll oder zukunftsfähig. Und schließlich ist da noch *Relax (Entspannen):* Wir versuchen, so konsequent zu sein, wie es geht. Aber was nicht geht, geht (erst einmal) nicht. *Zero Waste* ist weder ein Dogma noch eine Ideologie.

Etwas neu kaufen sollte immer die letzte Option sein. Überlegen Sie immer zuerst, welche Alternativen es gibt. Schauen Sie auf die Konsum-Pyramide, die die Alternativen nach Prioritäten geordnet aufführt:

- neu kaufen,
- gebraucht kaufen,
- tauschen,
- ausleihen,
- selbermachen,
- reparieren und pflegen,
- nutzen, was man hat.

Kirchengemeinden bieten hier einige gute Voraussetzungen: Etliches kann man in Eigenarbeit selbst machen. Gerade handwerkliches Ehrenamt ist in den meisten Kirchengemeinden noch ausbaufähig, denn nicht jeder, der sich ehrenamtlich engagieren könnte, will dies in Gremien oder als Gruppenleitung tun. Gemeinden können auch Gebraucht-Basare und Tausch-Aktionen veranstalten oder Repair-Cafés Raum geben. Außerdem können Kirchengemeinden untereinander leihen und verleihen bzw. Dinge gemeinsam anschaffen. Dies alles ist sicherlich noch stark ausbaufähig.

Das besondere Potenzial von christlichen Gemeinden

Damit sind wir bei dem angekommen, was Kirchengemeinden im Besonderen rund um *Zero Waste* leisten können. Eine Kirchengemeinde kann in drei unterschiedliche Bereiche wirken, sie hat quasi drei verschiedene Adressaten. Zum einen geht es um *Zero Waste* innerhalb der eigenen Organisation – eben in der Kirchengemeinde. Darüber hinaus kann eine Gemeinde natürlich auch auf die einzelnen Kirchengemeinde-Mitglieder wirken, das wäre dann *Zero Waste* in den Privathaushalten der Gemeindeglieder. Und schließlich kann eine Kirchengemeinde in die Öffentlichkeit ausstrahlen, vielleicht wird über die Gemeinde in der Zeitung berichtet oder andere Organisationen im Stadtteil wie Schulen oder Betriebe nehmen sich das Engagement der Gemeinde zum Vorbild.

Es gibt wohl wenige Organisationen, die diese Möglichkeiten vereinen:

- *Zero Waste* innerhalb der *Kirchengemeinde*,
- *Zero Waste* in den Privathaushalten der *Gemeindemitglieder* oder
- *Zero Waste* als Anregung oder Vorbild in der *Öffentlichkeit*.

Durch das Engagement in der Gemeinde werden etliche Gemeindemitglieder, die bisher noch wenig Berührung mit dem Thema hatten, auf die Idee aufmerksam gemacht. Und auch umgekehrt wirkt es: Das private Engagement zu Hause kann die *Zero Waste*-Vorhaben in der Gemeinde fördern. Denn wenn man merkt, was zu Hause gut funktioniert, entsteht oft der Wunsch, dies auch in der eigenen Gemeinde voranzubringen. In unserem Projekt gab es bei dem dritten Punkt – dem Ausstrahlen in die Öffentlichkeit – die Meinung, dass zunächst „der eigene Laden“ ordentlich vorangebracht werden sollte, bevor man aktive Öffentlichkeitsarbeit betreibt. „Practice what you preach!“ – alles andere kommt danach.

Zero Waste ist mehr als die Vermeidung von Müll und Verschwendung. Wer sich in der Kirchengemeinde beschäftigt, merkt schnell, dass es zwei verschiedene Ebenen gibt. Ganz offensichtlich ist die pragmatische Ebene. Alles dreht sich um die Grundfrage: „Wie können wir ganz konkret Müll vermeiden?“

Es gibt noch eine tiefere Ebene. Denn recht schnell merkt man, dass die Beschäftigung mit *Zero Waste* zu einer Grundfrage führt: „Wie können wir zufrieden sein?“ Denn durch *Zero Waste* ist immer auch das Thema „einfaches/einfacher Leben“ mit im Raum. Konkret geht es meist darum, weniger zu konsumieren. Man kann die Welt nicht mit grünen Produkten gesund shoppen. Nur weniger verbrauchen ist die Lösung. Und dann fragen wir uns: „Können wir trotz Verzicht oder gerade durch Verzicht zufriedener werden?“ Damit sind wir am spirituellen Kern von *Zero Waste* angekommen.

Zero Waste hat also eine pragmatische und eine spirituelle Dimension. Beide sind wichtig. Kirchengemeinden können wie kaum eine andere Organisation an beiden Dimensionen arbeiten.

Wie funktioniert „Zero Waste“ in einer Kirchengemeinde?

Wo hat *Zero Waste* seinen konkreten Platz in der Gemeinde? Hier gibt es zwei Möglichkeiten. Zum einen kann *Zero Waste* eine Sache von Routinen, Abläufen und Zuständigkeiten sein. Zum anderen kann es in der Gemeindearbeit selbst zum Thema werden: Vielleicht gibt es hin und wieder Workshops zu *Zero Waste* oder zu verwandten Themen, Initiativen wie Repair-Cafés oder Kleidertauschbörsen wird Raum gegeben, und vielleicht entsteht ein regelmäßiger *Zero Waste*-Stammtisch. In der Passionszeit bieten sich Ideen wie „Plastikfasten“ an.

Wer kann *Zero Waste* in einer Kirchengemeinde vorantreiben? Auch hier gibt es – mindestens! – zwei Möglichkeiten: Es ist regelmäßiger Tagesordnungsprunkt in der Dienstbesprechung der Hauptamtlichen der Gemeinde: Verwaltungsmitarbeitende, Pfarrerinnen, Küster, Gemeindepädagoginnen etc. In diesen Dienstbesprechungen wird alles auf kurzem Wege entschieden und umgesetzt, was ohne Presbyteriumsbeschluss möglich ist. Oder man ruft ein *Zero Waste*-Team ins Leben. Es besteht aus Engagierten aus der Gemeinde, deren Herz für dieses Thema schlägt. Unbedingt sollte auch der Küster oder die Küsterin und eine Person aus der Gemeindeleitung mit zu dem Team gehören. Das Team treibt das Thema voran, nimmt sich immer wieder neue Sachen vor und behält das Ganze im Blick. Es recherchiert Alternativen und bereitet Beschlussvorlagen fürs Presbyterium vor.

Wenn sich eine Gemeinde auf den *Zero Waste*-Weg begibt, gibt es natürlich auch Schwierigkeiten. Die meisten sind solche, wie sie immer wieder anzutreffen sind, wenn in einer Kirchengemeinde etwas Neues eingeführt wird. Es sind also klassische Umsetzungsprobleme, die mit *Zero Waste* selbst wenig zu tun haben. Typisch für das Thema ist Folgendes:

- *Zero Waste* in der Gemeinde ist ein Projekt ohne Enddatum. Es scheint, dass es nie richtig fertig wird.
- Die Einführung von *Zero Waste*-Maßnahmen ist zäh. Es gibt immer wieder Stagnation, und es braucht einen langen Atem.
- Manche Menschen in der Gemeinde sind mit den vorgeschlagenen Maßnahmen nicht einverstanden und reagieren äußerst empfindlich.
- Die getroffenen Entscheidungen bezüglich *Zero Waste* führen nicht zu sofort sichtbaren Ergebnissen (zum Beispiel müssen erst noch Restbestände aufgebraucht werden).
- Vieles gelingt bereits, allerdings wissen und merken dies die anderen Gemeindemitglieder kaum.

Drei Ideen und drei Anstöße

Zum Abschluss habe ich drei Vorschläge ausgewählt, was Sie in Ihrer Gemeinde konkret tun können, um Müll und Verschwendung zu vermeiden. Außerdem gebe ich noch drei Anregungen, wie Sie die *Zero Waste*-Idee in der Gemeinde diskutieren und reflektieren können.

Wasser ist Leben: Wie wäre es mit einer frei zugänglichen Wasserzapfstelle im Gemeindehaus? Es gibt verschiedene Systeme, suchen Sie im Internet nach „Wasserzapfstelle" oder „Einbau-Wasserspender". Die einfachste Variante ist natürlich ein frei zugänglicher Wasserhahn (weder in der Gemeindehaus-Küche noch im WC-Raum).

Kerzenreste sammeln: Eine Kirchengemeinde ist ein idealer Ort, um Kerzenwachs-Reste zu sammeln. Mit dem gesammelten Wachs können Sie entweder neue Kerzen herstellen – zum Beispiel kann man aus den Weihnachtsresten die Osterkerze gießen oder die Konfirmandinnen und Konfirmanden stellen ihre eigenen Konfirmationskerzen her – oder Sie geben das gesammelte Wachs an eine handwerkliche Kerzen-Manufaktur.

Geschirr-Vielfalt: Verzichten Sie gänzlich auf Einweggeschirr. Und wenn Sie nicht genügend Geschirr aus Keramik haben, machen Sie aus der Not eine Tugend: Lassen Sie sich aus der Gemeinde Geschirr schenken – ruhig kunterbunt, was gerade so kommt. Das ist dann aber ganz unterschiedlich, sieht uneinheitlich aus und passt auch nicht so recht zusammen? Eben. Wie Ihre Gemeinde auch.

Wem wollen wir Raum geben? Es gibt viele Initiativen und Bewegungen, die gut zu *Zero Waste* passen, zum Beispiel Repair-Cafés oder Gruppen rund um Postwachstum und Gemeinwohlökonomie. Wie wäre es, diesen Initiativen im Gemeindehaus Raum zu geben? Wer oder was passt zu Ihrer Gemeinde, worauf haben Sie Lust, und was ist für Sie sinnvoll und stimmig?

Welche Öko-Prioritäten sind Ihnen wichtig? Nachhaltigkeit hat viele Facetten. Zum Beispiel kann Nachhaltigkeit bei Lebensmitteln bedeuten, dass sie bio, regional oder saisonal sind, dass besonders das Tierwohl berücksichtigt wird oder dass sie eben unverpackt oder ohne Plastik verpackt sind. *Zero Waste* ist also nur *ein* Aspekt bei der Nachhaltigkeit. Und leider schließen sich diese Aspekte in der Praxis oft aus. Es ist eine Frage der eigenen Prioritäten. Und eben diese Prioritäten muss man diskutieren! Schauen Sie sich den kurzen Video-Clip „Leben im Verpackungswahnsinn" der NDR-Satiresendung „extra3" an[28].

Warum das Ganze? Tauschen Sie sich in einer Gemeindegruppe über folgendes Zitat aus: „Ich will einfach leben, damit andere einfach leben können." (Elizabeth Seton) Erschließt es sich Ihnen? Hat es Bedeutung für Ihre Gemeindearbeit?

Weitere Informationen zum Projekt

Unter https://www.melanchthon-akademie.de/projekte/zero-waste-in-der-kirche/ können Sie eine Broschüre mit Hinweisen zu weiterführenden Webseiten, Anregungen und Bezugsquellen herunterladen.

Nachhaltige Beschaffung in Gemeinden und kirchlichen Einrichtungen (Martina Faseler)

Eigentlich ist es sonnenklar: Das Rinderschnitzel im Super-Sonderangebot stammt sicher nicht von der friedlich grasenden Kuh eines idyllischen kleinbäuerlichen Betriebs, und auch das T-Shirt aus Bangladesch wurde eher nicht von einer Näherin mit 40-Stunden-Woche und vollem Lohnausgleich im Krankheitsfall zusammengenäht. Die Realität sieht anders aus, und das wissen wir in der Regel auch. Dennoch entscheiden wir uns oftmals für die preisgünstigere und überall verfügbare Alternative und damit zumeist gegen Bio- und Fair-Trade-Produkte.

Kirchliche Beschaffung kann einen Unterschied machen

Dabei ist es weniger böser Wille oder Ignoranz, sondern vielmehr Bequemlichkeit, die hier die Kaufentscheidung trifft. Eine Kaufentscheidung aber, die in der Masse durchaus einen Unterschied machen kann, insbesondere wenn es sich um die Kaufentscheidungen von christlichen Gemeinden handelt. Die beiden großen christlichen Kirchen in Deutschland bringen zusammen das zweitgrößte Beschaffungsvolumen in Deutschland nach der öffentlichen Hand auf. Das Beschaffungsvolumen von Kirchen und kirchlichen Einrichtungen erreicht jedes Jahr einen hohen zweistelligen Milliardenbetrag. Aus dieser Summe könnten ein enormes Umweltentlastungspotenzial und eine spürbare Erhöhung des Marktanteils für nachhaltige Produkte resultieren, wenn sich kirchliche Beschaffung überwiegend an Nachhaltigkeitskriterien orientieren würde. Leider ist nachhaltiges Wirtschaften aber nach wie vor auch im kirchlichen Umfeld immer noch keine Selbstverständlichkeit, auch wenn das Bewusstsein für die Notwendigkeit von fairen und nachhaltigen Produktionsketten durchaus stark verankert ist und auch gesamtgesellschaftlich immer stärker in den Fokus gerät. Stark ausdifferenzierte Beschaffungswege, wirtschaftliche Zwänge und enorme Arbeitsverdichtungen in den Einrichtungen behindern oftmals eine Veränderung der Beschaffungskultur oder verzögern diese.

Eine unüberschaubare Vielzahl an Qualitäts- und Gütesiegeln

Neben den vermeintlich fehlenden oder schlecht verfügbaren Produktalternativen sieht sich der Verbraucher auch noch einer unüberschaubaren Vielzahl an Qualitäts- und Gütesiegeln gegenüber, die mitunter ökologische oder faire Produktionsbedingungen suggerieren, aber einer genaueren Prüfung oftmals nicht standhalten können. Kein Wunder also, dass viele Verbraucher, ob nun für den privaten Einkauf oder die institutionelle Beschaffung, den Überblick im Siegel-Dschungel verloren haben und die Auswahl der Produkte – selbst wenn sie nach ökofairen Kriterien erfolgt – eher einer sehr subjektiven Wahrnehmung von Siegeln oder Labels oder dem günstigeren Preis folgt. Dabei liegen zwischen den Kriterien der Siegel teilweise Welten, manchmal aber auch nur unterschiedliche Schwerpunktsetzungen oder Wahrnehmungen auf die Nachhaltigkeitsthematik. Viele Siegel bilden quasi einen Minimalkonsens im Hinblick auf ökologische, faire oder soziale Kriterien ab, andere gehen deutlich weiter und beschreiben dabei umfassende und weitreichende Kriterien für alle relevanten Bereiche. Andere Produkte verfügen gegebenenfalls über keinerlei Siegel, sind aber möglicherweise die bessere und nachhaltigere Alternative wie das oft bemühte Beispiel des regionalen Apfels einer heimischen Streuobstwiese im Vergleich zum weitgereisten, aber bio-zertifizierten Apfel aus Neuseeland zeigt. Da insbesondere in der Beschaffung nicht nur CO_2-Bilanzierungen und -vermeidung eine Rolle spielen, sondern auch alle anderen ökologischen Belastungsgrenzen wie beispielsweise Biodiversität, Süßwasserverbrauch, Landnutzung etc. und zudem auch Klimagerechtigkeit, Vermeidung von Kinderarbeit und die Einhaltung internationaler Arbeitsnormen, wird die Beurteilung von Siegeln und Nachhaltigkeitskriterien nicht eben erleichtert.

Herausforderungen und Chancen für eine nachhaltige Beschaffungspraxis

Seit einigen Jahren steigt das Interesse an nachhaltigen Konsum- und Lebensstilen deutlich an und damit auch die Nachfrage nach

Bildungs-, Informations- und Beratungsleistungen zu alternativen Konsumkonzepten. Problematisch ist es oftmals aber, die Gemeinden von den Anfängen einer ökofairen Beschaffung hin zu einer systematischen Umstellung zu motivieren. Gerade in Gemeinden, aber auch in anderen kirchlichen Einrichtungen, sind es meist Einzelpersonen, die eine Auseinandersetzung mit der eigenen Beschaffungspraxis anstreben und als Motor für eine Verbesserung im ökofairen Sinne fungieren. Diese Personen sehen sich dabei mit einer Vielzahl von Vorbehalten und einer eingefahrenen Beschaffungspraxis konfrontiert, was nicht selten zu Frustration und einem Abbruch des persönlichen Engagements führt. Leider gibt es in nur relativ wenigen Bereichen der Beschaffung allgemeingültige Lösungen für Einrichtungen oder Gemeinden, Konzepte müssen vielmehr je nach Bedarf an die jeweiligen Konsumenten angepasst werden, was zunächst einen Mehraufwand für die Einrichtungen bedeutet.

Dass es aber auch anders geht, beweisen Gemeinden und Einrichtungen, die teilweise selbst während der Corona-Pandemie an ihren Plänen und Zielvorgaben für nachhaltige Beschaffung festgehalten und nach und nach das eigene Konsumverhalten infrage gestellt haben. Die meisten dieser Kirchengemeinden zeichnen sich dabei durch eine gute interne Kommunikationsstruktur aus, durch die Verunsicherungen und Widerstände vermieden und Bedingungen geschaffen werden, die es möglichst vielen Akteuren ermöglichen, sich mit ihrem Wissen an einer nachhaltigen Umstellung zu beteiligen.

Schritte zur Einführung von Beschaffungskonzepten

Auch wenn kirchliche Einrichtungen eine besondere Verantwortung für nachhaltigen Konsum haben, sollte dabei klar sein, dass Umstellungsprozesse Zeit und auch ein gewisses Maß an gemeinschaftlich getragenem Mehreinsatz brauchen, der von Mitarbeitern und/oder Ehrenamtlichen neben ihren eigentlichen Kernaufgaben bewältigt werden muss.

Selbst ökologische Reinigungsmittel erzeugen enorme Umweltbelastungen, wenn sie durch das Reinigungspersonal gewohnheitsmäßig überdosiert werden. Meist geschieht dies auf Grundlage einer vermeintlichen oder aber auch tatsächlich schwächeren Reinigungskraft gegenüber konventionellen Reinigern. Es ist daher wichtig, auch die Erfahrungen der Mitarbeiter aus den einzelnen Bereichen ernst zu nehmen und in ihre Überlegungen zur ökofairen Beschaffung gegebenenfalls in Form von Testphasen miteinzubeziehen.

Erfolgserlebnisse sind wichtig, daher sollten die Ziele anfänglich nicht zu hochgesteckt werden, eine kontinuierliche Verbesserung und Überprüfung von Nachhaltigkeitskriterien ist weitaus zielführender. Dabei hilft eine gründliche Betrachtung des derzeitigen Einkaufsverhaltens meist schon, einige Schwachstellen aufzuzeigen, die sich mit der Zeit eingeschlichen haben und bisher im Hinblick auf die Nachhaltigkeitskriterien nicht kritisch hinterfragt wurden. Denn oftmals wird an bekannten Lieferwegen und Produkten festgehalten, auch wenn vielleicht schon eine bessere, nachhaltigere oder gar günstigere Alternative verfügbar ist. Die Nutzung von Hygiene- und Kopierpapieren, die mit dem Blauen Engel zertifiziert werden und damit aus 100 Prozent recycelten Papierfasern bestehen, birgt beispielsweise ein enormes Umweltentlastungspotenzial ohne Einbußen bei der Qualität, der Verfügbarkeit oder höheren finanziellen Aufwendungen.

Es gibt viele gute Gründe, an gewohnten Lieferketten und Händlern festzuhalten. Aufgrund der stetig steigenden Nachfrage nach nachhaltigen Produktalternativen haben die meisten Großhändler mittlerweile auch ökologische oder faire Alternativen in ihrem Portfolio. Auch wenn diese manchmal einer kritischen Beurteilung nicht standhalten können, handelt es sich in der Regel um gegenüber konventionellen Anbietern bessere Alternativen. Auch an dieser Stelle spielt die ehrliche Kommunikation mit Lieferanten und Händlern eine wichtige Rolle.

Auch kleine Schritte sind wichtig

Es mag banal klingen, aber nachhaltige Beschaffung bedeutet nicht nur den Beschluss der Evangelischen Kirche in Deutschland, der

Deutschen Bischofskonferenz oder eines Gemeindeverbandes, eine nachhaltigere Beschaffung zu implementieren, sondern vielmehr die alltägliche Konsumentscheidung jeder noch so kleinen Gemeinde für nachhaltige Produktalternativen. Denn glaubwürdig kann das Eintreten der Kirchen in Deutschland für einen ökologisch-sozialen Wandel nur dann sein, wenn sie im eigenen Verantwortungsbereich auf möglichst allen Ebenen mit gutem Beispiel vorangehen.

Egal ob Sie bereits erste Schritte in Richtung ökofairer Beschaffung gegangen sind, überwiegend nach nachhaltigen Kriterien beschaffen oder noch ganz am Anfang stehen, es gibt eine Vielzahl von unterschiedlichen Projekten und Initiativen, die Sie gern bei der Umsetzung Ihrer Vorhaben unterstützen und Ihnen eine realistische Einschätzung im Hinblick auf ökologische und soziale Beschaffungskriterien, Siegel und Zertifikate geben können. Im Folgenden finden Sie eine kleine Auswahl an Informationen zum Thema.

Informationsquellen

- www.zukunft-einkaufen.de und https://moodle.zukunft-einkaufen.de
  Zukunft einkaufen ist eine bundesweite, ökumenische Beratungsstelle und Informationsplattform für öko-fairen Einkauf und bietet Materialien, die bei einem systematischen Umstieg und konkreter Fragestellung zur Nachhaltigkeit verhelfen.
- www.agl-einewelt.de
  Die Arbeitsgemeinschaft der Eine-Welt-Landesnetzwerke in Deutschland e.V. bietet Orientierungshilfen für Kommunen und Kirchengemeinden im Bereich sozial nachhaltiger Beschaffung.
- www.ci-romero.de
  Die Christliche Initiative Romero bietet viele Tipps für eine öko-faire Beschaffung in Kirchen und Gemeinden.
- www.zu-wi.de
  Unter der Überschrift „Zukunftsfähig Wirtschaften“ gibt Brot für die Welt hier unterschiedliche Hilfestellungen zur öko-fairen Beschaffung in Kirchengemeinden.

- www.oekofaire-gemeinde.de
  Das Projekt „Ökofaire Gemeinde" und „Ökofaire Einrichtung" will dazu ermutigen, faire, ökologische und nachhaltige Aspekte in das Kaufverhalten zu integrieren und bietet zahlreiche Informationen und Beratungsangebote.
- www.wir-kaufen-anders.de
  Wir kaufen anders ist eine Einkaufsplattform, die ihren Mitgliedern nachhaltige Produkte und zudem auch zahlreiche Informationen und Beratungsangebote bietet.
- www.suedwind-institut.de
  Das Südwind Institut für Ökonomie und Ökumene bietet tiefergehende Informationen zu unterschiedlichen Produkten mit dem Schwerpunkt der sozialen Nachhaltigkeit.
- www.nachhaltiger-warenkorb.de
  Der nachhaltige Warenkorb ist ein Ratgeber für umweltbewussten und sozialen Konsum und bietet unter anderem Informationen zu Siegeln und Empfehlungen zu Produktalternativen.
- www.siegelklarheit.de
  Siegelklarheit bietet als App oder als Website eine gute Orientierung im Siegel-Dschungel und will so den Aufwand für nachhaltige Produktentscheidungen verringern.
- www.kompass-nachhaltigkeit.de
  Das Webportal für eine nachhaltige öffentliche Beschaffung bietet eine konkrete Erklärung zu Gütezeichen ausgewählter Produktgruppen und deren Schwerpunkten.
- www.umweltbundesamt.de
  Das Umweltbundesamt bietet auf der Homepage detaillierte Informationen zu unter anderem konkreten Umweltauswirkungen einzelner Produkte.

Ressourcen teilen (Debora Alder-Gasser)

Ich schreibe einen Teil dieses Kapitels in einem Pullover und Gilet (Weste), welche nicht mir gehören. Ich habe sie von *Teil*[29] ausgeliehen. Im Mai 2020 haben mein Mann und ich, zusammen mit meinem Bruder und meiner Schwägerin, dieses Unternehmen gegründet. Ein Laden, in dem man nicht in erster Linie Kleider kauft, sondern leiht. Im Grunde funktioniert es wie eine Bibliothek, aber für Kleider. Ich leihe mir je nach Abo eine Anzahl Kleider aus, und wenn ich Abwechslung brauche, bringe ich sie gewaschen wieder zurück. Wir gehen davon aus, dass wir nicht alle Kleider selbst besitzen müssen. Viele Kleider in unseren Schränken sind nur wenig getragen. Stil und Abwechslung im Kleiderschrank und dabei die Umwelt zu schonen, das macht *Teil* möglich.

Teil ist keineswegs eine Initiative unserer kirchlichen Gemeinschaft und davon gänzlich unabhängig. Dennoch würde ich sagen, dass diese Gemeinschaft uns in unserem Tun beeinflusst hat. Zum einen, weil sich unsere Gemeinde als Nährboden im Bereich Nachhaltigkeit versteht. Und zum anderen, weil explizit und implizit immer wieder thematisiert wird, dass es nicht um Programme, sondern vielmehr um einen nachhaltigen Lebensstil jedes Einzelnen geht.

Das Thema Ressourcen teilen gewinnt in unserer Gesellschaft an Bedeutung, und ich glaube, als christliche Gemeinden haben wir darin viel Potenzial. Ich stelle mir christliche Gemeinschaften als Orte vor, an denen im Bereich Ressourcen teilen Kreativität, Innovationsgeist und Experimentierfreude sprudeln. Christliche Gemeinden, die für unsere Gesellschaft zur Ermutigung und Inspiration werden, weil sie in Sachen Ressourcen teilen mit Konsequenz, Leidenschaft und Begeisterung auftreten. Für jede Gemeinde kann das Thema anders aussehen. Ich hoffe aber, dass meine Ausführungen zu einer Auseinandersetzung mit dem Thema und zu mutigen Schritten einladen.

Gemeinde als Nährboden

Ich glaube, die christliche Gemeinde ist dazu aufgefordert, ein guter und fruchtbarer Nährboden zu sein. Ein Boden, auf dem Ideen, Initiativen und Projekte wachsen und gedeihen können. Nährboden hat viel damit zu tun, *bottom up* (von unten her) Dinge entstehen zu lassen und sie zu feiern, anstatt alles *top down* (von oben her) zu organisieren. Es bedeutet, Hindernisse aus dem Weg zu räumen, damit Initiativen im Alltag von Menschen einfach entstehen können. Für die christlichen Gemeinden kann es heißen, über diese Initiativen zu sprechen und sie ganz praktisch oder finanziell zu unterstützen. Und es bedeutet, für diese Initiativen zu beten. Zum Beispiel, indem die Gründungsphasen in einem Gebetsmail mitgetragen werden. Die kirchliche Gemeinschaft muss sich meiner Meinung nach regelmäßig fragen, ob und wie sie ein guter Nährboden sein kann, damit Initiativen zum Ressourcen teilen einfach entstehen können.

Nährboden zu sein, kann auch heißen, mit offenen Augen in der Gesellschaft zu stehen und so lokale Initiativen wahrzunehmen und sich dort einzubringen. Ich glaube, es ist nicht erstrebenswert, dass christliche Gemeinschaften im Bereich Ressourcen teilen alles selbst machen. Zu schnell werden bereits bestehende, tolle Initiativen in der politischen Gemeinde oder anderen Organisationen übersehen. Zu schnell wird in der christlichen Gemeinde eine Parallelstruktur aufgebaut, anstatt sich mit bereits bestehenden Initiativen zu vernetzen.

Gleichzeitig ist es wertvoll, wenn christliche Gemeinschaften als gutes Beispiel vorangehen, indem sie selbst aktiv und bereit werden, den guten Absichten konkrete Taten folgen zu lassen. Und ich glaube, die Kunst ist es, beide Aspekte in guter Balance zu halten. Im folgenden Teil möchte ich einige Ideen und Beispiele aufführen, wie die christliche Gemeinde aktiv werden und ganz konkret Ressourcen teilen kann.

Räumlichkeiten teilen

Ich bin in einer christlichen Gemeinde aufgewachsen, die selbst bei über 1.000 zugehörigen Menschen keine eigenen Räumlichkeiten besaß. Damals war nicht der Gedanke ausschlaggebend, Ressourcen zu teilen. Trotzdem ist es für mich ein Beispiel, wie Gemeindeleben auch ohne eigene Räume funktionieren kann. Nachdem wir uns nach Jahren des Nomadenlebens fest in einer Freikirche eingemietet haben, hat unsere Gastgebergemeinde einen Gottesdienst am Morgen durchgeführt, und wir konnten im Anschluss drei Gottesdienste durchführen (vor der Corona-Zeit).

Es gibt Beispiele von christlichen Gemeinschaften, welche ihre Räumlichkeiten unter der Woche weitervermieten und so die Auslastung der Räume erhöhen. Eine Gemeindeleiterin aus der Schweiz hat mir von ihren Plänen erzählt, die neuen Gemeinderäumlichkeiten mit diversen Untermietern möglichst hoch auszulasten. Um dies möglich zu machen, wird die modulare Nutzbarkeit eines Raumes bereits in der Planung berücksichtigt. Sie möchte lieber geteilte, gut sichtbare Räume mitten im Leben haben anstatt ein günstiges, unsichtbares Kellerlokal, welches die Gemeinde nur für sich alleine nutzt.

Die Corona-Pandemie hat unsere Einstellung zu Gemeinderäumlichkeiten schonungslos offenbart. Braucht überhaupt jede christliche Gemeinde ihre eigenen Räume? Wäre nicht jetzt die Möglichkeit, etwas zu ändern? Könnte es zum Standard werden, dass Gemeinderäumlichkeiten geteilt werden? Oder dass wir Räumlichkeiten im öffentlichen Raum mieten, welche sonst am Sonntag leerstehen?

Können wir die oft sehr zentral gelegenen Gemeinderäumlichkeiten bewusst mit der politischen Gemeinde oder anderen Organisationen teilen? Zum Beispiel als Schulungs- und Ausbildungsräume für geflüchtete Menschen? Oder im Sinne von Ressourcen teilen für einen lokalen Flohmarkt oder ein Repair-Café zur Verfügung stellen. In einigen Fällen wird wohl eine Umgestaltung der Räumlichkeiten notwendig und unumgänglich sein, sodass die Räumlichkeiten zum einen modular nutzbar, aber auch attraktiv für unterschiedliche NutzerInnen werden.

Keine eigenen Räumlichkeiten zu besitzen oder sie mit anderen zu teilen, wird Gewohnheiten verändern. Es benötigt bewusste Entscheidungen und Beziehungsarbeit. Es wird wesentlich sein, visionsgetrieben zu kommunizieren und die Gemeindemitglieder mit in diese Vision hineinzunehmen. Das wird in vielerlei Hinsicht Energie kosten. Aber genauso tun das Räumlichkeiten, die nur punktuell genutzt werden und zum großen Teil leer stehen.

Bücher/Mobiliar/Fahrzeuge teilen

Ich erinnere mich, dass es in der christlichen Gemeinde meiner Oma früher eine Bibliothek gab. In Bezug auf Ressourcen teilen ist das eine gute Idee. Wieso nicht eine Plattform schaffen, ob virtuell oder physisch, wo die Gemeindeglieder Bücher teilen können? Vielleicht könnte die Jugendgruppe eine virtuelle Plattform dafür entwickeln. Vielleicht ist es aber auch einfach ein attraktiv gestalteter Bücherschrank in der Café-Ecke, in den Bücher hereingelegt und wieder herausgenommen werden können. Diese Plattformen müssen nicht auf Bücher beschränkt bleiben, sondern können durch Gesellschaftsspiele oder auch Kinderspielsachen erweitert werden. Vielleicht kann das Angebot auch für das Quartier geöffnet werden.

Wahrscheinlich haben viele kirchliche Gemeinschaften eine große Menge an Mobiliar für besondere Anlässe wie zum Beispiel Festbänke, Geschirr oder vielleicht Dinge wie eine Popcorn-Maschine, welche sie unkompliziert zum Ausleihen zur Verfügung stellen könnten. Auch Werkzeuge und Gartengeräte, die nicht ständig gebraucht werden, könnten mit anderen gemeinsam genutzt werden. Dazu sind bewusste Entscheidungen nötig und die Bereitschaft, eine „zweite Meile" zu gehen.

Ein weiteres einfaches Beispiel sind Gemeindefahrzeuge, welche nicht durchgehend benutzt werden. Eine gemeinsame Nutzung von zwei oder mehreren christlichen Gemeinden könnte die Auslastung erhöhen. Vielleicht bezahlt die Gemeinde auch einfach ein Carsharing-Abo und hat so bei Bedarf Zugang zu Fahrzeugen.

Wohnraum teilen

Wohnraum zu teilen ist eine weitere Möglichkeit, nicht nur Einsamkeit vorzubeugen, sondern genauso den CO_2-Verbrauch zu senken. Die christliche Gemeinde kann hierfür Vernetzungsplattform werden, damit sich Menschen finden, die in Wohngemeinschaften oder

Mehrgenerationen-Häusern gemeinschaftlich wohnen möchten. Oft scheitert dies an der Hürde der praktischen Umsetzung. Hier hat die christliche Gemeinde das Potenzial, Menschen nicht nur für das gemeinschaftliche Leben zu begeistern, sondern sie genauso auch dafür auszurüsten.

Events

Eine kirchliche Gemeinschaft kann aktiv Events rund ums Ressourcen teilen lancieren. So wie das beispielsweise die reformierte Kirchgemeinde Breite in Nürensdorf[30] tut, welche regelmäßig Repair-Cafés organisiert. Oder die *Bewegungplus*[31] in Burgdorf, welche Kinderkleiderbörsen und Kleidertauschpartys organisiert.

Bei eigenen Events wie Seminaren und Konferenzen kann die christliche Gemeinde außerdem einen hohen Standard in Bezug auf Ökologie und Nachhaltigkeit setzen. Ressourcen teilen kann zum festen Bestandteil des Eventmanagements gemacht werden. So können beispielsweise Geräte, die nur einmal im Jahr für eine Veranstaltung gebraucht werden, bewusst gemietet werden, anstatt sie während eines Jahres ungenutzt im Keller zu lagern. Falls eine Anreise mit ÖPNV schwierig ist, kann eine Plattform zur Verfügung gestellt werden, worauf ganz einfach Fahrgemeinschaften gebildet werden können. Wichtig ist, die Personen im Eventmanagement entsprechend zu schulen und zu sensibilisieren.

Kommunikationsplattformen

Was öffentlich gemacht wird, bekommt Beachtung. Wieso nicht einen Bereich auf der Webseite zum Thema Nachhaltigkeit/Ressourcen teilen erstellen? Auf dieser Seite können Mitglieder inspiriert und Ideen geteilt werden. Sie könnte auch eine Liste enthalten mit Veranstaltungen, welche diese Themen im Fokus haben. Wie beispielsweise lokale Repair-Cafés, Flohmärkte oder Ausleihstationen.

Nicht nur virtuelle Plattformen können hilfreich sein. Auch physische Möglichkeiten zum Austausch sind es. Sei es ein Stammtisch im Kirchenkaffee zum Thema Ressourcen teilen oder falls die kirchliche

Gemeinschaft „Kleingruppen nach Maß"[32] kennt, eine thematische Kleingruppe gleichgesinnter Menschen, die dort zusammenkommen und andere ermutigen, erste Schritte zu wagen. Weiter können Personen, die predigen, darauf achten, eigene Beispiele, wie sie Ressourcen teilen, in die Predigten einfließen zu lassen.

Fazit

Diese Liste ist keinesfalls abschließend zu verstehen. Die Beispiele sollen dazu einladen, sich als christliche Gemeinden ganz praktisch mit dem Thema auseinanderzusetzen. Diese Auseinandersetzung wird nicht einmalig sein. Denn es geht immer um die Frage, wie nachhaltiges Leben und im Besonderen das Teilen von Ressourcen zum Lebensstil werden kann. Dies gilt nicht nur für die christlichen Gemeinden als Ganze, sondern vor allem auch für die Menschen, die sich zu diesen Gemeinschaften zählen. Die Veränderung des Lebensstils hat mit Gewohnheiten zu tun und Gewohnheiten zu verändern braucht Intentionalität und viel Zeit.

Informationsquellen

- BMU 2020. Nutzen statt besitzen – das Prinzip der „Sharing Economy". URL: https://www.umwelt-im-unterricht.de/hintergrund/nutzen-statt-besitzen-das-prinzip-der-sharing-economy/
- Umweltbundesamt 2017. Leihen, tauschen, teilen. URL: https://www.umweltbundesamt.de/themen/leihen-tauschen-teilen-0
- Einfach nachhaltig. Umweltbewusst einkaufen, haushalten und leben. URL: https://www.ratgeber-verbraucherzentrale.de/energie-umwelt/einfach-nachhaltig-46009083
- Nachhaltig leben. URL: https://www.nachhaltigleben.ch
- Repair-Café. Wegwerfen? Denkste! URL: https://repaircafe.org/de
- Repair-Café Schweiz. URL: https://repair-cafe.ch/de
- Clear, James 2020. *Die 1-Prozent-Methode – Minimale Veränderung, maximale Wirkung: Mit kleinen Gewohnheiten jedes Ziel erreichen – Mit Micro Habits zum Erfolg*. München: Goldmann Verlag.
- andersLEBEN Magazin. www.andersleben-magazin.net

Gemeindeveranstaltungen nachhaltig gestalten (Wiebke Suter-Blume)

Warum Veranstaltungen nachhaltig ausrichten?

Gottesdienste, ein Gemeindesonntag oder eine Konferenz und alle anderen Veranstaltungen einer Gemeinde haben ihre je eigenen Ziele. Sie dienen zuallererst dem Gotteslob, dem Leben einer christlichen Gemeinschaft oder dem konkreten Bildungsziel einer Konferenz. Nachhaltigkeit ist dabei nur ein untergeordnetes Thema. Doch in der Art und Weise, wie Veranstaltungen ausgerichtet werden, zeigt sich, ob Umweltschutz, Einsatz für ökosoziale Gerechtigkeit oder Klimaschutz nur Lippenbekenntnisse oder in die Tat umgesetzter Glaube sind. Eine nachhaltige Ausrichtung von Veranstaltungen dient also der Glaubwürdigkeit dessen, was eine Gemeinde an Nachhaltigkeitsbewusstsein für sich reklamiert. Doch die nachhaltige Ausrichtung kann auch dem Kernanliegen der Veranstaltung dienen und Spaß machen. Die Anmerkungen in den Boxen sind konkrete Erfahrungen mit nachhaltigen Aspekten von Veranstaltungen.

Eine Verpflegung mit öko-fairen Produkten aus dem globalen Süden unterstreicht das Anliegen eines Events zu weltweiter Gerechtigkeit.

Ziele bestimmen

Das Organisationsteam legt fest, was das Nachhaltigkeitsengagement zum allgemeinen Veranstaltungsziel beitragen soll und in welcher Liga des nachhaltigen Veranstaltungsmanagements es spielen will. Es empfiehlt sich, Prioritäten und Ziele zu setzen. Dabei spielt das Ziel der Veranstaltung genauso eine Rolle wie das Ziel des Nachhaltigkeitsengagements. Diese Grundsatzentscheide helfen, sich auf Machbares und Wesentliches zu konzentrieren und sich am Ergebnis freuen zu können.

Je nach Zielgruppe wird eine CO_2-Kompensation eher als Ablasshandel abgelehnt, als selbstverständlich vorausgesetzt oder als positive Innovation betrachtet.

Nachhaltigkeitsziele und verfügbare Ressourcen sind auszubalancieren. Hilfreich und entlastend ist es, auf eine schrittweise Verbesserung zu setzen und sich bietende Gelegenheiten zu nutzen. So können Fortschritte als Etappenziele gefeiert werden. Schwerpunkte sollen sich nicht nur an einem Nachhaltigkeitsmanagement der Gemeinde ausrichten. Ambitionen der Engagierten und die Meinungen der Gäste, Partner und der Öffentlichkeit sind wichtige Orientierungspunkte. Denn gute, motivierende Ziele hängen auch von Werten, Meinungen und Erfahrungen ab. Auch wird unterschiedlich beurteilt, was wie wichtig ist. Bei Veranstaltungen ist dies insbesondere im CO_2- und Abfallmanagement augenfällig. Es müssen „gefühlte“ und „gemessene“ Umwelteinflüsse bearbeitet werden, um eine gute Glaubwürdigkeit zu erreichen.

Einwegbecher und volle Abfallkörbe werden als schlechtes Umweltmanagement wahrgenommen, egal welchen tatsächlichen Einfluss das Abfallaufkommen auf die Umweltbilanz des Anlasses hat.

Für Veränderung begeistern

Selbst wenn die Gemeinde bereits ein Nachhaltigkeitsmanagement hat, sollte Engagement für Nachhaltigkeit nicht als selbstverständlich angenommen werden. Das Organisationsteam der Veranstaltung sollte sich aktiv zur nachhaltigen Ausrichtung entschließen dürfen. Zu klären ist daher, wer für die Durchführung der Maßnahmen verantwortlich sein soll. Am besten ist es, die Person, die sich regulär mit der Durchführung einer Aufgabe befasst, auch mit der zugehörigen Nachhaltigkeitsmaßnahme zu beauftragen. Dies fördert die Chance, praktische Wege zu finden. Doch Nachhaltigkeitsfragen können in der Umsetzung schnell komplex und verwirrend werden. Darum ist es hilfreich, eine Person als Nachhaltigkeitskoordinatorin zu haben, die bei speziellen Fragen helfen kann. Soll über nachhaltiges Engagement berichtet werden, lohnt es sich, darüber im Voraus zu entscheiden und einen „Nachhaltigkeitsreporter“ zu bestimmen für alles, was im Ablauf nicht erhoben werden kann.

Die Umstellung von warmer Verpflegung auf bio-faire Sandwichs aus der Region verbessert die Umweltbilanz des Essens. Zusätzlich entfällt die Geschirrlogistik.

Wurden Anlässe bisher nicht bewusst nachhaltig ausgerichtet, braucht es am Anfang wie bei allen Veränderungen den Willen, Neues zu prüfen und zu wagen. Es braucht die Bereitschaft, bisherige Abläufe zu hinterfragen und nach Wegen zu suchen, die mindestens so praktisch wie die alten Wege und zusätzlich nachhaltiger sind. Falls dennoch Mehrkosten anfallen, sind diese durch andere Umstellungen einzusparen oder anderweitig zu decken. Erfahrungsgemäß ergeben sich hier immer wieder erstaunliche Lösungen. Optimierungen für Nachhaltigkeit machen insbesondere freiwillig Engagierten meistens Spaß – ganz im Gegensatz zu Optimierungen, um Zeit und Geld zu sparen.

Ein Plakat beim Buffet zur Nachhaltigkeit des Essens kann Einsamkeit in der Pause verringern und zum Nachkochen einladen.

Gäste schätzen in der Regel, dass eine Veranstaltung nachhaltig organisiert ist. Dafür müssen sie darüber in geeigneter Weise informiert werden.

Aus möglichen Themen auswählen

Aus Gründen der Glaubwürdigkeit sind für nachhaltige Veranstaltungen vier große Themen gesetzt. Spielraum besteht in der Art und Weise der Bearbeitung:

Die *Verpflegung* ist bei allen Veranstaltungen ein wichtiger Wohlfühlfaktor. Wenn es den Gästen schmeckt und sie realisieren, wie nachhaltig das Verpflegungskonzept ist, dann werden Veranstaltung und Nachhaltigkeitsengagement positiv wahrgenommen. Dabei ist das Zusammenspiel vieler Faktoren entscheidend: Eine Rolle spielen die Lebensmittelauswahl (regional, saisonal, biologisch, fair, fleischarm), die Zubereitung (warm/kalt, Reduzierung von Abfall), die Darbietung (Verpackung, Geschirr, Information zur Nachhaltigkeit, Buffet, Portionsgröße) und die Gestaltung der Essenspause allgemein als kommunikativer Moment.

Eine Degustation mit verschiedenen bio-fairen Kaffeesorten kann bei der Kaffeeumstellung Feinschmecker beteiligen.

CO_2- und Klimaschutz ist ein Pflichtthema, das jedoch sehr individuell bearbeitet und kommuniziert werden kann. In der Vorbereitung sollte entschieden werden, ob und wie eine Minimierung des CO_2-Ausstoßes möglich ist, wie mit unvermeidbaren Emissionen umgegangen und was den Gästen dazu kommuniziert werden soll bzw. ob Gästen eine Möglichkeit zum Mitwirken beim Klimaschutz geboten werden kann.

Gäste können bei der Veranstaltung an einen Klimafonds spenden, in den auch die Gemeinde einzahlt.

Der *Verkehr* hat eine erhebliche Auswirkung auf die Umweltbilanz jeder Veranstaltung, sofern sie nicht zu Fuß oder per Fahrrad erreicht wird. Eine Bearbeitung dieser Komponente braucht jedoch viel Behutsamkeit – gefühlte und gemessene Sachzwänge sind Begrenzungen, die nur mit Verständnis, langem Atem und Kreativität positiv geändert werden können. Werden Ort und Zeit auf den ÖPNV abgestimmt, Referenten von weit her per Video zugeschaltet oder Fahr- bzw. Laufgemeinschaften zur An- und Abreise organisiert, kann ein Optimum für das Veranstaltungsziel erreicht werden.

Der Beginn des Gottesdienstes wartet den Bus ab, der fahrplanmäßig um 10.00 Uhr direkt vor der Kirche hält.

Augenfällig wird der *Ressourcenverbrauch* einer Veranstaltung in der Menge des Abfalls, die während der Veranstaltung und beim Aufräumen anfällt. Ressourcenschonung und Abfallvermeidung müssen bereits in der Planung beachtet werden. Die Abfallbehälter an der Veranstaltung sollten zum Mülltrennen anregen und nie überfüllt sein. Mülltrennung und korrekte Entsorgung sind auch beim Aufräumen zu gewährleisten.

Ressourcenschonend sind z. B. papierlose Anmeldeverfahren, Werbebanner, die anschließend zu Taschen werden, und allgemein nutzbare Helfer-Shirts.

Auf zwei Bereiche möglicher weiterer Themen soll hier hingewiesen werden:

Sensibilisierung und Bildung für Nachhaltigkeit kann mit dem Kernanliegen der Veranstaltung verbunden werden. Wenn Gäste erleben, wie Nachhaltigkeitsengagement praktisch aussehen kann, so wird sie dies im Idealfall zur Nachahmung inspirieren. Erforderlich ist dafür, dass sich das Organisationsteam vorab Gedanken macht, wie Nachhaltigkeit und das Thema der Veranstaltung zusammenpassen und wie das kommuniziert werden kann.

Ein Aufkleber „Hier genießen Sie fair" auf der Kaffeemaschine kann im Kirchencafé anzeigen, welcher Kaffee getrunken wird.

Soziale Aspekte: Bei christlichen Veranstaltungen sind nicht nur ökologische, sondern auch soziale Aspekte wichtig. Bereits im Einkauf ist dafür nicht nur auf Preis und Umweltlabel zu achten, sondern auch auf Sozialstandards, fairen Handel und gute Beziehungen zu den Lieferanten. Ebenso sollte die Organisation und Ausrichtung der Veranstaltung ein gutes Miteinander fördern, nicht nur von Frauen und Männern im Organisationsteam, sondern auch zwischen den Gästen nach den Grundsätzen der Inklusion.

Referenten einer Friedenskonferenz erhalten als Dankeschön eine in einer Integrationswerkstatt gebackene Friedenstaube.

Rückblick, Ausblick und Erfolge feiern

Welche Nachhaltigkeitsleistung soll wem wie kommuniziert werden? Das ist die Kernfrage, die zu klären ist, bevor Daten erhoben werden. Gäste, Mitwirkende und vielleicht auch übergeordnete Gremien möchten Erfolge feiern und wissen, was nötig ist, um weiterhin besser zu werden. Wenn ein paar Erinnerungsfotos ausreichen, ist dies einer genauen Berechnung vorzuziehen. Braucht es jedoch einen Nachhaltigkeitsbericht

Der Hausmeister freut sich, dass sich endlich einmal jemand für den Ökostrom interessiert. Er liest vor und nach der Konferenz den Zählerstand für die Energiebilanz ab.

nach übergeordneten Standards, so sind die erforderlichen Zahlen zu erheben – hier wäre dann wichtig, dies bereits in der Planung aufzunehmen, damit es möglichst einfach im Ablauf erfassbar ist. In jedem Fall sollte die Auswertung mit einem Dank an Organisatoren, Mitwirkende und Gäste für ihr Engagement und das Erreichte verbunden werden.

Starthilfe und Inspiration

Zum Start empfiehlt sich eine Bestandsaufnahme: Was gibt es schon? Wer ist bereits begeistert? Häufig gibt es mehr Befürworter und Anknüpfungspunkte als zunächst gedacht. Darauf kann man aufbauen. Sowohl ein intuitives Schritt-für-Schritt-Vorgehen ist legitim wie auch ein geplantes Vorgehen.

Informationsquellen

- Im Internet finden sich zahlreiche Hilfestellungen und Ideen. Hier sind nur ausgewählte Websites für Veranstaltungsmanagement genannt:
- Teilbereich des kirchlichen Umweltmanagements *Grüner Güggel* (CH) www.oeku.ch/umweltpraxis/gruener-gueggel und *Grüner Hahn* (D) www.gruener-hahn.net
- Hilfen für kleinere Events unter www.umweltbundesamt.de/nachhaltige-veranstaltungen und https://saubere-veranstaltung.ch
- Standards für große Events: ISO 20121 und GRI Event Standards; Zugang über www.sustainable-event-alliance.org oder https://www.iso.org

Gemeindegrundstücke und -gebäude als Raum für biologische Vielfalt (Hans-Hermann Böhm/Dorothea Seeger)

Unsere fliegenden Mitgeschöpfe: Luftakrobaten, Kammersänger und Orientierungskünstler

„Amsel, Drossel, Fink und Star und die ganze Vogelschar", so heißt es im Kinderlied. Im Frühjahr kehrt die ganze Schar wieder aus den Winterquartieren zurück. Und im August/September schon fliegen die Mauersegler wieder über 4.000 Kilometer in den Süden zurück. Wir wissen zwar manches über den Vogelzug, aber ein großes Staunen bleibt.

Die Psalmbeter sind auch fasziniert von den *„Vögeln des Himmels, deren Gesang aus den Zweigen erklingt"* und staunen: *„Herr, wie zahlreich sind deine Werke! Mit Weisheit hast du sie alle gemacht, die Erde ist voll von deinen Geschöpfen"* (Psalm 104,12 und 24). Martin Luther erinnert uns daran, dass wir „geschaffen sind samt allen Kreaturen ...". Die Vielfalt der Arten ist ein Merkmal der Schöpfung, und der Mensch lebt mittendrin, um die Erde „zu bebauen und zu bewahren". Wir Menschen haben in der Tat viel gebaut, aber das Bewahren kam zu kurz. Wir haben Wälder gerodet, Dörfer und Städte errichtet, Verkehrswege gebaut, große Ackerflächen geschaffen und damit Lebensräume gestohlen. Die Folge ist ein Verlust von Arten – hier und weltweit.

Artensterben

Arten verschwinden 50- bis 100-mal schneller als es der natürlichen Rate entspricht. Wir befinden uns in einem sechsten globalen Artensterben, verursacht durch uns Menschen. Der Verlust der Biodiversität wird auch bei uns in Deutschland bereits deutlich mess- und auch sichtbar. So gilt beispielsweise jede vierte Blüten- oder Farnpflanze in Deutschland laut der Roten Liste als gefährdet. Bei den einheimischen Tierarten ist sogar mehr als jede dritte Art als gefährdet eingestuft. Besonders drastisch ist der Rückgang in der Gruppe der Insekten. Laienwissenschaftlerinnen und -wissenschaftler haben von 1989 bis 2016 die Insektenbiomasse in 63 deutschen Naturschutzgebieten untersucht und einen Rückgang von 76 Prozent der Biomasse der Fluginsekten festgestellt.

Biodiversität

Biodiversität umfasst nicht nur die Anzahl von Tier- und Pflanzenarten, sondern meint auch die Vielfalt an Lebensräumen, die genetische und funktionale Vielfalt. Vielfältige Ökosysteme bieten uns unter anderem Sauerstoff zum Atmen, gesunde Ernährung, Rohstoffe für unsere Häuser und Wohnungen. Gesunde Ökosysteme mit einer großen Biodiversität beugen auch Pandemien vor. Der weltweite Verlust der Biodiversität wird von vielen Expertinnen und -experten als eine größere Bedrohung als der Klimawandel angesehen. Klar ist, sowohl das Klima als auch gesunde Ökosysteme sind überlebensnotwendig für das Überleben der Menschheit. Angesichts dieser globalen Krisen ist es daher unabdingbar, dass auch christliche Gemeinden sich für den Schutz der Biodiversität einsetzen und so den Schöpfer anbeten und ihm dienen.

Beispiel: Schleiereule und Turmfalke

Die Schleiereule ist ein Baumbewohner, doch durch den Wegfall von Bäumen wurde sie zum Kulturfolger und wohnt in Scheunen, Dachböden und Kirchtürmen. Dort wird sie nun zunehmend ausgesperrt, zum Teil aus Unkenntnis, zum Teil mit Absicht, weil man alles „pflegeleicht" haben möchte. Auch der Turmfalke, der früher oft Kirchtürme bewohnte, hat es zunehmend schwer, weil der Verlust von geeigneten Brutplätzen zum langsamen, aber stetigen Rückgang geführt hat. Leider wurden viele Kirchtürme in den letzten Jahrzehnten im Rahmen von Umbau- und Sanierungsmaßnahmen hermetisch abgedichtet. Mit den Tauben wurden dabei unbedacht auch Turmfalken, Schleiereulen und Fledermäuse ausgeschlossen.

Unseren Mitgeschöpfen Raum geben

Kirchliche Liegenschaften dienen in erster Linie der Gemeinde, aber sie gehören nicht ihr allein, sondern auch den Arten, die einmal hier zu Hause waren, lange, bevor Menschen Häuser bauten. Das Motto von Albert Schweitzer, „Leben, das leben will, und diesem Leben Raum geben", erfordert Kompromisse. Aber es gibt viele Möglichkeiten, den verdrängten Lebewesen Ersatz-Lebensräume zurückzugeben. Der Mensch ist Teil der ganzen Schöpfung und hat das Lebensrecht anderer Geschöpfe zu respektieren. In den Ökologischen Leitlinien der Württembergischen Landeskirche heißt es beispielsweise: „Wir achten und erhalten Lebensräume für Pflanzen und Tiere."

Vernetzt denken

Alle Lebensvorgänge sind vernetzt. Wenn eine Dachöffnung verschlossen wird, kann dies das Verlöschen eines Fledermausbestandes bedeuten. Umgekehrt, wenn ein Rasen in Wiese umgewandelt wird, können dort wieder Schmetterlinge und Insekten zurückkehren und das kommt der Vogelwelt zugute.

Grundlagen der Artenvielfalt sind die einheimischen Pflanzen. Rasen bietet nur wenigen Tieren Futter, ebenso sind Thuja und exotische Koniferen keine Nahrung für Schmetterlinge, Käfer, Wildbienen und Schwebfliegen. Deshalb ist die Grundlage eine naturnahe Bepflanzung, also Umwandlung von Rasen in Wiese, das Pflanzen einheimischer Wildsträucher, eine naturnahe Bewirtschaftung und wenn möglich Fassaden- und Dachbegrünung.

Neben der Nahrungsgrundlage sind Nist- und Unterschlupfmöglichkeiten für Tiere wichtig. Öffnungen, Spalten oder Nischen an Gebäuden sind bei moderner Bauweise meist Mangelware. Wo immer sie vorhanden sind, sollten sie erhalten bleiben und darauf ist besonders bei Umbauten und Renovierungen zu achten. Das bedeutet, Gebäude nicht hermetisch abzuschließen, nicht alles peinlich sauber aufzuräumen und Ersatzlebensräume zu schaffen, das heißt Nistkästen und Nisthilfen für Vögel, Insekten und Fledermäuse aufzuhängen. Von großem Wert ist auch ein alter Baumbestand. Unter der Borke, in Astlöchern oder im Holz abgestorbener Äste finden kleinere und größere Tiere Wohnung. Totholz sollte man nur entfernen, wenn Unfallgefahr besteht. Reisig soll nicht verbrannt werden, sondern an einer Stelle des Grundstücks, wo es nicht stört, zu einem Haufen aufgeschichtet werden. Das bietet einen Platz für Spitzmäuse, Blindschleichen und Kröten.

Viele Pflanzen- und Tierarten sind in ganz Europa geschützt

Die sogenannte Fauna-Flora-Habitat-Richtlinie (FFH-Richtlinie) nennt eine lange Reihe von Tier- und Pflanzenarten, die in ganz Europa streng geschützt sind.

Naturschutz-Richtlinien

Um den Verlust von Tier- und Pflanzenarten zu verringern, haben die Staaten der Europäischen Union (EU) 1992 den Aufbau eines Netzes von natürlichen und naturnahen Lebensräumen beschlossen. Die Fauna-Flora-Habitat-Richtlinie (FFH-Richtlinie) und die Vogelschutzrichtlinie bilden zusammen das Schutzgebietssystem *Natura 2000*. Die EU-Vogelschutzrichtlinie hat die Erhaltung aller wildlebenden Vögel und ihrer Lebensräume zum Ziel. Die Länder müssen geeignete Gebiete erhalten oder entwickeln, auch für Zugvogelarten. Die FFH-Richtlinie schützt eine Reihe von Pflanzen- und Tierarten, auch unabhängig vom Vorkommen in einem Schutzgebiet. Das gilt auch für kirchliche Liegenschaften.

Das hat Folgen für Haus- und Grundeigentümerinnen und -eigentümer, und damit sind auch die Kirchengemeinden mit ihren Liegenschaften betroffen. Artikel 12 der FFH-Richtlinie regelt eindeutig, dass die im Anhang IV genannten Tierarten weder gefangen noch gestört oder gar getötet werden dürfen. Hinzu kommt, dass auch die Fortpflanzungs- und Ruhestätten einen strengen Schutz genießen. Artikel 13 kümmert sich entsprechend um die Pflanzenarten des Anhangs IV.

Viele Arten kommen auch in unseren Siedlungen und sogar in unseren Häusern – auch in Kirchen – vor. Geschützte Arten in Gebäuden oder deren Außenanlagen sind zuallererst eine Bereicherung. Diese Wertschätzung drückt sich schon in der Aufnahme von Fledermaus und Co. in das europäische Naturschutzrecht aus. Wenn hier Reparaturen oder sogar komplette Renovierungen notwendig werden, kann es zu Problemen mit dem Naturschutz kommen. Falls in Ihrer Gemeinde Bau- oder Sanierungsmaßnahmen anstehen: Fragen Sie doch im Vorfeld bei Umweltbehörden und Naturschutzgruppen um Rat und Hilfe.

Auch sollte unbedingt beachtet werden: Während der Aufzuchtzeit die Vögel nicht stören und in dieser Zeit auch keine Umbaumaßnahmen durchführen.

Die Gemeindemitglieder einbeziehen

Es gibt viele Möglichkeiten, Artenvielfalt zu erhalten. Konfirmandinnen und Konfirmanden könnten Nistkästen basteln und PC-begeisterte Tüftlerinnen und -tüftler könnten sogar eine Webcam im Kirchturm installieren. Kindergartenkindern kann die Faszination und Schönheit des Mitgeschöpfs Turmfalke anhand von Bilderbüchern nahegebracht werden. Und da gibt es immer wieder Hausmeister, Küster und Küsterinnen, Mesnerinnen und Mesner, die sich freuen und ihre Umgebung darauf aufmerksam machen, wenn „ihr" Turmfalke im Frühjahr wieder den Kirchturm besiedelt.

Wichtig ist, dass die Planungen mit dem Kirchengemeinderat abgesprochen werden und vor allem, dass Hausmeister etc. nicht mit unzumutbaren Pflegearbeiten belastet werden. Bei denkmalgeschützten Gebäuden ist die entsprechende Behörde zu konsultieren. Die Naturschutzverbände vor Ort können dabei beraten.

Die ökologische Umgestaltung von Geländen und Gebäuden kann von den Gemeinden auch aktiv in das Gemeindeleben und vor allem den Gottesdienst einbezogen werden und Schöpfungsspiritualität aktiv gelebt werden. Das von der christlichen Naturschutzorganisation *A Rocha* ins Leben gerufenene *EcoChurch*-Programm nimmt daher auch Maßnahmen zum Schutz der Biodiversität sowie auch die Thematisierung von Schöpfungstheologie in Predigt und Lobpreis aktiv mit als Faktor in die Zertifizierung für mehr Nachhaltigkeit in Gemeinden auf (siehe Kapitel „Nachhaltigkeitsziele systematisch umsetzen“, S. 262). Eine Baumpflanzaktion, der Bau von Nistkästen auf dem eigenen Gemeindegrundstück oder auch die aktive Unterstützung einer lokalen Naturschutzinitiative können dann genauso eine Form der Anbetung/des Lobpreises des Schöpfers sein wie der Gesang im Gottesdienst oder Dienst an den Armen. In Deutschland hat der *A Rocha*-Freundeskreis das Projekt „Artenreich – Schöpfung entdecken“ ins Leben gerufen, mit dem zum Beispiel Gemeinden und christliche Tagungshäuser unterstützt werden, den Artenreichtum ihrer eigenen Gelände zu entdecken, ihre Mitgeschöpfe kennenzulernen und im nächsten Schritt auch besser zu schützen.

Auch Gemeinden ohne eigenes Grundstück können aktiv zur lokalen und globalen Biodiversität beitragen: Eine lokale und saisonale Ernährung unterstützt lokale Landwirtschaftsinitiativen (zum Beispiel eine lokale solidarische Landwirtschaft), Verzicht auf Fisch schützt die Biodiversität in den Weltmeeren. Geldanlage bei nachhaltigen Banken unterstützt kleine Initiativen zum Schutz der Biodiversität anstatt globale multinationalen Firmen, die die Umweltzerstörung und die Erhitzung des Klimas befeuern. Verzicht auf Einwegprodukte wie Einwegplastik spart Ressourcen und bewahrt Umwelt und Weltmeere vor einer immer weiter anwachsenden Plastikflut. Wie wäre es daher mit einem Gemeindefest mit Mehrweggeschirr (siehe Kapitel „Zero Waste in der Kirche“, S. 216) und regional saisonal vegetarischem Essen zur Ehre Gottes und der Vielfalt seiner Geschöpfe?

Informationsquellen

- Gastl, Markus 2021. *Mehr Natur im Garten. Einfache Projekte mit großer Wirkung für lebendige Vielfalt*. Ulmer.
- Witt, Reinhard 2015. *Natur für jeden Garten. Das Einsteiger-Buch*. Ottenhofen: NaturGarten.
- Tinz, Sigrid 2021. *Der Friedhof lebt! Orte für Artenvielfalt, Naturschutz und Begegnung*. Darmstadt: pala.
- van Saan-Klein, Beatrice; Wachowiak, Marta 2008. *Vielfalt als Gewinn: Kirchengemeinden und Biodiversität*. Heidelberg: Forschungsstätte der Ev. Studiengemeinschaft. (Bestellung über FEST Heidelberg, info@fest-heidelberg.de)
- Menke, Jörg 2008. *Die Vielfalt der Schöpfung feiern. Ökumenische Arbeitshilfe für den Gottesdienst*. Heidelberg: FEST. (Bestellung s. o.).
- AGU 2009. *Vielfalt verstehen. Bausteine für die kirchliche Bildungsarbeit zur Biodiversität*. Heidelberg: FEST. (Bestellung s. o.).
- Fauna-Flora-Habitat-Richtlinie: www.fauna-flora-habitatrichtlinie.de/
- Lebensraum Kirchturm: www.nabu.de/tiere-und-pflanzen/aktionen-und-projekte/lebensraum-kirchturm/index.html
- Pflanzen im Naturgarten: www.nabu.de/umwelt-und-ressourcen/oekologisch-leben/balkon-und-garten/pflanzen/
- Naturgarten: https://naturgarten.org/
- Gemeinsam Schöpfung bewahren, Praxistipps für Artenvielfalt rund um Kirche und Pfarrgarten aus dem Projekt „Kirchen im Biosphärengebiet Schwäbische Alb ...“, Ausgezeichnetes Projekt UN-Dekade Biologische Vielfalt 2018, Projektpartner Evangelische Landeskirche in Württemberg, E-Mail: umwelt@elk-wue.de
- Gesegnete Vielfalt/God's rich variety, Kirchen in Europa aktiv für Artenschutz, ECEN (European Christian Environmental Network, www.ecen.org)

Als Gemeinde Energie effizient nutzen oder bereitstellen (Felix Schweikhardt)

Auch Kirchengemeinden tragen direkt zum Klimawandel bei. Der Hauptteil ihrer Emissionen fällt durch den Verbrauch von Wärme, Warmwasser und Strom in den kirchlichen Gebäuden an.

Eine effiziente Nutzung oder Bereitstellung von Energie ist motiviert durch ...

- eine besondere Verantwortung der Kirchen, als Vorbild bei der Bewahrung der Schöpfung voranzugehen,
- die kirchlichen Möglichkeiten, als Multiplikatorin viele Menschen zu erreichen und so in den jeweiligen Privathaushalten und Unternehmen der Gemeindeglieder ähnliche Veränderungen anzustoßen,
- den Wunsch, der eigenen Glaubwürdigkeit gerecht zu werden,
- eigene finanzielle Vorteile, die sich aus wirtschaftlichen Effizienzmaßnahmen ergeben.

Klimaschutz ist immer der Zweiklang von Energieeinsparen und Umsteigen auf erneuerbare Energien. In der Folge wird nun zunächst beschrieben, wie Energie effizient genutzt werden kann. Im zweiten Teil wird dann darauf eingegangen, wie die dann noch benötigte Energie effizient und klimaneutral bereitgestellt werden kann.

Energie effizient nutzen

Eine effiziente Nutzung von Energie bedeutet, die genau passende Menge an Wärme, Warmwasser, Lichtleistung, Kühlleistung oder Kraft zur richtigen Zeit am richtigen Ort zur Verfügung zu stellen.

Messungen, Prüfungen, Organisation

Um zu überprüfen, in welchem Maße dies bereits der Fall ist und in welchen Bereichen die größten Potenziale liegen, empfehlen sich Messungen und regelmäßige Prüfungen.

Die Basis jedes Verbrauchsmonitorings ist die monatliche *Erfassung der Zählerstände*. Damit kann zunächst eine Bestandsaufnahme vorgenommen werden, aber auch anschließend verfolgt werden, wie sich der Verbrauch entwickelt. Die meisten Landeskirchen und Diözesen stellen ihren Gemeinden dafür eine kostenlose Online-Erfassungs-Software zur Verfügung, die die Zählerstände sofort in (Vergleichs-)Diagramme übersetzt. Die größte Verbreitung haben dabei das Grüne Datenkonto[33] und die Software Avanti[34]. Falls kein Rahmenvertrag vorliegen sollte, können Gemeinden auch das kostenlose, aber nicht ganz so komfortable Energiesparkonto nutzen.

Zur *Untersuchung des Stromverbrauchs* empfehlen sich Messungen mit Strom-Messgeräten, die zwischen Stecker eines Geräts und Steckdose gesteckt werden und den aktuellen Verbrauch des Geräts in Watt anzeigen. Diese sind gut selbst anzuwenden. Bei Geräten jedoch, deren Stecker nicht zugänglich ist (zum Beispiel Kühlschrank, Herd, etc.) kann eine zentrale Messung am Verteilerkasten Aufschluss über die einzelnen Verbräuche bringen. Diese arbeitet mit Messzangen, die um die Adern der Stromleitung gelegt werden, und muss daher von einem Elektriker angebracht werden.

Zur *Untersuchung des Heizenergieverbrauchs* können die Vor- und Rücklauftemperaturen im Heizungskeller mit Messfühlern gemessen und mitgeschrieben werden. Ebenso können die Raumtemperaturen und -feuchtigkeit mit so genannten Datenloggern aufgezeichnet werden, sodass man bei der Auswertung ein klares Bild bekommt, wie die Heizungsanlage funktioniert und wo Schwachstellen liegen.

Nachdem über Messungen, vielleicht auch Befragungen der Gebäudenutzer, eruiert worden ist, welche Verbesserungsmaßnahmen sinnvoll wären, ist die *Umsetzung sicherzustellen*. Dafür empfiehlt sich die Einführung eines Energie- oder Umweltmanagementsystems (Energiemission, *Grüner Gockel/Grüner Hahn*). In diesen – für die gemeindliche Arbeit angepassten – Systemen werden klare Verantwortlichkeiten und zeitliche Abläufe festgelegt, sodass geplante Maßnahmen nicht in Vergessenheit geraten. Die Koordination übernehmen Umwelt- oder Energiebeauftragte. Wichtig ist auch, dass die relevanten Akteure über das nötige Wissen für ihren Bereich verfügen. Etliche Kirchen bieten daher Schulungen für Hausmeisterinnen, Mesner, Küsterinnen oder Kindergärtner an.

Einflussmöglichkeiten auf Verbrauch und CO_2-Emissionen

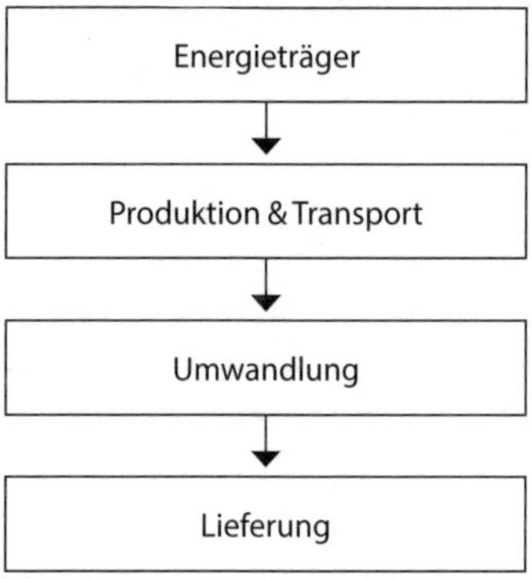

Erster wesentlicher Einflussfaktor ist die Wahl des Energieträgers. Bei Heizen und Warmwasser können Gemeinden im Wesentlichen zwischen Öl, Gas, Fernwärme, Holz, Strom oder Umweltwärme (zum Beispiel Solarthermie) wählen. Beim Strom kann dieser aus Kohle, Atom, Gas oder erneuerbaren Energien erzeugt werden.

Der Energieträger muss produziert (gefördert oder erzeugt) und transportiert werden, zumeist auch noch umgewandelt werden (zum Beispiel Öl in Raffinerien, Strom in Transformatoren, Holz in Presswerken). All dies verbraucht mehr oder weniger Energie.

Schließlich muss der Energieträger oder die daraus erzeugte Energie noch ins Gebäude geliefert werden; sei es über die Fernwärmeleitung, den Tankwagen oder das Stromnetz.

Wenn man hingegen den eigenen Strom vom Photovoltaik-Dach nutzt, entfallen die genannten Zusatzverbräuche.

Einflussmöglichkeiten im Bereich Strom

Der Strom wird ohne weitere Umwandlung direkt im Gebäude genutzt. Entscheidend für eine sparsame Nutzung ist eine Beschränkung auf wenige notwendige effiziente Geräte und Leuchtmittel, die nur betrieben werden, wenn sie benötigt werden. Dies bedeutet zum Beispiel, einen nicht zu großen, effizienten Kühlschrank anzuschaffen und den alten dann auch zu entsorgen – statt ihn im Keller weiter zu betreiben. Beim Kühlschrank sollte immer wieder geprüft werden, ob sein Betrieb gerade nur notwendig ist, um mal wieder eine einzige angebrochene Milchpackung zu kühlen oder das Bier für das einmal im Jahr stattfindende Gemeindefest ganzjährig bereitzuhalten. Größte Stromverbraucher in Kirchengemeinden sind jenseits der Küche in Ganztageskindergärten die Beleuchtung und die Heizungsanlage (Pumpen, Brenner, Gebläse). LED-Beleuchtung, moderne Heizungspumpen und regelmäßige Abschaltung der Bürogeräte im Pfarramt sollten bereits überall Standard sein.

Einflussmöglichkeiten im Bereich Warmwasser

Für die Erzeugung von Warmwasser ist nochmals ein Umwandlungsschritt notwendig. Wesentlich hierbei ist die Entscheidung für eine zentrale (im Heizkeller) oder dezentrale Erzeugung (an jedem Waschbecken).

Als Faustregel kann gelten: Eine zentrale Erzeugung lohnt sich umso mehr, je höher der Verbrauch an Warmwasser ist, zum Beispiel in einem Wohnhaus. In allen anderen kirchlichen Gebäuden sollten dezentrale Lösungen gewählt werden. Denn eine zentrale Lösung produziert hohe Bereitstellungsverluste und erfordert, dass die Heizungsanlage im Sommer durchlaufen muss und immer wieder anspringt, nur um Wasser zu erwärmen, was im Speicher vielleicht ungenutzt abgekühlt ist. Insbesondere bei dezentralen Lösungen sollten möglichst wenige Zapfstellen mit warmem Wasser versorgt werden; im Gemeindehaus beispielsweise genügt ein Warmwasser-Anschluss in der Küche. Wird dort regelmäßig gekocht, ist ein Untertisch-Boiler das Mittel der Wahl, der auch abgeschaltet werden kann. Gegebenenfalls kann ein zweiter Zapfhahn für die Reinigungskräfte sinnvoll sein. Bei seltenerer Nutzung ist ein Durchlauferhitzer, der keinerlei

Stillstandsverluste hat, dafür aber eine höhere Leistung benötigt, das Mittel der Wahl.

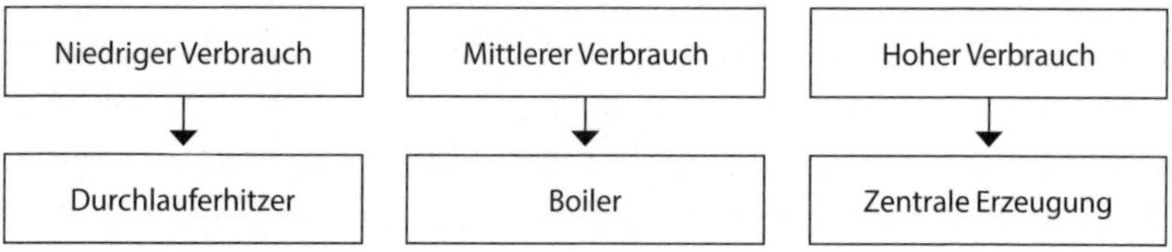

Neben der Frage einer zentralen oder dezentralen Erzeugung ist die Begrenzung der Warmwasserzeiten ein wesentliches Element für eine effiziente Bereitstellung. Dies geschieht durch Einstellung der Warmwasser-Zeiten an der Heizungsregelung und die Nutzung von Zeitschaltuhren für Zirkulations- oder Speicherladepumpen.

Einflussmöglichkeiten im Bereich Wärme

Bei der Wärme sind die Einflussmöglichkeiten am umfangreichsten. Die Maßnahmen sind besonders wirksam, weil der Heizenergiebedarf deutlich höher ist als der Strombedarf.

Wesentliche Verluste können bereits bei der Umwandlung des Energieträgers in warmes Wasser (welches dann die Heizkörper durchströmt) auftreten. So schaffen es beispielsweise Brennwertkessel, bei entsprechend niedriger Rücklauftemperatur deutlich mehr Wärme aus einem Kubikmeter Gas oder einem Liter Öl zu erzeugen als herkömmliche Heizungen. Wärmepumpen können aus einer Kilowattstunde Strom drei bis vier Kilowattstunden Wärme erzeugen. Umgekehrt gibt es Kessel, bei denen Verluste bis zu 40 Prozent bei der Erzeugung des Heizungswassers entstehen.

Tabelle 1: Maßnahmen zur Reduzierung des Heizenergieverbrauchs

Heizkessel - Optimale Steuerung für tatsächliche Nutzung - Nachtabsenkung - Sommerabschaltung	**Wartung** - Funktionsfähigkeit von Thermostatventilen und Heizkessel - Wasserdruck im System	**Steuerung und Überwachung** - Heizkreisläufe - Wärmemengenzähler - Zeitschaltuhren
Wärmeverteilung - Hydraulischer Abgleich - Pumpen - Heizkörperverkleidung „durchlöchern"	**Gebäudehülle** - Heizkörpernischen - Fenster und Wände - Decken zum Dachgeschoss und Keller	**Wärmeverluste** - Dämmung der Rohre - Erneuerung der Tür- und Fensterdichtungen
Nutzerverhalten - Verhalten beim Lüften - Schließen von Rollläden - Schließen von Türen - Heizkörper freihalten	**Belegungsmanagement** - Im Gebäude - Gebäudeübergreifend	**Nutzerinformation und Motivation** - Hinweisschilder - Artikel im Gemeindebrief - Anreize

Entscheidend für die Effizienz des Heizungssystems ist weiter, ob die richtige Menge an Wasser zum richtigen Zeitpunkt erhitzt wird. Wenn beispielsweise im Kindergarten auch nachts und am Wochenende das Heizungswasser auf 70 °C erhitzt wird, obwohl es niemand benötigt, entstehen unnötige Verluste. Ebenso wenn das Wasser auf 70 °C erhitzt wird, wenn es auch mit 60 °C ausreichend warm geworden wäre. Entscheidend dafür sind die passgenaue Einstellung von Heizzeiten und Heizkurve an der Heizungsregelung.

Um eine effiziente Verteilung der Wärme an die verschiedenen Gebäudeteile sicherzustellen, sind eine passende Aufteilung von Heizkreisen, funktionierende Mischer, ein hydraulischer Abgleich, eine Dämmung der Rohrleitungen, hocheffiziente Heizungspumpen ohne Überströmventile und Hydraulische Weichen sowie ein ausreichender Wasserdruck wichtig.

Für eine effiziente Übergabe von den Heizkörpern an den Raum sind möglichst große Heizflächen am besten, da sie niedrigere Wassertemperaturen ermöglichen (ideal: Wand- oder Fußbodenheizungen). Die Heizkörper sollten gut durchströmt werden, nicht zugestellt sein und regelbare Thermostatköpfe haben. Für Gemeindehäuser mit seltenerer Nutzung können sich elektronische, vorprogrammierbare Thermostatköpfe anbieten.

Nachdem die Übergabe der Wärme an den Raum erfolgt ist, stellt sich die Frage, wie gut diese im Raum gehalten werden kann. Neben der großen Frage der Gebäudedämmung sind dafür die Wärmedurchlässigkeit der Fenster und die Güte der Fenster- und Türdichtungen relevant.

Energie bereitstellen

Die Möglichkeiten für eine effiziente Bereitstellung von Energie in Kirchengemeinden sind überschaubar. Neben der Nutzung von eigenem Wald zur Erzeugung von Hackschnitzeln oder Stückholz besteht die Möglichkeit, das eigene Dach für die Erzeugung von Warmwasser (Solarthermie) und/oder Photovoltaik (PV) zu nutzen. Da in Kirchengemeinden (abgesehen von Pfarrhäusern) der Warmwasserbedarf im Sommer überschaubar sein dürfte, fällt die Wahl zumeist auf eine Photovoltaikanlage.

Die Wirtschaftlichkeit dieser hängt auch davon ab, wie viel der erzeugten Energie auch durch Nutzung eines Speichers im Gebäude selbst verbraucht werden kann. Zu den bedenkenswerten Aspekten bei der Errichtung einer PV-Anlage informiert zum Beispiel ein Leitfaden der Evangelischen Landeskirche in Baden[35]. Wesentlich für Kirchengemeinden ist beispielsweise die Form des Betriebsmodells (Eigeninvestition, Anlagenpacht oder Dachverpachtung), insbesondere bei Pfarrhäusern und von der Kommune stark bezuschussten Kindergärten oder wenn die Gemeinde die Anlage nicht selbst betreiben will.

Aber auch wenn das eigene Dach nicht geeignet sein sollte, besteht die Möglichkeit, in Anlagen zur Energieerzeugung an anderer Stelle zu investieren beispielsweise über die Beteiligung an Bürgerenergiegenossenschaften oder einer größeren Investition in Solar- oder Windparks.

Fazit

Für jede Kirchengemeinde bestehen noch erhebliche Potenziale, Energie effizient zu nutzen und bereitzustellen. Der Artikel lieferte auch im Sinne einer Checkliste zahlreiche Anregungen, welche Aspekte man in einer Kirchengemeinde angehen und prüfen kann. Für all das gilt: Um das 1,5- bis 2-Grad-Ziel der Vereinten Nationen zu halten, muss unser Handeln heute beginnen – und nicht irgendwann in der Zukunft.

Informationsquellen

- Dahm, Christian 2017. *Beheizen und Temperieren von Kirchen: Von Energieeffizienz, Erhaltung des Kulturerbes und Nutzerakzeptanz.* URL: https://www.energie-und-kirche.de/fileadmin/Public/user_upload/Beheizen_und_Temperieren_von_Kirchen_-_Brosch%C3%BCren-PDF.pdf
- Forschungsstelle der Evangelischen Studiengemeinschaft (FEST) 2021. *Zur Ermittlung der CO_2-Emissionen in Landeskirchen und Diözesen – Arbeitsanleitung, 5. Auflage Juli 2021.* URL: https://www.yumpu.com/de/document/read/64705624/zur-ermittlung-der-co2-emissionen-in-landeskirchen-und-diozesen-4-auflage/5
- Klimaschutz- und Energieagentur Baden-Württemberg (KEA). *Begehungs-Checkliste für öffentliche Liegenschaften.* URL: https://www.kea-bw.de/fileadmin/user_upload/Energiemanagement/Wissensportal/Kommunales_EM/Arbeitshilfen/Begehungs-Checkliste.doc
- Oeku Kirchen für die Umwelt. *Energie sparen und Klima schützen. Ein Leitfaden für Kirchengemeinden und Pfarreien.* URL: http://docplayer.org/12656742-Energie-sparen-und-klima-schuetzen-ein-leitfaden-fuer-kirchgemeinden-und-pfarreien.html
- Informationen zum Umweltmanagementsystem Grüner Gockel der Evang. Landeskirche in Baden: www.ekiba.de/gruener-gockel
- Informationen zum Energiemanagementsystem Energiemission der Evang. Landeskirche in Baden: www.ekiba.de/energiemission
- Netzwerk Kirchliches Umweltmanagement Kirum: www.kirum.org
- Netzwerk Energie und Kirche: www.energie-und-kirche.de

Klimaschonende Mobilität fördern (Lisa Stadtherr)

Die derzeitige Mobilitätskultur unserer Gesellschaft ist alles andere als klimaverträglich. So ist der Verkehrssektor weltweit für ungefähr ein Viertel der Treibhausgasemissionen verantwortlich. Zwar wurden die Fahrzeuge in den letzten Jahrzehnten immer effizienter, gleichzeitig wurde dieser positive Effekt jedoch durch die steigende Anzahl größerer Fahrzeuge mit höherem Verbrauch und durch längere Fahrstrecken kompensiert. Die große Herausforderung für eine nachhaltige Mobilität ist es nun, die Mobilitätsbedürfnisse unserer Gesellschaft in einer klima- und umweltschonenderen Weise dauerhaft zu gewährleisten. Diese große Aufgabe kann nur gemeinschaftlich gelingen und schließt auch die Kirchen mit ein. Gerade in den einzelnen Gemeinden liegt großes Potenzial, nachhaltige Mobilitätsprojekte in der breiten Fläche zu erproben und in die kirchliche und gesellschaftliche Praxis zu holen. Konkret bedeutet das entsprechend den Leitlinien zur Nachhaltigkeit (Suffizienz, Effizienz, Konsistenz), dass Verkehr verlagert, verbessert (verträglicher gestaltet) und zuallererst ganz vermieden werden muss.

Um eine solche nachhaltige und klimaschonende Mobilität insbesondere auch auf der Ebene der Kirchengemeinden voranzubringen, sollen im Folgenden verschiedene und bereits in der Praxis erprobte Maßnahmen vorgestellt und kurz erläutert sowie Links und Hinweise zu weiterführender Literatur gegeben werden.

Den Radverkehr fördern

Die einfachste Möglichkeit, Ressourcen zu schonen und langfristig Emissionen einzusparen, bietet der Umstieg auf den Fuß- und Radverkehr. So ist bis zu einer Strecke von ungefähr fünf Kilometern das Fahrrad das klimafreundlichste Verkehrsmittel und auch Strecken von bis zu 15 Kilometern sind gut mit einem E-Bike zurückzulegen. Insbesondere innerhalb einer Kirchengemeinde lohnt es sich also, über eine Anschaffung von Dienstfahrrädern (mit oder ohne Hilfsmotor) für die hauptamtlichen Mitarbeitenden nachzudenken. Die

Anschaffung von Diensträdern in den Kirchen wird zum Teil durch Projekte zur Förderung des Radverkehrs unterstützt. Rahmenverträge können günstigere Konditionen zur Anschaffung bieten. Fahrräder können nachhaltig über kirchliche Beschaffungsplattformen wie kirchenshop.de oder wir-kaufen-anders.de bezogen werden, die öko-faire und soziale Gesichtspunkte bei der Auswahl ihrer Produkte berücksichtigen.

Des Weiteren kann ein Fahrradpool innerhalb der Gemeinde angelegt und Räder können zum Verleih für die Gemeindemitglieder angeboten werden. Insbesondere die Anschaffung von Lastenrädern zum Verleih hat sich in Kitas als eine effektive Maßnahme herausgestellt, um den motorisierten Individualverkehr zu reduzieren. Durch eine deutliche Kennzeichnung der Fahrräder wird die Kirchengemeinde insgesamt sichtbarer. Dadurch können Gespräche initiiert und die Vorbildfunktion der Gemeinde erhöht werden.

Zusätzlich sollten Kirche, Gemeindehaus und Kita auch mit entsprechender Infrastruktur ausgestattet werden, um die Motivation zu erhöhen, auf das Fahrrad umzusteigen. Im besten Fall werden sichere und überdachte Fahrradstellplätze eingerichtet und gegebenenfalls auch Umkleidemöglichkeiten oder sogar Duschen für Mitarbeitende bereitgestellt. Auch das Einrichten von Repair-Cafés oder Fahrradstationen kann den Gemeindegliedern einen Anreiz bieten, mit dem eigenen Rad zum nächsten Gottesdienst zu kommen.

Gemeinschaftliche Aktionen wie Fahrradgottesdienste, Jobradeln, Schulradeln, Autofasten, Aktionen von Krankenkassen und Ähnliches fördern im Rahmen einer intensiven Öffentlichkeitsarbeit den Umstieg auf das Fahrrad und beeinflussen die Gesundheit der Mitarbeitenden positiv.

Fahrgemeinschaften

Für Strecken, die für das Rad zu lang sind, sollte in einem nächsten Schritt die erforderliche Anzahl an dienstlich genutzten Einzelfahrzeugen überprüft und auf ein Mindestmaß reduziert werden. Dies kann einerseits durch Anreize zum Umstieg auf den ÖPNV wie Jobticket, Erstattung der Fahrkosten, Zuschüsse zu Abokarten und Ähnliches, als auch andererseits durch eine bessere Auslastung einzelner weniger Fahrzeuge erreicht werden.

Dafür bietet es sich insbesondere an, Mitfahrgelegenheiten gezielt zu organisieren. Vielfältige digitale Lösungen sind in den letzten Jahren bereits erfolgreich erprobt worden. So reicht es mancherorts bereits aus, eine eigene Mitfahr-Gruppe in einem beliebigen Messenger-Dienst auf dem Smartphone zu gründen oder auf die etwas altmodische, aber inklusivere Telefonkette zurückzugreifen. In beiden Fällen wird innerhalb eines bekannten Personenkreises eine gemeinsame An- und Abreise zu Veranstaltungen und Sitzungen organisiert.

Andere Gemeinden hingegen ziehen in einem größeren Maßstab eine Mitfahrzentrale auf, die schlussendlich auch von Besucherinnen und Besuchern der Gottesdienste mitgenutzt werden kann. Neben den öffentlich frei zugänglichen gängigen Mitfahrzentralen (blablacar.de, clickapoint.de, bessermitfahren.de, etc.) besteht auch die Möglichkeit, eine eigene gemeindeinterne Mitfahrzentrale (zum Beispiel über mifaz.de) aufzubauen. Neben den Einsparungen an Emissionen reduzieren sich durch eine faire Beteiligung der Mitfahrenden auch die Kosten für Sprit und Parkgebühren – sofern eine rechtliche Absicherung geregelt ist.

Car-Sharing

Eine andere Möglichkeit, um das Verkehrsaufkommen zu reduzieren, bietet die Beteiligung an Car-Sharing-Projekten. Da die privaten Fahrzeuge im Durchschnitt 23 Stunden am Tag stehen und nicht fahren, lohnt es sich, über eine gemeinschaftliche Nutzung einzelner Fahrzeuge oder über eine Mitgliedschaft bei einem lokalen Car-Sharing Anbieter nachzudenken. Im ersten Fall überprüft und organisiert die Gemeinde selbst die Nutzung, Vermietung und Wartung des Fahrzeuges. Die Nutzung und Anmeldung hierfür können entweder analog über das Schwarze Brett und Fahrtenbücher oder digital über eine Website, App oder E-Mail erfolgen. Auch die sogenannte „nachbarschaftliche Autonutzung“ ist eine Möglichkeit, ein wenig genutztes Fahrzeug stärker auszulasten und privat zu vermieten, wodurch mehrere private Fahrzeuge überflüssig werden. Für die gemeinschaftliche Nutzung können zum Beispiel die Musterverträge des VCD herangezogen werden.

Eine Beteiligung an Car-Sharing-Projekten bietet insofern ein enormes Potenzial zur Einsparung von Ressourcen, da ein Car-Sharing-Fahrzeug je nach örtlichen Verhältnissen bis zu 20 Einzelfahrzeuge ersetzen kann. In diesem Fall übernimmt statt der Gemeinde oder einer Privatperson ein externer Anbieter die Anschaffung, Vermietung und Versicherung der Fahrzeuge, wofür eine entsprechende Gebühr anfällt. Der Vorteil eines externen Anbieters liegt bei dem geringen zeitlichen Aufwand und der breiten Auswahl an verschiedenen Fahrzeugklassen (auch Transporter und E-Fahrzeuge), die genutzt werden können. Selbst in ländlichen Kirchengemeinden können auf den eigenen Flächen ständige Parkplätze für Car-Sharing eingerichtet werden, und durch das Registrieren aller Mitarbeitenden bei einem lokalen Anbieter wird die Verbreitung von Car-Sharing vorangetrieben.

Virtuelle Veranstaltungen

Gerade während der Corona-Pandemie wurde verstärkt auf die Nutzung von virtuellen und hybriden Formaten zur Durchführung von Veranstaltungen zurückgegriffen. Dieses Modell sollte – wo es sinnvoll erscheint – möglichst weiterhin beibehalten werden. So könnten regelmäßige Besprechungen und Veranstaltungen weiterhin hauptsächlich virtuell durchgeführt werden, wenn sonst lange Fahrwege anfallen würden. Vereinzelte Treffen vor Ort können und sollten natürlich auch weiterhin stattfinden, um das Gemeinschaftsgefühl zu stärken.

Aufklärungs- und Bildungsangebote

Einen nicht zu vernachlässigenden Beitrag zur klimafreundlichen Mobilität bringen Aufklärungs- und Bildungsangebote. So kann erst durch das Wissen um die Folgen der Auswahl des Verkehrsmittels ein

Umdenken und nachhaltiger Wandel stattfinden. Informationsveranstaltungen, Schöpfungsgottesdienste und Gemeindefeste mit dem Schwerpunktthema Mobilität bieten eine Möglichkeit, viele Gemeindemitglieder zu erreichen und für die gemeinsame Sache zu begeistern. Auch Spritsparkurse können sinnvoll sein, um Emissionen zu reduzieren, wenn auf das eigene Auto nicht verzichtet werden kann. Eine Teilnahme an solchen Kursen wird von manchen Bundesländern (zum Beispiel Baden-Württemberg) finanziell unterstützt. Auch das Aufklären der Gemeindemitglieder über die Anreise zu Veranstaltungen mit alternativen Verkehrsmitteln sowie das Wissen um den örtlichen Nahverkehr-Fahrplan kann den Umstieg auf den ÖPNV erleichtern. Hinweise zur klimaschonenden Anreise können bereits auf Veranstaltungseinladungen, der Gemeindewebsite oder im Gemeindebrief bekanntgegeben werden und rufen das Thema regelmäßig in Erinnerung. Eine intelligente Terminplanung von Gremiensitzungen und Veranstaltungen wirkt ebenso unterstützend, um eine gemeinsame Anreise durch Mitfahrgelegenheiten zu ermöglichen. Auch der örtliche Fahrplan von Bus und Bahn sollte bei der Terminplanung und selbst beim Festlegen von Arbeitszeiten generell mitberücksichtigt werden, um die Nutzung des ÖPNV so bequem wie möglich zu gestalten und lange Wartezeiten zu vermeiden.

Informationsquellen

- Kraus, Jobst. *Mögliche Beiträge der Kirchen in Baden-Württemberg zur Verkehrs- und Mobilitätswende*
  URL: https://mobilitaetswende-bw.de/jobst-kraus-moegliche-beitraege-der-kirchen-in-baden-wuerttemberg-zur-verkehrs-und-mobilitaetswende/
- Evangelischer Verband Kirche Wirtschaft Arbeitswelt 2019. *Bitte wenden – Ökologische und soziale Herausforderungen einer zukünftigen Mobilität*. URL: www.kda-bayern.de/wp-content/uploads/kda-bayern.de-2019-bitte-wenden-broschuere-web.pdf.
- FEST 2020. *Wie man beginnen kann – Umwelt- und Klimaschutz in Kirchengemeinden*

URL: https://www.umweltbundesamt.de/sites/default/files/medien/1410/publikationen/kirchenhandreichung_final.pdf

- Ev.-Luth. Kirche in Bayern 2021. *Klimafreundlich mobil als Kirchengemeinde oder Einrichtung*
  URL: https://umwelt-evangelisch.de/unsere-umweltdownloads/kategorieanzeige/send/1-root/354-nachhaltig-mobil-als-kirchengemeinde-oder-einrichtung
- Ev. Kirche in Hessen und Nassau 2021. *Klimaschutz und Nachhaltigkeit in unserer Kirchengemeinde*
  URL: https://www.zgv.info/fileadmin/Daten/News_Downloads_2015/2021_08_30_BegruessungsBroschuere_Silk_ZGV_WEB.pdf
- Beispiele aus der Praxis:
  https://www.ekd.de/agu/mobilitaet/
- Spritsparen: www.vcd.org/artikel/schont-geldbeutel-und-umwelt/
- Job-Rad: https://www.kirchengewerkschaft de/275-job-rad-und-entgeltumwandlung und https://bawue.verdi.de/++co++0716cbfa-309e-11e7-8ff2-525400423e78 und https://bawue.verdi.de/++file++590ae5d056c12f03146fafcf/download/2017_FAQ%20Jobrad_verdi.pdf
- Haftungsbeschränkung für Fahrgemeinschaften: https://www.mifaz.de/static/documents/Haftungsbeschraenkung_MiFaZ.pdf und https://www.mifaz.de/tittmoning/versicherung.html
- Car-Sharing: www.carsharing.de und www.umweltbundesamt.de/umwelttipps-fuer-den-alltag/mobilitaet/carsharing-nutzen#gewusst-wie
- Musterverträge für Car-Sharing: https://shop.vcd.org/shop/katalog/details.php?x=1&artikelnummer=2002

Nachhaltigkeitsziele in der Gemeinde systematisch umsetzen (Hans-Hermann Böhm)

„Alle Welt redet nur vom Klimawandel. Genau da liegt das Problem", so Brot für die Welt auf einem Plakat. Alle reden nur? Nicht ganz. Über 1.000 Kirchengemeinden und kirchliche Einrichtungen in Europa reden nicht nur, sondern verbessern fortlaufend ihre Umweltsituation bzw. verringern ihren ökologischen Fußabdruck und konkret ihre CO_2-Emmissionen.

Systematisches Vorgehen

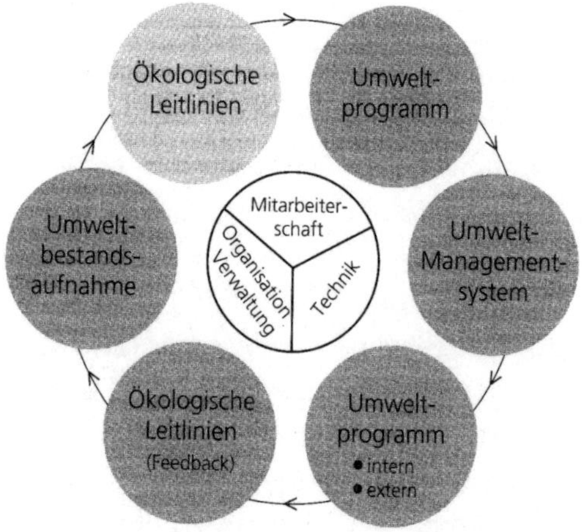

Da gibt es beispielsweise den *Grünen Gockel* bzw. *Grünen Hahn* oder den *Grüne Güggel*, das EMAS-System oder *Eco Church* von A Rocha. Waren es anfangs nur Projekte, geht es nun um systematisches Vorgehen. So kann das normative Leitbild der nachhaltigen Entwicklung mit den Zielen für nachhaltige Entwicklung der UN (Sustainable Development Goals) mittels Managementsystemen umgesetzt werden.

Das System folgt einem Regelkreis[36]: Zuerst wird eine Umweltbestandsaufnahme, veranlasst von der Gemeindeleitung, vorgenommen. Daraus werden Umweltziele und ökologische Leitlinien (Umweltpolitik) formuliert. Im Umweltprogramm werden Zeiten und Zuständigkeiten festgelegt. In einem Handbuch werden Verfahren und Arbeitsweisen zum Umweltmanagement festgehalten. Wichtig dabei sind die Datenquellen, deren Güte und die Bewertungsmethoden zum Erfassen. Der Regelkreis schließt sich mit der Bewertung der Umweltwirkungen und der daraus folgenden Steuerung der weiteren kontinuierlichen Verbesserungen.

Überprüfung der Fortschritte

Die Bewertung kann gemeindeintern oder extern erfolgen. Bei vielen Kirchengemeinden/Einrichtungen in Deutschland nehmen ehrenamtliche Umweltgutachter oder Revisoren diese externe Prüfung vor und erklären die Umwelterklärung für gültig. Damit erfolgt der Eintrag in ein Verzeichnis, und die zertifizierte Gemeinde/Einrichtung kann damit die Öffentlichkeit informieren und zum Nachahmen anregen.

Die Europäische Union hat 2001 die Verordnung (EG; Nr. 761/2001) über die freiwillige Beteiligung von Organisationen an einem Gemeinschaftssystem für das Umweltmanagement und die Umweltbetriebsprüfung „EMAS“ (Environmental Management and Audit Scheme) verabschiedet.

Einen ähnlichen Ansatz verfolgt die Internationale Organisation für Standardisierung (ISO) mit der Norm 14001. Sie gilt weltweit. Organisationen, die mit einem Qualitätsmanagement nach ISO 9001 arbeiten, können mit geringem Aufwand das Umweltmanagement aufsetzen.

Kirchen in Europa haben nach der Blaupause von EMAS spezifische und weniger aufwendige Systeme für Gemeinden entwickelt: etwa der *Grüne Gockel* bzw. der *Grüne Hahn* in Deutschland oder der *Grüne Güggel* in der Schweiz. Dabei werden Ehrenamtliche als Berater und Gutachter/Revisoren ausgebildet. Über das Netzwerk Kirchliches Umweltmanagement[37] erfolgt die weitere Entwicklung und Fortbildung.

Es gibt mit EMAS plus auch den Ansatz, Nachhaltigkeit in den Blick zu nehmen. Die Firma Schüco hat zum Beispiel einen Nachhaltigkeitsbericht vorgelegt[38]. Auch etwa 500 Gemeinden sind bei EMAS plus registriert. Die Prüfung kann dabei auch online vorgenommen werden.[39]

Verschiedene Programme

Die folgende Tabelle gibt einen Überblick über einige Programme für nachhaltiges Gemeindemanagement in Deutschland und der Schweiz. Sie erhebt keinen Anspruch auf Vollständigkeit.

Programm (Quellen im Anhang)	**Kriterien**	**Vorgehen**	**Überprüfung, Zeitraum**	**Kosten**
Grüner Hahn	Gebäude, Energie, Wasser, Abfall, Büro, Hauswirtschaft, Verkehr, Artenvielfalt u. a.	Umweltleitlinien, Bestandsaufnahme, Maßnahmenplan, Umweltbericht als Umweltmanagement	Extern durch kirchliche Umweltrevisor/in, für 4 Jahre	ca. 1.000 Euro
Faire Gemeinde	Faire Produkte, Recyclingpapier, Müllvermeidung, Ökostrom, Energiemanagement, Bewirtung, ökumenische Zusammenarbeit	Beschaffung: Fair-Trade-Produkte und Maßnahmen aus 2 von 10 Bereichen	Selbstverpflichtung, Bericht, für 2 Jahre	keine
ÖkoFaire Gemeinde	Büroausstattung, Veranstaltung und Bewirtung, Innen und Außen, elektronische Geräte, Energie, Mobilität, ethisches Investment	Bestandsaufnahme, Wahl von 10 Maßnahmen, Selbstverpflichtung, Dokumentation	Selbstverpflichtung, Bericht, für 2 Jahre	keine
Zukunft einkaufen	Ökofaire Beschaffung	Portfolioanalyse, Beschaffungsprogramm, Nachweisliste und Erfahrungsbericht	Prüfung durch Landeskirche bzw. Bistum, für 3 Jahre	Ca. 200 Euro
EcoChurch	Gottesdienst und Lehre, Kirchengebäude, Umgebungsgestaltung, lokale und globale Vernetzung, kirchlicher Lebensstil	Selbsteinschätzung, Umsetzung von Maßnahmen	Selbsteinschätzung, kontinuierlicher Prozess mit vier Stufen (Mitglied, Bronze, Silber, Gold)	keine
Gemeinde N	Einkauf, Gebäude, Management, Kultur	Bildung einer Umweltgruppe, Bestandsaufnahme, Zielsetzung, regelmäßige Evaluation	Selbsteinschätzung, kontinuierlicher Prozess	keine

Was bringt es? Aufwand und Nutzen

Oft sind in Gemeinden das Bewusstsein und der gute Wille vorhanden, aber es fehlen Daten und die Verantwortlichkeiten sind ungeklärt. An dieser Stelle hilft das Managementsystem. Das systematische Vorgehen zeigt Einsparpotenziale auf und zwar im Blick auf Umwelt-Ressourcen und auch Finanzen. So wurden im Durchschnitt 10–30 Prozent Wärmeenergie, 5–20 Prozent Strom und 20 Prozent Wasser eingespart. Fehler im System, etwa ein Wasserrohrbruch, werden frühzeitig erkannt.

Mit dem veröffentlichten Umweltbericht zeigen Kirchen, dass sie nicht nur predigen, sondern verantwortlich handeln. Das ist mit einem deutlichen Gewinn an Glaubwürdigkeit verbunden. Die Kirchen reden nicht nur vom fürsorgenden Schöpfer, sondern handeln zeichenhaft und hoffnungsstiftend. Die Aktivitäten regen Gemeindemitglieder und auch Kommunen an und ziehen so Kreise.

Auf der Seite des Aufwandes sind Zeit und Kosten für den Aufbau des Managementsystems zu nennen. Viele Bundesländer fördern den Aufbau des Audit-Systems.

Erfahrungen und Empfehlungen

Zum Abschluss einige Stimmen aus beteiligten Gemeinden:

- Der Einsatz braucht eine gemeinsame Vision.
- Der Umweltmanagement-Regelkreis fördert die Organisationsentwicklung und bietet die Chance, bei anstehenden Entscheidungen zu prüfen, ob sie umwelt- und sozialverträglich sind. Auf diese Weise werden notwendige Maßnahmen nicht additiv, sondern integriert bedacht und es gibt Synergieeffekte.
- Der Querschnittsansatz kann den gegenseitigen Austausch fördern und verbessert die Kommunikation und das „Wir-Gefühl".
- Das systematische Vorgehen eröffnet Einsparpotenziale.
- Für die Mitarbeitenden soll der Nutzen erkennbar sein. Es geht zum Beispiel um ihre Gesundheit, etwa im Blick auf Schadstoffe oder strahlungsarme Bildschirme.
- Kirchenmitglieder und Beschäftigte spielen eine wichtige Rolle. Es

geht nicht um einen Ansatz von oben nach unten, sondern um ein kreatives und partizipatives Miteinander.

- Das gemeinsam beschlossene Umweltprogramm kann durch Kleinigkeiten im Alltag die Menschen erinnern: etwa ein Symbol oder ein Bericht über die neuesten Erfolge.
- Personen, die handwerklich und organisatorisch begabt sind, bringen sich gern ein. Manchmal finden so Personen, die am Rande stehen, in die Gemeinde hinein.
- Es braucht Augenmaß, sonst entsteht Überdruss.

Fazit

Mit dem Einsatz für eine nachhaltige Entwicklung tragen christliche Gemeinden und kirchliche Einrichtungen dazu bei, die Schöpfung zu erhalten. Die hier dargestellten Nachhaltigkeits- und Umwelt-Audits helfen dabei, diesen Einsatz zu systematisieren und langfristig zu verfolgen.

Informationsquellen

- EcoChurch: https://ecochurch.ch und https://ecochurch.arocha.org.uk
- EMAS: www.emas.de/ und www.emasplus.org
- Faire Gemeinde: www.zentrum-oekumene.de/de/themen-materialien/nachhaltige-entwicklung-und-gerechtigkeit/faire-gemeinde und www.diakonie-wuerttem-berg.de/internationale-diakonie/brot-fuer-die-welt/faire-gemeinde und www.faire-gemeinde.org und https://unsere.ekhn.de/gemeinde-dekanat/kirchenvorstandekhnde/kirchenvorstandsarbeit-von-a-bis-z/f/fairer-handel.html und https://faire-gemeinde.de und www.reformiert.de/faire-gemeinde.html
- Grüner Hahn (bzw. Gockel oder Güggel): www.kirum.org und www.umwelt.elk-wue.de/arbeitsfelder/umweltmanagement-der-gruene-gockel/was-ist-das und https://oeku.ch/umweltpraxis/gruener-gueggel

- Gemeinde N: www.gemeinde-n.de
- ÖkoFaire Gemeinde: www.oekofaire-gemeinde.de
- Zukunft einkaufen: https://zukunft-einkaufen.de/

Erste Schritte: Bestandsaufnahme und wie es weitergehen kann (André Galli)

Sie haben jetzt den größten Teil dieses Buches gelesen und fragen sich vielleicht, was Sie tun können, um diese Anregungen (oder einige davon) umzusetzen. Wie in allen Bereichen des Lebens sollte auch bei ökologischen Fragen eine Selbsteinschätzung oder Bestandsaufnahme erfolgen, bevor Maßnahmen ergriffen werden. Dies gilt für Einzelpersonen ebenso wie für Kirchgemeinden. Dieses Unterkapitel zeigt Möglichkeiten einer solchen Bestandsaufnahme auf. Damit sich eine Kirchgemeinde oder religiöse Gemeinschaft (in der Folge werde ich der Einfachheit halber immer von Gemeinde sprechen) überhaupt für eine Selbsteinschätzung interessiert, braucht es jemanden aus der Leitung oder mehrere Gemeindemitglieder, die für Fragen der Nachhaltigkeit sensibilisiert sind und diese auch in ihrer Gemeinde einbringen wollen. Für dieses Kapitel setze ich voraus, dass sich eine Gemeinde dafür interessiert, sich selbst einzuschätzen. Ich stelle vor, wie die Gemeinde das tun kann und welches die darauffolgenden Schritte sein können.

Online-Selbsteinschätzung

Für die Selbsteinschätzung von Einzelpersonen am geläufigsten sind sogenannte CO_2-Rechner oder allgemeine Umweltfußabdruckrechner. Zwei Beispiele mit unterschiedlichem Komplexitätsgrad sind im Anhang aufgeführt. Anhand von ihnen lassen sich einige der üblichen Vor- und Nachteile solcher Online-Angebote darlegen, die auch für Einschätzungen von Gemeinden gelten.

Vorteile: Keine oder geringe Einstiegshürden, sofern man einen Computer oder ein Smartphone besitzt; die Teilnahme erlaubt eine unverbindliche Bestandsaufnahme; man kann systematisch alle Bereiche mit Verbesserungspotenzial im eigenen Lebensstil ausfindig machen; die Rechner haben ein solides, faktisches Fundament und eignen sich besonders gut für analytisch geprägte Menschen.

Nachteile: Menschen mit wenig Bezug zu Zahlen könnten sie anstrengend oder langweilig finden; bei komplexeren Versionen besteht die Gefahr von Missverständnissen, wenn man beim Ausfüllen sich selbst überlassen bleibt; und die Unverbindlichkeit kann auch ein Nachteil sein, da man mit dem Ausfüllen keine Verpflichtung eingeht, den eigenen Lebensstil zu verändern.

Schließlich sind komplexere Risiken zu erwähnen, die allerdings mit jeder Art der ökologischen Bestandsaufnahme einhergehen: Diese sind einerseits die Gefahr der Resignation oder „Klimaangst"[40] und andererseits die Gefahr einer einseitigen Schuldzuweisung in dem Sinne, dass die Einzelperson, die Konsumentin, in die alleinige Verantwortung und die Rolle der Schuldigen an der Klimakrise gedrängt wird[41]. CO_2-Rechner oder ähnliche Angebote, um den eigenen Lebensstil kritisch zu beleuchten, dürfen aber keinesfalls Staaten und Betriebe von ihrer Verantwortung für eine nachhaltigere Politik und Wirtschaft entbinden.

Wenn wir von Angeboten für Einzelpersonen zu Angeboten für Gemeinden übergehen, möchte ich insbesondere auf *EcoChurch* bzw. *EcoEglise* in der Schweiz und auf *EcoChurch* in Großbritannien verweisen (siehe Anhang). Der Schweizer *EcoChurch*-Ansatz teilt die schöpfungsrelevanten Aspekte des Gemeindelebens in fünf Kategorien ein:

1. Gottesdienst und Lehre,
2. Kirchengebäude,
3. Umgebungsgestaltung,
4. lokale und globale Vernetzung und
5. kirchlicher Lebensstil.

Die Kategorien 2 und 3 entfallen, falls die Gemeinde keine eigenen Räumlichkeiten oder Land besitzt oder bewirtschaftet. Die Kategorie 4 umfasst ein weites Spektrum von politischem Engagement für Umweltanliegen, aber auch Ausflüge in die Natur, Mobilitätsstrategien, Ernährungsangebote bei Kirchenfesten, finanzielle Unterstützung für Umweltprojekte und die Vernetzung mit anderen Gemeinden. Die Kategorie 5 erfasst, ob die Gemeinde den Mitgliedern einen nachhaltigen Lebensstil (Mobilität, Ernährung und allgemeiner Konsum, Finanzen) nahelegt und ob sie selbst auch eine Vorbildfunktion einnimmt, wie beispielsweise bei der Vermögensanlage. Diese Kategorien sind kaum spezifisch für die Situation von Gemeinden in der Schweiz, das heißt, der Online-Fragebogen kann von allen Gemeinden im deutschsprachigen Raum benutzt werden. Ein Ziel von *EcoChurch* ist die Gründung von Netzwerken, aber die Seite kann auch einfach zur Selbsteinschätzung und als Fundgrube für Anregungen und Information (Unterseite „Ressourcen") verwendet werden.

Als Resultat der Eingabe auf ecocurch.ch erhält die Gemeinde eine Darstellung, wo sie sich in jeder der fünf Kategorien befindet, dargestellt als farbiges Diagramm von Weiß über Bronze und Silber zu Gold (vorbildlich im Sinne der Nachhaltigkeit). Dies erlaubt es auch, spezifische Aspekte mit Nachholbedarf in der Gemeinde zu erkennen, wenn beispielsweise die Herrlichkeit der Schöpfung sehr wohl ein Thema in Gottesdiensten ist, dies aber keinen Effekt auf das Konsumverhalten der Gemeinde und ihrer Mitglieder hat. Die möglichen Antworten im Fragebogen lassen sich bereits als Anregungen zur Verbesserung verwenden.

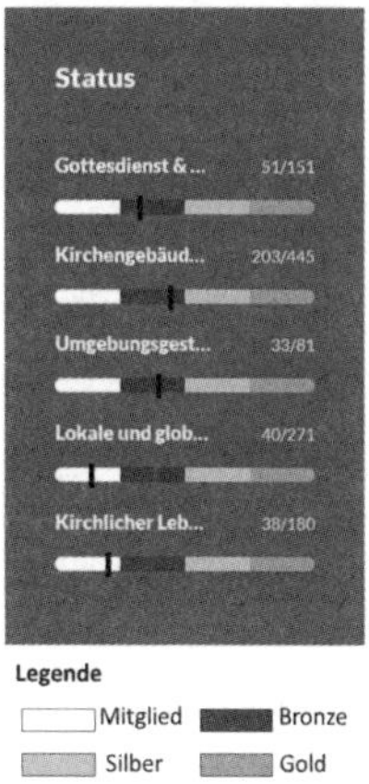

Die Abbildung zeigt einen Screenshot der Webseite ecochurch.ch nach Ausfüllen des Online-Fragebogens für eine fiktive Gemeinde mit mäßigem Engagement für Nachhaltigkeit, ohne eigenes Kirchengebäude und Umgebung (keine Punkte in den Kategorie 2 und 3).

Die bei den Umweltfußabdruckrechnern für Einzelpersonen aufgelisteten Vor- und Nachteile gelten auch für *EcoChurch* und ähnliche Online-Angebote: Sie können als niederschwelliger Zugang für

Gemeinden dienen, die noch nicht für externe Prüfer (siehe Kapitel „Nachhaltigkeitsziele in der Gemeinde systematisch umsetzen", S. 262) bereit sind. Andererseits kann der Weg unklar erscheinen, wie die daraus gewonnenen Lehren in der Gemeinde konkret umgesetzt werden sollen. Hierbei hilft oftmals der Dialog.

Selbsteinschätzung im Dialog

Die Selbsteinschätzung kann auch über persönliche Kontakte und Fachleute inner- oder außerhalb der Gemeinde geschehen. Hierbei kann man zwei Wege unterscheiden: Beim Expertenansatz lädt die Gemeindeleitung Fachleute unverbindlich zu einer Bestandsaufnahme und zu einem Dialog mit der Gemeinde ein oder legt der Gemeinde bereits ausformulierte Ziele vor. Beim Graswurzelansatz greift die Gemeindeleitung die Anliegen, das Fachwissen, die Sorgen und Hoffnungen der Gemeindemitglieder auf und führt gemeinsam mit ihnen (anhand ähnlicher Kategorien und Kriterien wie online) die Einschätzung der Kirchgemeinde durch. In beiden Fällen ist die Beteiligung von Fachleuten empfehlenswert, wenn die Gemeinde zum Beschluss gekommen ist, dass das Thema Nachhaltigkeit relevant ist und sich die Gemeinde diesbezüglich stärker engagieren soll. Im Anhang werden Anlaufstellen genannt, um solche Fachleute zu finden.

Selbst eingeschätzt, was nun?

In realen Fällen von Gemeinden, die sich entschlossen haben, der Bewahrung der Schöpfung einen größeren Platz einzuräumen, lässt sich meistens eine Kombination aus dialogischer und digitaler Bestandsaufnahmen beobachten. Damit eine Gemeinde der Bewahrung der Schöpfung mehr Platz einräumt, braucht es sowohl genügend Gemeindemitglieder als auch Mitglieder in der Leitung, die Nachhaltigkeitsthemen als relevant erachten. Außerdem müssen einer Selbsteinschätzung konkrete Schritte folgen, damit die Sorge um die Schöpfung zu echten Veränderungen führt.

In den vorangehenden Unterkapiteln wurden bereits viele mögliche Ansatzpunkte besprochen, wie sich eine Gemeinde engagieren kann. Wenn die Sorge um die Schöpfung in der Gemeinde institutionalisiert werden soll, muss ein mehrheitsfähiger Entscheid mit der gesamten Gemeinde gefunden werden, in welche Richtung der Prozess führen soll: Richtung Zertifizierung (beispielsweise *Grüner Hahn*), Partizipation in einem Gemeindenetzwerk (beispielsweise *EcoChurch)* oder – niederschwelliger – zu einer gemeindeinternen Gruppe, welche die Leitung fortan fachlich begleitet.

Zu diesem Umsetzungsprozess kann ich aus meinen Erfahrungen mit Gemeinden im Kanton Bern einige Lehren ziehen:

- Das Ziel einer Zertifizierung kann der Gemeinde zu Beginn des Prozesses wegen der Kosten und Zeitressourcen zu anspruchsvoll erscheinen. In diesem Fall sollte man bedenken, dass der Zertifizierungsprozess eine Hilfestellung ist, um fachliche Begleitung zu erhalten, gleichzeitig aber auch andere Ansätze wie das Mitwirken in einem Netzwerk oder gemeindeinterne Lösungen zu diskutieren.
- Eine niederschwellige Art der Institutionalisierung ermöglicht es auch kleineren Gemeinden und solchen, die eine Zertifizierung zu aufwendig finden, sich für die Bewahrung der Schöpfung einzusetzen: So schaffte es zum Beispiel ein kleines Team ehrenamtlicher Mitglieder in einer Gemeinde, den CO_2-Ausstoß ihrer Kirchengebäude auf ein Sechstel zu reduzieren und erarbeitete ein allgemeines Umweltprogramm inkl. Umsetzung im Alltag (siehe Anhang).
- Allerdings haben gemeindeinterne Ansätze den Nachteil, dass sie oft mit dem ehrenamtlichen Engagement von Einzelpersonen stehen und fallen. Wie jeder Dienst in der Gemeinde muss auch dieser von der Gemeinde nicht bloß akzeptiert, sondern aktiv unterstützt und wertgeschätzt werden wie zum Beispiel durch Mitgestalten einer Predigt, durch Bereitstellen einer Unterseite auf der Gemeindewebseite und durch gemeinsame Sitzungen mit Leitung und anderen Mitarbeiterinnen. Fehlt diese Unterstützung, werden Umweltziele nicht umgesetzt und die aktiven Gemeindemitglieder empfinden ihr Engagement als sinnlos.

- Egal ob Zertifikat oder Netzwerk oder gemeindeinterne Lösung: Die Engagierten in der Gemeinde und der Leitung brauchen einen langen Atem. Oft vergehen mehrere Jahre, bis sich die Bewahrung der Schöpfung als ein wichtiger Bestandteil des Gemeindelebens etabliert hat. Aber dieser Aufwand ist gerechtfertigt; die Schöpfung ist ein wunderbares Werk Gottes, und Menschen wie Gemeinden können ohne eine intakte Schöpfung nicht leben.

Informationsquellen

Ökologischer Fußabdruckrechner für Einzelpersonen und Haushalte

- www.wwf.ch/de/nachhaltig-leben/footprintrechner
- www.wwf.de/themen-projekte/klima-energie/wwf-klimarechner/
- https://www.fussabdruck.de/
- www.gruenerfisch.ch/co2-rechner (oder von info@gruenerfisch.ch)

Ökologische Selbsteinschätzung für Gemeinden

- https://ecochurch.ch/mitmachen/selbsteinschaetzung/
- https://ecochurch.arocha.org.uk/

Anlaufstellen für Experten

- www.ekd.de/nachhaltigkeit-in-kirchengemeinden-32362.htm
- www.ecochurch.ch
- www.ecoeglise.ch
- https://oeku.ch
- www.gruenerfisch.ch

1 Vgl. Buber, Martin 1962 [1954]. *Das dialogische Prinzip*. Heidelberg: Lambert Schneider; Rock, Martin 1987. *Die Umwelt ist uns anvertraut*. Mainz: Grünewald.

2 https://www.friedensdekade.de/shop/friedens-liederbuch-100-friedenslieder/.

3 Im August 2015 hat Papst Franziskus den Gedanken eines Gebetstages zur Bewahrung der Schöpfung aufgegriffen. Er habe den von den orthodoxen Christen bereits seit 1989 jeweils am 1. September begangenen Gebetstag auch für die katholische Kirche angesetzt, um so einen weiteren Beitrag zur Überwindung der ökologischen Krise zu leisten. Der Tag solle in allen Ortskirchen angemessen begangen werden und damit auch einen entsprechenden Lebensstil fördern. Damit führte er konsequent weiter, was er in der Enzyklika „Laudato sí" bereits aufgegriffen hatte.

4 Aus dem „Gotteslob" bieten sich die Lieder 186, 381 (1–3) und 465–469 an. Lied 465 („Das Jahr steht auf der Höhe") braucht kein spezielles Umweltthema im Gottesdienst, sondern erinnert zur Jahresmitte „einfach zwischendurch" an das Eingebundensein in die Schöpfung und in von Gott wohlgeordnete Zusammenhänge des Lebens. Im Evangelischen Gesangbuch findet sich neben dem schon erwähnten Klassiker „Geh aus mein Herz" (EG 503) eine Reihe passender Lieder, die im Verzeichnis der Lieder und Gesänge unter dem Stichwort „Natur und Jahreszeiten" versammelt sind.

5 Zeitgenössische Komponisten (Songwriter) sollten ermutigt werden, entsprechende Lieder zu verfassen.

6 Diese Tradition lebt und entwickelt sich in Kommunitäten wie der Northumbria Community und der Iona Community weiter (https://www.northumbriacommunity.org bzw. http://www.ionacommunity.de).

7 In der Folge entwickelte sich der Gedanke zum Schutz der Schöpfung weiter. So hieß es dann in der Schlussbotschaft der 3. Europäischen Ökumenischen Versammlung von Sibiu im September 2007 in der Empfehlung Nr. 10 sehr konkret: „Wir empfehlen, dass der Zeitraum zwischen dem 1. September und 4. Oktober dem Gebet für den Schutz der Schöpfung und der Förderung eines nachhaltigen Lebensstils gewidmet wird, um den Klimawandel aufzuhalten."

8 deutsche.freund@arocha.org.

9 Zur Bestimmung von Pflanzen und Tieren können Smartphone-Apps wie *Flora incognito*, *PlantNet*, *iNaturalist*, *Nabu-Vogelwelt* genutzt werden.

10 Siehe https://www.ec.de/pfadfinder.

11 Haik ist ein Orientierungs- oder Aufgabenlauf.

12 Zitiert in https://www.scout-o-wiki.de/index.php/Abschiedsbrief_an_die_Pfadfinder_der_Welt.

13 Neophyten sind Pflanzen, die eingeschleppt wurden und nicht zur natürlichen Vegetation eines Lebensraums gehören.

14 Geocaching ist eine digitale Schatzsuche, bei der mit Hilfe von www.geocaching.com versteckte Dosen an verschiedensten Punkten der Welt gesucht und anschließend „geloggt" werden.

15 Haluza-DeLay, Randolph 2014. Religion and Climate Change. Varieties in Viewpoints and Practices. In: *WIRES Climate Change 5(2)*. S. 261–279.

16 Wright, N. T. (2013). *Jesus und der Sieg Gottes*. Marburg.

17 t3n, Mars-Mission: Elon Musk warnt vor „nuklearem Armageddon", online unter https://t3n.de/news/mars-mission-elon-musk-warnt-1429807, [abgerufen am 23.11.2021].

18 Nicht zuletzt haben zahlreiche, vorwiegend französische Intellektuelle seine Idee in einem Manifest aufgegriffen und 2020 in einem zweiten Manifest mit anderen internationalen Denkern weitergeführt.

19 Illich, Ivan 2014. *Selbstbegrenzung. Eine politische Kritik der Technik*. München. S. 13.

20 Illich, Ivan 2017. *Entschulung der Gesellschaft. Eine Streitschrift*. München. S. 85.

21 Ruth Valerio schlägt in ihrem leicht verständlichen Buch *Saying Yes to Life* anhand des Schöpfungsberichts einen Bogen in die Gegenwart und zeigt auf, in welchen unterschiedlichen Bereichen die Schöpfung geschädigt wird. Valerio, Ruth 2020. *Saying Yes to Life*. London.

22 Papst Franziskus 2015. *Enzyklika Lautato sí*. S. 196.

23 Frère Roger 2000. *Die Quellen von Taizé*. Freiburg i. B.

24 https://www.micha-initiative.de/.

25 https://www.stoparmut.ch, bzw. https://www.stoppauvrete.ch.

26 Micah Global (www.micahnetwork.org) ist eine weltweite Kampagne und ein globales Netzwerk, das Christinnen und Christen zum Engagement gegen extreme Armut und für globale Gerechtigkeit begeistern möchte. Sie engagiert sich dafür, dass die Nachhaltigkeitsziele/*Sustainable Development Goals* (SDGs) der Vereinten Nationen umgesetzt werden. Bis 2030 soll weltweit Armut beseitigt werden.

27 *Sustainable Development Goals*, die Nachhaltigkeitsziele der UN (https://unric.org/de/17ziele/).

28 https://www.youtube.com/watch?v=n3_dvyHdilM.

29 www.teil.style.

30 www.ref-breite.ch/repaircafe.

31 www.bewegungplus-burgdorf.ch.

32 Kleingruppen nach Maß bieten die Möglichkeit, mit anderen für eine begrenzte Zeit ein Hobby zu teilen oder ein Thema zu vertiefen. (https://www.lindenwiese.de/themen/kleingruppen-nach-mass/ oder https://www.vineyard-bern.ch/kgnm)

33 https://www.gruenes-datenkonto.de.

34 https://www.avanti-greensoftware.com.

35 https://www.ekiba.de/media/download/variant/237562/ekiba_handreichung-photovoltaik.pdf.

36 Abbildung aus: Bebauen und Bewahren – Ökologische Leitlinien in der Praxis. Evangelische Landeskirche in Württemberg, 1999. S. 16.

37 www.kirum.de.

38 https://www.schueco.com/de/unternehmen/nachhaltigkeit/downloads/nachhaltigkeitsberichte.

39 https://nachhaltigkeitsaudit.org/.

40 https://klima-angst.de.

41 Siehe https://www.theguardian.com/commentisfree/2021/aug/23/big-oil-coined-carbon-footprints-to-blame-us-for-their-greed-keep-them-on-the-hook.

Die Autorinnen und Autoren

Debora Alder-Gasser ist verheiratet und Mama von zwei Töchtern. Sie ist Co-Founderin von *Teil* (teil.style), einem Laden, in dem man Kleider ausleiht, anstatt sie zu kaufen. Nachdem sie zehn Jahre in verschiedenen Aufgaben und Verantwortungen in einer Gemeinde tätig war, arbeitet sie zurzeit als Key Relationship Manager in einem Kinderhilfswerk. Sie wohnt mit ihrer Familie in einer gemeinschaftlichen Wohnform mitten in der Stadt Bern. Der nahegelegene Fluss Aare ist für ihre Seele Gold wert.

Dr. rer. nat. **Hans-Hermann Böhm** war zehn Jahre Redakteur der Zeitschrift „contrapunkt" und dann 20 Jahre Umweltbeauftragter der Evangelischen Landeskirche in Württemberg. Er hat das European Christian Environmental Network (ECEN) mitbegründet und ist Träger des Bundesverdienstkreuzes. Er hat mehrere Beiträge zu Ökologie und zum Thema Schöpfung Feiern veröffentlicht und engagiert sich für eine Mobilitätswende. Ehrenamtlich ist er aktiv in der Evangelischen Kirchengemeinde Kemnat und im Freundeskreis *A Rocha* Deutschland. Entspannen kann er sich beim Wandern und beim Hobby Eisenbahn.

Walter Faerber (Jahrgang 1953) war fast vier Jahrzehnte Pfarrer einer ländlichen Kirchengemeinde in der norddeutschen Tiefebene zwischen Hannover und Braunschweig. Heute engagiert er sich in der Ausbildung von Laienpredigern, im *A Rocha*-Freundeskreis Deutschland und bei der Vorbereitung seines Kirchenkreises auf die zu erwartenden gesellschaftlichen Umbrüche und Krisen im Zuge des Klimawandels und anderer Zivilisationsfolgen. Weitere Informationen: www.walterfaerber.de.

Martina Faseler (Jahrgang 1982) ist Politikwissenschaftlerin und angehende Umweltwissenschaftlerin. Sie leitet das Projekt „Zukunft einkaufen – Glaubwürdig wirtschaften in Kirchen" am Institut für Kirche und Gesellschaft der Evangelischen Kirche von Westfalen.

Dr. **André Galli** (Jahrgang 1977) ist promovierter Weltraum- und Atmosphärenphysiker. Er arbeitet seit einigen Jahren als Forscher und Privatdozent am Physikalischen Institut der Universität Bern. Daneben leitet er ehrenamtlich den christlichen Umweltverein *Grüner Fisch*, organisiert Nachtwanderungen für die Öffentlichkeit, rennt Langstreckenläufe und singt im Münsterchor Bern.

Lukas Gerber hat eine handwerkliche Ausbildung absolviert, beim Institut für Gemeindebau und Weltmission (IGW) eine theologische Ausbildung genossen und an der Universität in Fribourg einen Master in katholischer Theologie erlangt. Zurzeit doktoriert er in der Diakoniewissenschaft an der Universität in Bern zu „Ökonomisierung des Sozialen". Darüber hinaus arbeitet er bei StopArmut; dort verantwortet er das Projekt *EcoChurch*-Network sowie den *Just People*-Kurs und ist Ansprechperson für die Regionalgruppen. Nach vielen Jahren in Berlin lebt er mit seiner Frau und ihren gemeinsamen zwei Söhnen wieder in der Schweiz.

Tabea Gutmann lebte nach ihrer Ausbildung zur Gesundheits- und Kinderkrankenschwester für ein halbes Jahr in Ruanda. Seither bewegen sie Fragen der globalen Gerechtigkeit und christlichen Gestaltungskraft. Dies führte sie auch in das Studium der Praktischen Theologie am IGW in Essen. Seit 2020 lebt sie in Berlin und arbeitet bei Micha Deutschland e. V. In ihrer Freizeit entflieht sie gerne mal dem Großstadt-Dschungel, um Ausgleich und Ruhe in der Natur zu finden.

Christian Holfeld (Jahrgang 1970) ist verheiratet mit Carola und Vater zweier erwachsener Söhne. Er war viele Jahre als Dozent für Praktische Theologie am TSR (Theologisches Seminar Rheinland) tätig. Anschließend war der gelernte Theologe, Erlebnispädagoge und Coach als freier Trainer unterwegs. Ehrenamtlich war er zwölf Jahre lang in der Gemeindeleitung der EFG Imhausen-Windeck aktiv. Heute arbeitet er als Referent für die Pfadfinderarbeit im Deutschen EC-Verband. Er wohnt mit seiner Familie im Westerwald und liebt alle möglichen Outdoor-Aktivitäten.

Dr. **Martin Horstmann** (Jahrgang 1975) ist promovierter Diakoniewissenschaftler. Er arbeitet als Studienleiter an der evangelischen Stadtakademie in Köln, der Melanchthon-Akademie. Dort verantwortet er die Programmbereiche Nachhaltigkeit und Spiritualität. Weitere Themen, die ihm am Herzen liegen, finden sich auf seiner Webseite: www.erdliebe.org.

Dr. **Thomas Kröck** (Jahrgang 1957) ist promovierter Agrarwissenschaftler. Nach Aufgaben als Entwicklungshelfer in Tansania und in der Betreuung von sozialen Projekten in Indien und Nepal ist er als Studienleiter für Development Studies an der Akademie für christliche Führungskräfte (AcF) und als Dozent an verschiedenen Fach- und Hochschulen tätig. Ehrenamtlich engagiert er sich im Leitungsteam einer Gemeinde aus dem Bereich des Evangelischen Gnadauer Gemeinschaftsverbandes und im *A Rocha*-Freundeskreis Deutschland. Entspannung findet er bei der naturnahen Gestaltung seines Kleingartens.

Dr. **Michael Rentz** (Jahrgang 1957) ist Physiker und promovierter Philosoph. Nach mehreren Jahren als Wissenschaftlicher Mitarbeiter im Bereich erneuerbare Energien und Energieeffizienz arbeitet er jetzt als freiberuflicher Wissenschaftler im Bereich nachhaltige Entwicklung. Seit 2005 bzw. 2018 leitet er die internationalen ökumenischen Kooperationsprojekte nachhaltig-predigen.de und sustainable-preaching.org und ist Lehrbeauftragter für Energieeffizienz und Nachhaltigkeit. Sein Buchprojekt „Ökologie der Schuld“ (oekom, 2021) befasst sich mit einem ökologischen Transformationsprozess auf Grundlage einer Sprache der Heilung und Versöhnung. Seine Hobbys sind Ultimate Frisbee und Tanzen.

Dr. **Heinrich Christian Rust** (Jahrgang 1953) ist promovierter Theologe und Autor. Nach seinem Studium in Hamburg und Leuven (Belgien) war er 40 Jahre als Pastor im Bund Evangelisch-Freikirchlicher Gemeinden in Deutschland tätig. Bis heute ist er in ökumenischen Netzwerken auf nationaler und internationaler Ebene engagiert. Er ist Dozent für Spiritualität, Pneumatologie, Gemeindeaufbau und Kybernetik an verschiedenen theologischen Ausbildungsstätten.

Felix Schweikhardt (Jahrgang 1987) ist Diplom-Geograph. Nach seinem Studium in Tübingen, Maynooth (Irland) und Bonn sowie Praktika unter anderem am Potsdam-Institut für Klimafolgenforschung und beim Umweltprogramm der Vereinten Nationen arbeitet er seit 2011 bei der Evangelischen Landeskirche in Baden (EKIBA), finanziert durch die Stiftung Schönau. Im Rahmen der Umsetzung des kirchlichen Klimaschutzkonzepts erstellt er die Klimabilanz für die etwa 2.500 Gebäude der EKIBA, führt Energiemanagementsysteme in den Gemeinden ein und kümmert sich um die Optimierung der Heizungssysteme. Ehrenamtlich engagiert er sich in verschiedenen Initiativen für persönlichen Klimaschutz (klima-pakt.org; 3fuersklima.de) und leitet die Krabbelgruppe seiner Kirchengemeinde.

Dr. **Dorothea Seeger** (Jahrgang 1981) ist promovierte Meeresbiologin. Stationen ihres Studiums und ihres Berufslebens brachten sie unter anderem nach Norwegen, Neuseeland, Sylt und Helgoland. Sie arbeitet als wissenschaftliche Mitarbeiterin im Meeresschutzbüro des Bund für Umwelt und Naturschutz Deutschland (BUND). Die Bewahrung der Schöpfung ist ihr ein zentrales Anliegen. Daher engagiert sie sich ehrenamtlich schon seit vielen Jahren im weltweiten *A Rocha*-Netzwerk und für den *A Rocha*-Freundeskreis in Deutschland. Sie liebt es, andere für die Schöpfung und ihren Schutz zu begeistern.

Lisa Stadtherr (Jahrgang 1991) hat 2018 ihren Master (M. Sc.) in Klimaphysik an der Christian-Albrechts-Universität zu Kiel abgeschlossen. Seitdem arbeitet sie als wissenschaftliche Mitarbeiterin an der Forschungsstätte der Evangelischen Studiengemeinschaft e.V. (FEST) in Heidelberg insbesondere an der Erstellung von Klimaschutzkonzepten und leitet das bundesweite ökumenische Netzwerk „Mobilität & Kirche". Seit ihrer Weiterbildung zur kirchlichen Umweltauditorin im Jahr 2019 unterstützt sie ehrenamtlich Kirchengemeinden bei dem Aufbau eines eigenen Umweltmanagementsystems. Den Ausgleich zur Bürotätigkeit bringen ihr eine Vielzahl von Sportarten in der Natur, insbesondere im Wasser.

Wiebke Suter-Blume (Jahrgang 1971) hat als Raumplanerin mit MBA ihre berufliche Erfahrung für Nachhaltigkeit in der Regionalentwicklung und in Umwelt-, Sicherheits-, CSR- und Strategiefunktionen in Unternehmen gesammelt. Bei *StopArmut* (der Schweizer *Micha-Initiative*) war sie für den Bereich Nachhaltigkeit und Fair Trade verantwortlich. Aktuell studiert sie Theologie im Quereinstiegsprogramm ins reformierte Pfarramt.